江苏省高等教育学会组织编写

大学生人文社科知识读本

2020 最新修订版

文学·语言文字

附历届竞赛试卷及答案

主编　启煜　宏玲　赵航

苏州大学出版社
Soochow University Press

图书在版编目(CIP)数据

大学生人文社科知识读本. 文学·语言文字／启煜，宏玲，赵航主编. —苏州：苏州大学出版社,2018.1(2019.11重印)
ISBN 978-7-5672-2309-7

Ⅰ. ①大… Ⅱ. ①启… ②宏… ③赵… Ⅲ. ①社会科学－青年读物②文学－青年读物③汉语－青年读物 Ⅳ. ①C49②Ⅰ-49③H1-49

中国版本图书馆 CIP 数据核字(2017)第 295190 号

大学生人文社科知识读本
文学·语言文字
启 煜 宏 玲 赵 航 主编
责任编辑　史创新

苏州大学出版社出版发行
(地址：苏州市十梓街1号　邮编：215006)
宜兴市盛世文化印刷有限公司印装
(地址：宜兴市万石镇南漕河滨路58号　邮编：214217)

开本 787 mm×1 092 mm　1/16　印张 15.5　字数 327 千
2018 年 1 月第 1 版　2019 年 11 月第 2 次印刷
ISBN 978-7-5672-2309-7　定价：38.00 元

若有印装错误,本社负责调换
苏州大学出版社营销部　电话：0512-65225020
苏州大学出版社网址　http://www.sudapress.com

序

丁晓昌

当今,我们正在为实现中华民族伟大复兴的奋斗目标而努力。大学生作为中国特色社会主义的建设者、接班人,是实现中国梦的骨干力量,社会对于他们的素质要求将更加全面。同时,在我国进入物质条件更加改善、全面建成小康社会的阶段,人的发展、人的精神需要会更加凸显。大学生人文素质教育体现了对人的关注,致力于培养最基本的"人",人的自信、品格、意志力,人的团队精神、敬业精神、职业精神,人的沟通能力、亲和能力、协作能力、协调能力等,这些都要靠人文素质教育去雕塑、去激活、去培育。因此,无论是就社会的要求而言,还是就自身的发展而言,大学生都需要不断提高自己的人文素养。

人类的精神家园靠人文来充实,更需要科学与人文的融合。而我国的基础教育由于受高考指挥棒的影响,文理分科过早,文科大学生自然科学知识贫乏,理工科大学生人文知识缺失。高等学校要培养实现中国梦的高素质创新人才,必须对理工科大学生加强人文社科知识教育,对文科大学生加强自然科学知识教育,这不仅是培养高素质创新人才的需要,也是人与社会全面、健康发展的需要。为此,各高等学校都把素质教育纳入教学计划之中,规定学生修学一定的学分;开设公共选修课让学生选修,使人文素质教育、科学精神教育与专业教育有机结合;通过加强校园文化建设,开展丰富多彩的校园科技文化活动和社会实践,改变过弱的文化陶冶、过窄的专业教育、过重的功利导向,学生真正向着自由而全面的方向发展。

自2004年起,江苏省高等教育学会在全省范围内成功组织了五届理工科大学生人文社科知识竞赛和四届文科大学生自然科学知识竞赛,以激发理工科大学生学习人文社科知识和文科大学生学习自然科学知识的兴趣与积极性。我们也希望通过竞赛活动推动高校的读书活动和文化素质教育的开展,以此来提高大学生的人文社会科学素养,培养全面发展的大学生和高素质的创新人才。竞赛活动受到了教育部、中国高等教育学会和江苏省教育厅、江苏省社科联等部门的充分肯定,也得到了各高校的欢迎与支持,产生了广泛的社会影响。

  2009年年初,我们针对大学生人文素质教育的需要,也针对竞赛活动的需要,组织了部分高校有丰富教学经验和较高学识水平的教师,编写了《大学生人文社科知识读本》,分为历史·地理、哲学·法学·经济学、文学·语言文字、艺术等四卷。《读本》的编写,不求学科的系统性,强调从大学生的实际出发,重点突出文学、历史、哲学、艺术等人文社会科学的主要知识点,力求深入浅出并注意增强趣味性,使阅读者在不知不觉中得到人文精神的熏陶。该《读本》出版以来,除了作为一般读物满足读者对人文知识的了解和学习外,也是理工科大学生人文社科知识竞赛活动的辅助读物,在帮助理工科大学生更好地参加竞赛方面发挥了较好的作用,受到参赛师生的广泛好评。鉴于图书出版已近十年,一些知识已显陈旧或过时,今年对这四本《读本》进行了修订。考虑到图书内容主要是学科中的基础性知识,故修订基本保持了原书的体例和框架,对陈旧过时的内容做了删改,增加了一些新内容,并对部分内容做了调整,以进一步提高《读本》的质量。

2017年11月

(丁晓昌,江苏省高等教育学会会长,江苏省政协教育文化委员会副主任,南京师范大学教授、博士生导师,全国高等院校设置评议委员会委员,全国高等学校本科教学工作评估专家委员会委员,中国高等教育学会学术委员会副主任,全国职业院校教学工作诊断与改进专家委员会副主任)

文　学

一、中国古代、近代文学
- （一）先秦文学 ………………………………………… 003
- （二）秦汉文学 ………………………………………… 007
- （三）魏晋南北朝文学 ………………………………… 009
- （四）隋唐五代文学 …………………………………… 013
- （五）宋代文学 ………………………………………… 026
- （六）辽金元文学 ……………………………………… 035
- （七）明代文学 ………………………………………… 038
- （八）清代文学 ………………………………………… 044
- （九）中国近代文学 …………………………………… 048

二、中国现当代文学
- （一）五四文学革命和文学社团 ……………………… 050
- （二）鲁迅 ……………………………………………… 052
- （三）郭沫若 …………………………………………… 055
- （四）巴金 ……………………………………………… 056
- （五）茅盾 ……………………………………………… 057
- （六）老舍 ……………………………………………… 057
- （七）曹禺 ……………………………………………… 058
- （八）现代其他著名小说家及其作品 ………………… 059
- （九）现代戏剧、诗歌及散文 ………………………… 060
- （十）解放区文学 ……………………………………… 062
- （十一）中华人民共和国成立初期小说 ……………… 063
- （十二）"文革"时期的样板戏 ………………………… 065
- （十三）当代主要小说家及流派 ……………………… 065

（十四）当代散文、诗歌及报告文学……………………………………… 070

三、西方文学
　　（一）荷马史诗 ………………………………………………………… 071
　　（二）古希腊戏剧 ……………………………………………………… 072
　　（三）文艺复兴时期文学 ……………………………………………… 073
　　（四）17世纪文学 ……………………………………………………… 076
　　（五）18世纪文学 ……………………………………………………… 076
　　（六）19世纪浪漫主义文学 …………………………………………… 078
　　（七）19世纪现实主义文学 …………………………………………… 079
　　（八）19世纪其他文学流派及作家 …………………………………… 084
　　（九）20世纪现实主义文学 …………………………………………… 087
　　（十）20世纪现代主义文学 …………………………………………… 088

四、东方文学
　　（一）印度文学 ………………………………………………………… 092
　　（二）日本文学 ………………………………………………………… 093
　　（三）阿拉伯地区文学 ………………………………………………… 095

语言文字

一、语言（汉语）的基本概念 ……………………………………………… 099
二、现代汉语词汇和语法 …………………………………………………… 101
三、现代汉语修辞 …………………………………………………………… 105
四、古今汉语的比较 ………………………………………………………… 108
五、古代诗词曲常识 ………………………………………………………… 118
六、语文工具书简介 ………………………………………………………… 126

江苏省首届理工科大学生人文社会科学知识竞赛试卷……………………… 136
江苏省第二届理工科大学生人文社会科学知识竞赛试卷……………………… 156
江苏省第三届理工科大学生人文社会科学知识竞赛试卷……………………… 175
江苏省第四届理工科大学生人文社会科学知识竞赛试卷……………………… 193
江苏省第五届理工科大学生人文社会科学知识竞赛试卷……………………… 209
江苏省第六届理工科大学生人文社会科学知识竞赛试卷……………………… 225

课外阅读参考书目 …………………………………………………………… 241
后　　记 ……………………………………………………………………… 242

文学

一、中国古代、近代文学

(一) 先秦文学

先秦意谓先于秦、秦之前,即秦始皇统一全国(公元前221年)之前漫长的历史时期;就文学发展而言,主要指西周、春秋和战国时期,有神话传说、《诗经》、历史散文和诸子散文、《楚辞》等文学创作。

1. 神话传说

我国古代神话传说主要保存在《庄子》《楚辞》《山海经》《淮南子》等古籍中。著名的神话传说有女娲补天和女娲造人,后羿射日,鲧、禹治水,黄帝战蚩尤,夸父逐日,精卫填海等。

2.《诗经》

《诗经》原名《诗》或《诗三百》,汉武帝"罢黜百家,独尊儒术",定《诗》《书》《易》《礼》《春秋》为"五经",立五经博士,《诗经》的名称得以确立。

《诗经》是我国第一部诗歌总集,共收录诗歌305篇,大致是西周初年到春秋中叶的作品,分为风、雅、颂三大类。"风"是带有地方色彩的各地土风歌谣,"雅"是周王朝直接统治地区的乐曲所配的歌词,"颂"是为宗庙祭祀音乐所配的歌词。风有十五国风,即十五个地区的歌谣;雅有大雅、小雅;颂有周颂、鲁颂和商颂。

孔子对《诗经》有很高的评价,称"诗三百,一言以蔽之,曰:思无邪"(《论语·为政》),并充分肯定诗的作用,说:"诗,可以兴,可以观,可以群,可以怨。迩之事父,远之事君;多识于鸟兽草木之名。"(《论语·阳货》)

汉代传授《诗经》的有四家:齐之辕固、鲁之申培、燕之韩婴、赵之毛苌,简称齐、鲁、韩、毛四家。后来齐、鲁、韩三家诗失传,流传到现在的便是毛诗。

(1)《诗经·大雅》中的史诗

"大雅"中的《生民》是周始祖后稷的故事,《公刘》是后稷曾孙公刘迁豳的故事,《绵》是公刘十世孙古公亶父迁到岐山周原的故事,《皇矣》写周文王伐崇、伐密两次战争,《大明》写周武王灭商。这五篇作品构成了周民族的发展史,具有史诗的性质。

(2)《诗经·小雅·采薇》

写久久征战在外的士兵在回家路上又悲又喜的思想感情。最后一章写道:"昔我往矣,杨柳依依;今我来思,雨雪霏霏。行道迟迟,载渴载饥。我心伤悲,莫知我哀。"余冠英先生的翻译是:"想起我离家时光,杨柳啊轻轻飘荡;如今我走向家乡,雪花纷纷扬扬。慢腾腾一路走来,饥和渴煎肚熬肠。我的心多么凄惨,谁知道我的忧伤。"

(3)《诗经·国风》中的名篇

《周南·关雎》:"关关雎鸠,在河之洲。窈窕淑女,君子好逑。"这是《诗经》开宗明义的第一篇,是青年男子渴望求得佳偶的表白。《卫风·氓》则是被遗弃妇女的诉说,"三岁为妇,靡室劳矣。夙兴夜寐,靡有朝矣。言既遂矣,至于暴矣","静言思之,躬自悼矣"。起早贪黑,尽心竭力,最后却被粗暴地赶走,内心万分悲痛。《豳风·七月》是国风中最长的一首诗,以白描手法写农人们一年四季紧张的劳动场面和艰辛的生活情景,记载了先民对节日和劳动的庆祝。劳动者还用诗歌斥责统治者,《魏风·伐檀》揭露了他们的不劳而获:"不稼不穑,胡取禾三百廛兮? 不狩不猎,胡瞻尔庭有县貆兮?"《秦风·无衣》反映了战士友爱和慷慨从军的精神:"岂曰无衣,与子同袍。王于兴师,修我戈矛。与子同仇。"

(4)《诗经》的表现手法

历来将《诗经》的艺术表现手法归结为赋、比、兴三种。赋是直言其事,包括叙述和描写。比是打比方,包括比喻、比拟。兴是先说别的事物然后引出歌唱之词,类似于引子、起头之类。

3. 历史散文

(1)《尚书》

《尚书》即上古之书,"五经"之一,称"书经",是记言的古史。分为《虞书》《夏书》《商书》《周书》四部分。《商书》中最著名的是《盘庚》三篇,是商王盘庚迁都之前对官员和百姓的讲话。《周书》中的名篇是《无逸》,相传是周公告诫成王之辞,要成王知道稼穑的艰难,不可贪图逸乐。

(2)《左传》

《左传》是《春秋左氏传》的简称,一般认为是配合《春秋》的编年史。《春秋》是经孔子修订的鲁国的编年史,起于鲁隐公元年,终于鲁哀公十四年(前722—前481)。记载极为简略,是一部提纲式的史书,但它体现了孔子尊王攘夷、正名定分、大一统的政治思想。之后有相关的著作补充它、说明它,所谓"春秋三传",即《左传》《公羊传》《谷梁传》。《左传》重在补充史实,《公羊传》《谷梁传》则更多地阐明"春秋笔法"。

《左传》作者通常被认为是左丘明,它主要记载了春秋列国政治、外交、军事各方面的活动和有关言论,以及当时鬼神、灾祥、占卜之类的情况。春秋时期,列国纷争,战事频繁,因此,《左传》记载了许多战事,写得很有特色。如齐鲁长勺之战,是以弱胜强的典型战例,鲁庄公在曹刿的帮助下,战胜了强敌齐国。晋楚城濮之战,是两个大国之间的争霸战争,晋国上下一心,借助外交手段,临战慎重,终于打败了楚国。秦晋崤之战,写秦穆公利令智昏,长途跋涉,企图偷袭郑国,结果被晋国设伏于崤,全军覆没。

《左传》中的人物描写也是相当成功的。例如写晋公子重耳经过19年的流亡生活,逐渐成熟,回到晋国,成为春秋五霸之一的晋文公。"烛之武退秦师"中,郑国老臣烛之武善于分析利害,充分陈辞,使秦国终于退兵。

(3)《国语》

《国语》是一部国别史,记载周王朝及诸侯各国之事,重在记言。一般认为《国语》的作者也是左丘明。《国语》中最有名的篇章是"召公谏厉王弭谤",指责周厉王暴虐无道,不许百姓批评指责,以致万马齐喑,"道路以目";召公提出"防民之口,甚于防川","为川者决之使导,为民者宣之使言",统治者必须广开言路。

(4)《战国策》

《战国策》杂记东周、西周及秦、齐、楚、赵、魏、韩、燕、宋、卫、中山等十二国之事,上接春秋,下至秦并六国。记载的基本内容是战国时代谋臣策士纵横捭阖的言论,它由西汉的刘向整理编订而成。

《战国策》的人物描写比较成功。苏秦是著名的纵横家,先以连横游说秦惠王,没有成功;又以合纵游说赵肃侯,成功了,挂上了六国相印。这就是以追求个人功名富贵为目的的朝秦暮楚之士。鲁仲连是又一种类型,义不帝秦,反对尊秦为帝,有明确的政治主张,而且功成不受赏,有自己的操守。孟尝君的门客冯谖,三次弹铗,高唱"归去",考验孟尝君是否大度包容;得到孟尝君的信任后,为他谋设"三窟",使其立于不败之地。荆轲刺秦王,写易水送别,"风萧萧兮易水寒,壮士一去兮不复返",慷慨悲歌,千古传诵。

《战国策》多寓言故事,如"画蛇添足""狡兔三窟""鹬蚌相争""狐假虎威"之类。"邹忌讽齐王纳谏"是完整的寓言故事,由家事到国事,小中见大,步步进逼,促使齐威王广开言路,从谏如流。

4. 诸子散文

先秦诸子散文出现于春秋末期和战国时期这个社会大变革的时代。这时产生了士的阶层,形成了不同流派,百家争鸣,学术繁荣,诸子散文蓬勃发展。

先秦诸子,根据《汉书·艺文志》记载,有儒、道、墨、法、阴阳、名、纵横、农、杂、小说十家。其中最重要的是儒、道、墨、法四家。因为小说家不能与其他九家等量齐观,所以有九流十家的说法。

先秦诸子散文按时代可分为三个阶段。第一阶段是春秋末战国初的《论语》和《老子》《墨子》。第二阶段是战国中期的《孟子》和《庄子》。第三阶段是战国后期的《荀子》和《韩非子》。

《论语》,记载孔子的言行,为孔子弟子和再传弟子所记,是孔子思想真实而可信的记录。《论语》是语录体,它反映了孔子思想的核心——仁。《论语》的特点是多格言警句,如"知之为知之,不知为不知","三人行,必有我师焉,择其善者而从之,其不善者而改之","学而不思则罔,思而不学则殆","其身正,不令而行;其身不正,虽令不从","岁寒,然后知松柏之后凋也"。

《老子》,道家思想的经典,相传为春秋末期老聃所著。《史记》称老子"姓李氏,名耳,字伯阳,谥曰聃"。老子的中心观念是"道",开宗明义称"道可道,非常道;名可名,非常名"。意思是"道",说得出的,它就不是永恒的"道";名,叫得出的,它就不是永恒的名。"道生万物","道生一,一生二,二生三,三生万物"。万事万物都有它的对立面,相反相成,相反对立的状态经常互相转化,所谓"祸兮,福之所倚;福兮,祸之所伏",提倡以柔胜刚,"天下莫柔弱于水,而攻坚强者莫之能胜,以其无以易之"。形而上的道,落实到人生,便是德,所以《老子》又称《道德经》。

《墨子》,作者墨翟,是墨家学派的创始人。《墨子》的中心思想是兼爱、非攻,主张人人相爱,反对不义战争。《墨子》文章质朴,较少文采,但逻辑性强,善于用具体事例说理,由小到大,由浅入深,层层推进。

《孟子》,作者孟轲。相传孔子—曾参—子思—孟子,一脉相承,孟子便是孔子的嫡传弟子。他一生以光大孔子学说为己任,是战国中期儒家学派的代表人物。《孟子》为孟子及其弟子共同著述,采用对话体的方式,中心思想是仁义。政治上主张仁政,哲学上主张人性善。书中还提出"民为贵,社稷次之,君为轻",体现了孟子的民本思想。孟子强调道德修养,提倡"养浩然之气",要"舍生取义",要"与人为善"。他说:"恻隐之心,仁也;羞恶之心,义也;恭敬之心,礼也;是非之心,智也。仁义礼智,非由外铄我也,我固有之也。"孟子主张做到"富贵不能淫,贫贱不能移,威武不能屈。"《孟子》散文的特点是气势充沛,感情强烈,笔带锋芒,富于鼓动性,有纵横家、雄辩家的气概。孟子善于在论辩中阐发道理,也常常用譬喻说明事理。

《庄子》,作者庄周,是先秦道家学派的代表人物,与孟子一样,都是战国中期的学者。《庄子》有内篇、外篇、杂篇三类,一般认为,内篇为庄子所作,外篇和杂篇则是庄子的门徒或后学者所作。庄子不满于现实的黑暗与混乱,但不想也无力做抗争,走消极遁世的道路,抹煞生死、是非、得失的差别,追求内心的调和以及精神上的逍遥。

《庄子》的散文独具一格,用神话传说、寓言故事作为论证的根据,富有浪漫主义的色彩。开宗明义的第一篇便是《逍遥游》,表示在精神上追求绝对自由,从鲲鹏变化到蜩与学鸠,从宋荣子、列子到"无己"的"至人",说明"乘天地之正,而御六气之辩,以游无穷者"的"逍遥游"。恣肆汪洋、趣味横生是庄子散文的风格。

《荀子》的作者荀况,又称荀卿,是战国后期的儒家大师。他认为人性恶,主张通过教育才能使之向善,所以开宗明义第一篇是《劝学》,勉励人们努力学习,达到"知明而行无过"的目的。他的《天论》指出"天行有常",大自然有它自身的运行规律,具有唯物主义精神。

《韩非子》,作者韩非,是战国后期法家代表人物。他将法、术、势融为一体,是法家学说的集大成者。韩非散文的特点是议论透辟,锋芒锐利,分析深入。《五蠹》用守株待兔的故事说明不能墨守成规,一定要因势利导,随机应变。书中有大量的寓言故事,如"自相矛盾""买椟还珠""郑人买履""南郭吹竽"等。

5. 楚辞

楚辞是战国后期以屈原为代表的楚国人创造的一种诗歌体裁。西汉刘向将屈原、宋玉等人的作品编辑成集,定名为《楚辞》。东汉王逸为之作注,名《楚辞章句》,宋代洪兴祖做了补充,称《楚辞补注》。

楚辞是在楚地民歌的基础上,经过屈原的创制形成的新的诗歌体裁。屈原是我国第一位伟大的爱国诗人。他生活在楚怀王、楚襄王时代,主张联齐抗秦、修明法纪、任用贤才,提出"举贤而授能兮,循绳墨而不颇"。他曾遭到流放,长期放逐于沅湘之间。公元前278年,秦国将领白起攻破楚国都城郢,屈原投汨罗江而死,以身殉国。

屈原的作品有《离骚》《九歌》《九章》《远游》等。代表作《离骚》是古代文学中最长的抒情诗。诗中表达了他希望祖国强大,愿意为王前驱的崇高理想。他回顾历史,总结教训,感悟到"路漫漫其修远兮,吾将上下而求索"。他描述了自己内心的矛盾与冲突,表明自己绝不明哲保身,绝不离开祖国,体现了他光辉俊洁的人格。

《九歌》有十一篇诗,是在民间祭神乐歌的基础上创作的。《东皇太一》祭楚国最高的神灵,《东君》祭太阳神,《云中君》祭云神,《湘君》《湘夫人》祭楚国的湘水之神,《山鬼》祭山神,《国殇》祭奠为国牺牲的将士。

《九章》是九篇作品,表现作者不同阶段的生活片段,如《涉江》《哀郢》等。

《天问》是奇文,对自然万物和古往今来的神话传说提了一百七十多个问题,表达了诗人深沉的思考与追索。

宋玉的代表作是《九辩》,"悲哉秋之为气也",开创了文学创作中的"悲秋"主题。

(二) 秦汉文学

1. 秦代文学

秦代文学以《吕氏春秋》和《谏逐客书》为代表。

《吕氏春秋》,作者吕不韦,实为吕不韦门客集体著作。它兼有儒、道、墨、法、农诸家学说,属于杂家。《谏逐客书》,作者李斯,文中,李斯劝谏秦始皇不要驱逐客卿,只有用人唯才,不限本土,才能成就霸业,统一全国。

2. 西汉的散文

贾谊,西汉杰出的政治家和文学家。其著作主要有散文和辞赋两类。他的散文代表作是《过秦论》和《陈政事疏》。《过秦论》总结秦王朝灭亡的历史教训,指出秦亡的原因在于"仁义不施而攻守之势异也"。《陈政事疏》(又名《治安策》)针对现实问题论析,提出了匈奴、诸侯王、太子教育等问题及其解决办法。贾谊的辞赋代表作是《吊屈原赋》《鵩鸟赋》,属于骚体赋,是楚辞发展到汉赋的过渡。

晁错,西汉初年的另一位政论家。代表作是《守边劝农疏》和《论贵粟疏》,主张务农贵粟,提出募粟入官得以拜爵或除罪等措施。

桓宽,西汉后期的散文家,著有《盐铁论》。这是汉昭帝时关于盐铁专卖制度讨论会的记录,御史大夫与丞相坚守政府立场,主张盐铁专卖,来自民间的贤良文学人士则予以反对,双方就此展开辩论。

刘向,西汉后期的散文家,著有《新序》《说苑》等。这两部书对先秦文献和流行于民间的故事、寓言进行归类整理,用来说明事理。如《新序》中的"叶公好龙",说明喜尚空谈、不务实际的可笑。

3. 汉赋

枚乘的《七发》标志汉赋的确立。《七发》用吴客与楚太子的对话,"说七事以启发太子",即以音乐、饮食、车马、宫苑、田猎、观涛、要言妙道七件事,治好了楚太子贪图享乐的毛病。艺术上铺张扬厉,奠定了新体赋的形式。

汉武帝时代是辞赋最兴盛的时代,代表作家是司马相如,《子虚》《上林》是他的代表作。赋中楚国的子虚和齐国的乌有先生互相夸耀地方风物,最后亡是公铺陈汉天子上林苑的壮丽与天子射猎的盛况,压倒齐楚,以此歌颂大一统的中央王朝。后来著名的赋家还有扬雄、班固、张衡等。

东汉末年,社会黑暗,政治动荡,歌功颂德的汉赋失去了存在的基础,于是兴起了抒情小赋。张衡著有《归田赋》,表现在宦官专权、朝政日非的情况下退隐田园的乐趣。此外,赵壹著有《刺世疾邪赋》,蔡邕著有《述行赋》,祢衡著有《鹦鹉赋》。

4. 司马迁及其《史记》

司马迁的父亲司马谈,学问精深,担任太史令的职务。司马迁家学渊源,学养深厚,还曾漫游全国各地,探访历史遗迹,为他写作《史记》奠定深厚的基础。他承袭父职,担任太史令。

《史记》是我国历史学上的里程碑。司马迁自己称之为"究天人之际,通古今之变,成一家之言"。全书由本纪、世家、列传、书、表五种文体组成。本纪叙述帝王的言行政绩,如《五帝本纪》《高祖本纪》。世家是贵族王侯传记,如《孔子世家》《萧相国世家》。列传是帝王诸侯之外各种不同类型、不同阶层人物的传记,如《魏公子列传》《李将军列传》。书是个别事件的始末文献和某一部门的专史,如《历书》(历法)、《河渠书》(水利)等。表是各个历史时期简要的大事年表,如《六国年表》《汉兴以来将相名臣年表》。这种记史的体例被称为纪传体,是以人物为中心叙写社会发展历程。《史记》记事起自传说中的黄帝,下至汉武帝,记载了我国三千多年的历史发展。鲁迅称之为"史家之绝唱,无韵之《离骚》"。

《史记》中有许多著名的篇章,略举数例。《陈涉世家》叙述了秦末农民起义的经过,肯定了"官逼民反"的合理性,提出了"帝王将相,宁有种乎!"《项羽本纪》赞美了项羽推翻秦王朝的英雄业绩,也写了他的弱点和失败,其中写巨鹿之战中破釜沉舟决一死战,鸿门宴上妇人之仁放走刘邦,失败前夕四面楚歌、霸王别姬、自刎乌江,都非常生动。《魏公子列传》写信陵君礼贤下士,救赵存魏,振奋诸侯。《李将军列传》刻画李广作战勇敢,胆识非凡,又能爱兵如子,"桃李不言,下自成蹊",赢得人们的同情与爱戴。《廉颇蔺相如列传》中蔺相如"完璧归赵""渑池之会"为国效力,与廉颇有矛盾时则忍辱退让,"先国家之急而后私仇",大义凛然。

司马迁除《史记》外,还留下了《报任安书》和《悲士不遇赋》等。

5. 班固及其《汉书》

《汉书》记载西汉的历史,是第一部纪传体断代史,历经班彪、班固、班昭、马续等人之手才完成,主要作者是班固。著名的篇章有《苏武传》,写苏武出使匈奴被扣留,杖汉节牧羊北海,历尽艰辛,坚贞不屈。

6. 汉乐府

"乐府"是音乐机关。汉武帝设立乐府,负责采集各地民歌,训练乐工,制作乐谱,演出歌舞。采集的民歌可以演唱,这些诗篇称为乐府。

乐府民歌中最著名的是《陌上桑》和《孔雀东南飞》。《陌上桑》赞扬罗敷蔑视权贵、反抗强暴的精神,是喜剧。《孔雀东南飞》则是悲剧,描述了刘兰芝、焦仲卿夫妇在封建礼教、封建家长的迫害下双双殉情而死。这首著名的长篇叙事诗,刻画了刘兰芝刚烈的形象。

7.《古诗十九首》

《古诗十九首》见于《文选》,都是抒情诗,产生于东汉末年,出于文人笔下,作者失传。它标志着文人五言诗的成熟。著名的如《迢迢牵牛星》,以牛郎织女故事表达游子思妇之情。

(三)魏晋南北朝文学

1. 建安文学

汉末建安年间,文坛上涌现了大量作家,掀起了文人诗歌的高潮。代表作家有"三曹""七子"和蔡琰。

曹操是建安文学的开创者。他的诗全部是乐府歌辞,用乐府旧题写新的内容,继承乐府诗的现实主义精神,反映社会现实。他的《短歌行》"对酒当歌,人生几何""慨当以慷,忧思难忘。何以解忧,唯有杜康"抒发时光流逝,功业未成的深沉感慨;诗人渴望人才来归,做到"周公吐哺,天下归心"。《龟虽寿》有"老骥伏枥,志在千里;烈士暮年,壮心不已",表示老当益壮的情怀。《观沧海》是较早的山水诗,中有"秋风萧瑟,洪波涌起。日月之行,若出其中;星汉灿烂,若出其里"等诗句。

曹丕留下了第一首完整的七言诗《燕歌行》:"秋风萧瑟天气凉,草木摇落露为霜。群燕辞归雁南翔,念君客游思断肠。""明月皎皎照我床,星汉西流夜未央。牵牛织女遥相望,尔独何辜限河梁。"在秋夜背景中描写思妇缠绵悱恻的相思之情。他还留下了我国第一篇文学专题论文《典论·论文》,提出了文学分类、文学风格、文学批评等重要问题。

曹植是建安时期的代表诗人。29岁以前热烈追求建功立业,其作品以《白马篇》为代表,塑造了武艺高强,为国立功的"幽并游侠"形象。29岁以后备受哥哥魏文帝曹丕的压制，郁郁不得志，相传有《七步诗》："煮豆燃豆萁，豆在釜中泣。本是同根生，相煎何太急。"《赠白马王彪》为曹植名篇，抒发了压抑环境中的复杂感情。

"建安七子"是曹丕在《典论·论文》中提出的，指孔融、陈琳、王粲、徐干、阮瑀、应玚、刘桢七人，其中王粲的文学成就最高。王粲著名的作品是《七哀诗》，写从长安到荆州途中所见的苦难景象："出门无所见，白骨蔽平原。"他的《登楼赋》是著名的抒情小赋，抒发思乡之念和怀才不遇的落寞心情。

蔡琰，字文姬，是著名的女作家。她有三篇作品流传下来：五言《悲愤诗》、骚体《悲愤诗》《胡笳十八拍》，都是自传性的作品。一般认为，长篇叙事诗《悲愤诗》才是蔡琰所作，写她在汉末军阀混战中被胡兵俘虏，备受虐待，滞留胡中思念亲人故乡，幸而归国，却要和子女告别，回到家里，只见一片废墟的悲惨景象。

2. 正始文学

正始文学是建安之后西晋之前的历史阶段的文学，代表作家是阮籍和嵇康。

阮籍有82首《咏怀诗》，用隐约曲折的语言表达内心的痛苦和愤懑，主要是不满司马氏为了取代曹氏政权而采用的杀戮异己的残暴手段。

嵇康以散文见长，《与山巨源绝交书》是其代表作，文中蔑视虚伪的礼法，反对司马氏的夺权阴谋。他最后被司马氏杀害。

3. 西晋文学

西晋文坛有三张（张载、张协、张亢）二陆（陆机、陆云）两潘（潘岳、潘尼）一左（左思）的称呼。陆机，过去称为"太康（晋武帝年号）之英"，其实他的诗作内容较为贫乏。他的《文赋》是论文学创作的名作，研讨如何避免"意不称物，文不逮意"。潘岳的名作是《悼亡诗》三首，是中国诗歌史上首次以"悼亡"为题的诗歌。

左思的成就较高。他的《三都赋》风行一时，广为传抄，以致"洛阳纸贵"。《咏史》八首是他的代表作。其二曰："郁郁涧底松，离离山上苗。以彼径寸茎，荫此百尺条。世胄蹑高位，英俊沉下僚。地势使之然，由来非一朝。金张藉旧业，七叶珥汉貂。冯公岂不伟，白首不见招。"揭露了门阀统治下的不合理现象。

此外，刘琨、郭璞在西晋末年的动荡时代也很有影响。刘琨的代表作是《扶风歌》，表达了强烈的爱国之情。郭璞著有《游仙诗》，在游仙中寄托对现实的感慨。

4. 田园诗人陶渊明

陶渊明生活在东晋后半期，并经历了晋宋易代的变迁。

陶渊明29岁出仕，几次做官，都郁郁不得志。41岁任彭泽令，在官八十余日，督邮（汉代官名）来县，应束带接见，他说"我岂能为五斗米折腰向乡里小儿"，即日解职归去。从此一直归隐农村，直到62岁去世。

陶渊明有120多首诗，其中大部分是田园诗，所以陶渊明被称为田园诗人。如《归园田居》之一：

少无适俗韵，性本爱丘山。误落尘网中，一去三十年。羁鸟恋旧林，池鱼思故渊。开荒南野际,守拙归园田。方宅十余亩,草屋八九间。榆柳荫后园,桃李罗堂前。暧暧远人村,依依墟里烟。狗吠深巷中,鸡鸣桑树巅。户庭无尘杂,虚室有余闲。久在樊笼里,复得返自然。

他将官场视为"尘网""樊笼",回归田园,清静自然,悠然自得。他还从事劳动生产,《归园田居》之三:

　　种豆南山下,草盛豆苗稀。晨兴理荒秽,带月荷锄归。道狭草木长,夕露沾我衣。衣沾不足惜,但使愿无违。

一早去田间锄草,夜间才归,十分勤劳。在朦胧月色中荷锄归来,极富诗意。"衣沾不足惜,但使愿无违",含蓄地表达了归隐的决心。再看《饮酒》之五:

　　结庐在人境,而无车马喧。问君何能尔?心远地自偏。采菊东篱下,悠然见南山。山气日夕佳,飞鸟相与还。此中有真意,欲辨已忘言。

富有哲理,"心远地自偏"。陶醉在大自然之中,悠然自在,"采菊东篱下,悠然见南山"成为陶渊明风格的标志。他的《桃花源诗并记》描绘了一个理想社会,没有战乱,没有剥削,丰衣足食,欢乐幸福。"桃花源"成为理想社会的代称。

陶渊明还有表达壮志的诗篇,以《读山海经》十一首为代表,鲁迅称之为"金刚怒目式"的诗篇。其著作《咏荆轲》赞美荆轲的抗暴精神,也属这一类作品。

5. 南北朝乐府民歌

南朝乐府民歌主要来自城市都邑,多数是对爱情的歌唱。如《读曲歌》:"打杀长鸣鸡,弹去乌臼鸟。愿得连冥不复曙,一年都一晓。"南朝乐府民歌的代表作是《西洲曲》。

北朝乐府民歌刚健质朴,反映了北方的社会生活和尚武精神,如反映游牧生活和北国风光的鲜卑民歌《敕勒歌》:

　　敕勒川,阴山下。天似穹庐,笼盖四野。天苍苍,野茫茫,风吹草低见牛羊。

还有《木兰诗》,歌颂女英雄木兰代父从军,胜利而归。回来后恢复女儿身,"出门看伙伴,伙伴皆惊忙。同行十二年,不知木兰是女郎","雄兔脚扑朔,雌兔眼迷离;双兔傍地走,安能辨我是雄雌?"极富喜剧色彩。

6. 南北朝诗人

谢灵运开创了山水诗的时代。他的代表作是《登池上楼》,其中的名句是"池塘生春草,园柳变鸣禽"。

鲍照的贡献是写了较多的七言诗,推进了七言诗体的发展。代表作是《拟行路难》十八首。

谢朓发展了谢灵运开创的山水诗,另外他开始运用四声平仄、对仗等艺术手法写诗,成为区别于古诗的新体诗。因为是在齐武帝永明年间兴起,所以这种新体诗又称永明体。

北朝诗人庾信,由南方到北方,其诗中流露故园之思。代表作是《拟咏怀二十七首》。

7. 南北朝的骈文和散文

骈文讲求句式的工整、对偶,文辞华美,到后来只用四字句和六字句,所以有了"四六文"的名称。这种文体起源于汉代辞赋,成形于南北朝。

齐代孔稚珪《北山移文》是著名的骈文,声讨"身在江湖之上,心游魏阙之下"的假隐士。

江淹是南朝最优秀的骈文作家之一,他的代表作是《恨赋》和《别赋》。《别赋》开头"黯然销魂者,唯别而已矣",传诵千古。

庾信的《哀江南赋》,怀念故国,自卑身世,结合历史的变迁,十分出色。

南北朝有两部著名的散文作品。一部是郦道元的《水经注》,记载了一千多条水道的源流经历,以及沿岸的山川景物和故事传说,既是地理学的著作,又是杰出的散文之作。最有名的篇章是"巫峡",其中记载了渔者歌曰:"巴东三峡巫峡长,猿鸣三声泪沾裳。"另一部是杨衒之的《洛阳伽蓝记》,记载洛阳城里一千多座佛教寺庙的历史及相关故事。

颜之推著有《颜氏家训》,是训诫子弟之作,但记载了他的亲历亲闻,反映了民情风习和现实生活。

8. 魏晋南北朝的小说

魏晋南北朝是中国古代小说的萌芽时期。当时的小说可以分为两类:志怪小说与轶事小说。

志怪小说记载种种怪异之事,包括因果报应的迷信故事,以干宝的《搜神记》为代表,其中也记载了不少民间故事,如干将莫邪的故事,鲁迅在《故事新编》中据此写成《铸剑》。

轶事小说重在记人,代表作是刘义庆的《世说新语》,写魏晋风度、名士风流。鲁迅说它"记言则玄远冷峻,记事则高简瑰奇"。《世说新语》中刘孝标的注也有很高的价值,因为它引用了众多的文献,大大丰富了原书的内容。

9. 魏晋南北朝的文学批评

魏晋南北朝的文学理论批评开始于曹丕的《典论·论文》,继之而起的是陆机的《文赋》。

齐梁之际的刘勰,写成了《文心雕龙》。这是我国文学理论批评著作中体大思精、空前绝后的大著作。《文心雕龙》有五十篇,包括总论、文体论、创作论、批评论四个部分。总论是"文之枢纽",是全书的理论基础。文体论是分论文体,详尽周密。创作论讲创作过程、个性风格、文质关系、写作技巧、文辞声律等问题。批评论对过去时代的文风、作家的成就做出批评,还探讨了批评方法。最后一篇《序志》,是序言,说明自己写作的目的和全书的布局意图。

钟嵘《诗品》是专门评论五言诗的文学批评名著。《诗品序》阐述理论,然后分上、中、下三卷评论诗人,列入上卷即上品,中卷即中品,下卷即下品,品评了两汉到梁代的122位诗人,其中上品11人,中品39人,下品72人。

(四)隋唐五代文学

唐代是我国诗歌发展的黄金时代,留下了近五万首诗歌,独具风格的著名诗人有五六十位,出现了李白、杜甫这样登峰造极的诗人,产生了不同的诗歌流派,出现了近体诗,形成古体诗与近体诗交相辉映的局面。清代康熙年间编成的《全唐诗》,集唐代诗歌之大成,收了近五万首诗。

唐代诗歌分初唐、盛唐、中唐、晚唐四个时期。这样的分期起于宋代严羽的《沧浪诗话》,成于明代高棅的《唐诗品汇》。

1. 初唐诗人

初唐诗人上官仪,把创作诗歌的对偶方法归为六种,对近体诗形式的发展有促进作用。沈佺期和宋之问,合称"沈宋",他们的创作对近体诗的定型做出了贡献。

"初唐四杰"是王勃、杨炯、卢照邻、骆宾王,称"王杨卢骆"。他们的贡献是拓宽了诗歌思想和题材的领域,从宫廷移到市井,从台阁移到江山大漠,题材扩大了,思想严肃了。

王勃《送杜少府之任蜀州》:"城阙辅三秦,风烟望五津。与君离别意,同是宦游人。海内存知己,天涯若比邻。无为在歧路,儿女共沾巾。"表达不平凡的怀抱,壮阔豪放。杨炯的《从军行》中有"宁为百夫长,胜作一书生"句,向往边塞生活,颇有豪情壮志。

卢照邻和骆宾王皆长于七言歌行。卢照邻《长安古意》有"百丈游丝争绕树,一群娇鸟共啼花""得成比目何辞死,愿作鸳鸯不羡仙"等名句。骆宾王《在狱咏蝉》:"西陆蝉声唱,南冠客思侵。那堪玄鬓影,来对白头吟。露重飞难进,风多响易沉。无人信高洁,谁为表予心?"咏物寄情,熔为一炉,风骨凝练。

张若虚《春江花月夜》写道:"春江潮水连海平,海上明月共潮生。滟滟随波千万里,何处春江无月明!江流宛转绕芳甸,月照花林皆似霰。空里流霜不觉飞,汀上白沙看不见。江天一色无纤尘,皎皎空中孤月轮。江畔何人初见月?江月何年初照人?人生代代无穷已,江月年年望相似。"不再是对人生短促的感叹,而是与人类社会和自然永远相伴,然后又转入游子因别离而思归的相思深情,诗情、画意、哲理合而为一。

初唐时期高举诗歌革新大旗的是陈子昂。他在《修竹篇序》中提倡"汉魏风骨""风雅兴寄"。他有《感遇诗》三十八首,如:"兰若生春夏,芊蔚何青青。幽独空林色,朱蕤冒紫茎。迟迟白日晚,袅袅秋风生。岁华尽摇落,芳意竟何成?"借草木零落、美人迟暮的意境,表达理想无法实现的苦闷。《登幽州台歌》:"前不见古人,后不见来者。念天地之悠悠,独怆然而涕下。"用直白的语言表达怀才不遇的深沉感慨。

2. 盛唐山水田园诗人

孟浩然,一生基本上过着隐居生活,《过故人庄》是其代表作:"故人具鸡黍,邀我至田家。绿树村边合,青山郭外斜。开轩面场圃,把酒话桑麻。待到重阳日,还来就菊花。"田园风光,故人情谊,共同怀抱,淡淡写来,亲切有味。《春晓》:"春眠不觉晓,处处闻啼鸟。夜来风雨声,花落知多少?"表达了惜花、惜春、爱一切美好事物的情怀。

王维,21岁中进士,先后担任各种官职,40岁以后过着亦官亦隐的生活,到了晚年,成了"以禅诵为事"的佛教徒。他的诗作是多元的,有政治诗、边塞诗、田园诗等,以山水田园诗的成就为高。边塞诗《使至塞上》:"单车欲问边,属国过居延。征蓬出汉塞,归雁入胡天。大漠孤烟直,长河落日圆。萧关逢候骑,都护在燕然。""大漠"两句,表现沙漠落日景象,气象壮丽,极其有名。田园诗《山居秋暝》:"空山新雨后,天气晚来秋。明月松间照,清泉石上流。竹喧归浣女,莲动下渔舟。随意春芳歇,王孙自可留。"写明月、青松、清泉、白石、翠竹、荷花,表示高洁的品性,动静结合,有人有景,是一幅清新秀丽的山水画,表达自己归隐山村的志趣。送别诗《渭城曲》:"渭城朝雨浥轻尘,客舍青青柳色新。劝君更尽一杯酒,西出阳关无故人。"后来被谱成《阳关三叠》的送行乐曲。还有《鹿柴》:"空山不见人,但闻人语响。返景入深林,复照青苔上。"空山中偶闻人语,青苔上一缕斜阳,极其清幽的景象,引发寂静之感。

3. 盛唐边塞诗人

高适的代表作是《燕歌行》,内容丰富,思想深刻。写将士的爱国主义精神:"汉家烟尘在东北,汉将辞家破残贼。男儿本自重横行,天子非常赐颜色";写战斗艰苦,将士英勇杀敌:"杀气三时作阵云,寒声一夜传刁斗。相看白刃血纷纷,死节从来岂顾勋";写边塞萧条荒凉:"边庭飘飖那可度,绝域苍茫更何有";写征夫思妇的相思:"少妇城南欲断肠,征人蓟北空回首";写军中的腐败:"战士军前半死生,美人帐下犹歌舞"。结尾高呼"君不见沙场征战苦,至今犹忆李将军!"呼唤克敌制胜、爱兵如子的李将军,斥责今将军的无能与不能体恤士卒,所以凯旋遥不可期。

岑参的《走马川行奉送封大夫出师西征》《轮台歌奉送封大夫出师西征》和《白雪歌送武判官归京》是鼎足而三的杰作。岑参的边塞诗多表现奇丽的边塞风光和将士奋勇向前的乐观主义精神。《白雪歌送武判官归京》写道:"北风卷地白草折,胡天八月即飞雪。忽如一夜春风来,千树万树梨花开。散入珠帘湿罗幕,狐裘不暖锦衾薄。将军角弓不得控,都护铁衣冷难着。瀚海阑干百丈冰,愁云惨淡万里凝。中军置酒饮归客,胡琴琵琶与羌笛。纷纷暮雪下辕门,风掣红旗冻不翻。轮台东门送君去,去时雪满天山路。山回路转不见君,雪上空留马行处。"写边塞奇寒,边塞风习,送别朋友,依依惜别。小诗《逢入京使》也很传神:"故园东望路漫漫,双袖龙钟泪不干。马上相逢无纸笔,凭君传语报平安。"

王昌龄的《从军行》写战士爱国的壮志豪情，如："青海长云暗雪山，孤城遥望玉门关。黄沙百战穿金甲，不破楼兰终不还。""大漠风尘日色昏，红旗半卷出辕门。前军夜战洮河北，已报生擒吐谷浑。"写战士长期戍边的愁情，如："琵琶起舞换新声，总是关山旧别情。撩乱边愁听不尽，高高秋月照长城。"他最出名的诗作是《出塞》，被誉为唐人七绝压卷之作："秦时明月汉时关，万里长征人未还。但使龙城飞将在，不教胡马度阴山。"漫长的时间，秦汉至今；广袤的空间，万里之遥，边塞战争连绵不绝。如果龙城飞将李广在，胡人不敢南下而牧马，早就没有战争了；呼唤英勇善战、爱兵如子的李广再现。

李颀《古从军行》："白日登山望烽火，黄昏饮马傍交河。行人刁斗风沙暗，公主琵琶幽怨多。野云万里无城郭，雨雪纷纷连大漠。胡雁哀鸣夜夜飞，胡儿眼泪双双落。闻道玉门犹被遮，应将性命逐轻车。年年战骨埋荒外，空见蒲桃入汉家。"写边塞战争中胡汉双方士兵怨恨战争的心情，反对统治者为了私利发动边塞战争。

王之涣《凉州词》："黄河远上白云间，一片孤城万仞山。羌笛何须怨杨柳，春风不度玉门关。"塞外荒寒的景象，寂寞凄清，羌笛何必吹奏能引起人们边愁的《折杨柳》曲呢？玉门关外连春风都吹不到。曲折地传递着戍卒思家念亲的感情。他的另一首名作是《登鹳雀楼》："白日依山尽，黄河入海流。欲穷千里目，更上一层楼。"描写登楼所见，有虚有实，蕴含哲理，催人奋进。

王翰《凉州词》："葡萄美酒夜光杯，欲饮琵琶马上催。醉卧沙场君莫笑，古来征战几人回？"既有豪爽，又有感伤，表达战士在边塞战场上的复杂心情。

4. 浪漫主义诗人李白

李白，祖籍陇西成纪（今甘肃天水附近），出生于碎叶（今哈萨克斯坦托克马克），五岁迁居四川彰明县青莲乡。李白受儒家、道家、神仙家思想的影响，他的理想是先建功立业，"奋其智能，愿为辅弼，使寰区大定，海县清一"，然后功成不受赏，归隐山林，修炼神仙之术。他不参加科举考试，希望树立名声，被君王直接征召任用，飞黄腾达。但事与愿违，即使被唐玄宗召到京城长安，也不过是供奉翰林，做个御用文人。后来他无奈地离开了长安，漫游各地。安史之乱爆发，李白参加了永王璘的幕府。永王璘被哥哥唐肃宗诛灭，李白获罪，长流夜郎。后遇赦放还，依族叔当涂县令李阳冰，直到去世。

李白是浪漫主义诗人，其诗多表达理想与现实的矛盾，如《行路难》："金樽清酒斗十千，玉盘珍羞直万钱。停杯投箸不能食，拔剑四顾心茫然。欲渡黄河冰塞川，将登太行雪满山。闲来垂钓碧溪上，忽复乘舟梦日边。行路难，行路难，多歧路，今安在？长风破浪会有时，直挂云帆济沧海。"痛苦愤懑，无路可通，但仍然满怀希望能够像姜尚垂钓渭水而得到周文王重用，像伊尹梦见乘船经过日月而得到商汤重用，深信一旦得志，施展才干，定能长风破浪，扬帆大海。

但李白诗歌更多的时候表现失望、悲叹，如《宣州谢朓楼饯别校书叔云》："弃我去者，昨日之日不可留。乱我心者，今日之日多烦忧。长风万里送秋雁，对此可以酣高楼。蓬莱文章建安骨,中间小谢又清发。俱怀逸兴壮思飞,欲上青天揽明月。抽刀断水水更流,举杯消愁愁更愁。人生在世不称意,明朝散发弄扁舟。"怀念过去的盛世,悲叹今朝的衰落,崇仰古人诗文,感慨自己身世,断而相续,难遣愁怀,只能一叶扁舟遨游江湖了。

在《梦游天姥吟留别》中,李白把理想、光明寄之于神仙世界:"青冥浩荡不见底,日月照耀金银台。霓为衣兮风为马,云之君兮纷纷而来下。虎鼓瑟兮鸾回车,仙之人兮列如麻。"神仙世界的光明是黑暗现实的对照。诗的最后表达"安能摧眉折腰事权贵,使我不得开心颜"的心声。

李白以生花妙笔描绘祖国的奇丽山川,如《蜀道难》:"蜀道之难,难于上青天……上有六龙回日之高标,下有冲波逆折之回川。黄鹤之飞尚不得过,猿猱欲度愁攀援。青泥何盘盘,百步九折萦岩峦。扪参历井仰胁息,以手抚膺坐长叹。"丰富的想象,高度的夸张,强烈的抒情,给人留下深刻的印象。

他的许多小诗,也为人们传诵。《望庐山瀑布》:

　　　日照香炉生紫烟,遥看瀑布挂前川。飞流直下三千尺,疑是银河落九天。

《黄鹤楼送孟浩然之广陵》:

　　　故人西辞黄鹤楼,烟花三月下扬州。孤帆远影碧空尽,唯见长江天际流。

《赠汪伦》:

　　　李白乘舟将欲行,忽闻岸上踏歌声。桃花潭水深千尺,不及汪伦送我情。

《早发白帝城》:

　　　朝辞白帝彩云间,千里江陵一日还。两岸猿声啼不住,轻舟已过万重山。

《静夜思》:

　　　床前明月光,疑是地上霜。举头望明月,低头思故乡。

5. 现实主义诗人杜甫

杜甫,生于河南巩县。他出身于一个"奉儒守官"的家庭。他年轻时读书壮游,读万卷书,行万里路。为了走上仕途,曾经困守长安十年,最终得了看管兵甲器杖的职务。在回家探亲的路上,爆发了安史之乱。在投奔唐肃宗的路上被叛军俘虏,半年后逃出长安城。到凤翔担任朝廷左拾遗,不久贬为华州司功参军。后弃官奔赴成都,在四川漂泊了八九年,后来出川,辗转于湖北、湖南,最后在由长沙到岳阳的一条破船上去世。

杜甫亲身经历了安史之乱，感受了时代的动荡、人民的苦难，用他的诗笔真实地反映了那个时代，人们称他的作品为"史诗"。安史之乱前夕，社会矛盾逐步积累，唐玄宗的穷兵黩武，使人民流血破产，杨国忠兄妹的擅权，势倾天下，杜甫以此社会现实为素材，写了《兵车行》《丽人行》。《兵车行》写强拉壮丁："车辚辚，马萧萧，行人弓箭各在腰。耶娘妻子走相送，尘埃不见咸阳桥。牵衣顿足拦道哭，哭声直上干云霄。""边庭流血成海水，武皇开边意未已。"壮丁走了，良田荒芜，"县官急索租，租税从何出？"而壮丁却死在边境，"君不见青海头，古来白骨无人收。新鬼烦冤旧鬼哭，天阴雨湿声啾啾！"而在长安，杨国忠、杨贵妃等皇亲贵戚，春游踏青，服饰鲜艳，珠翠满头，宴饮豪华，"黄门飞鞚不动尘，御厨络绎送八珍"；杨国忠恃宠骄横，"炙手可热势绝伦，慎莫近前丞相嗔"（《丽人行》）。

在《自京赴奉先县咏怀五百字》中，诗人揭露了统治者的骄奢淫逸和社会的种种矛盾。唐明皇、杨贵妃避寒华清宫，尽情享受，而百姓挣扎在死亡线上，"朱门酒肉臭，路有冻死骨"，道出了封建社会统治者与人民尖锐的对立。"况闻内金盘，尽在卫霍室"，即戚外威擅权，杨贵妃、杨国忠大权在握，为所欲为。走在路上，"群水从西下"，"恐触天柱折"，"河梁幸未坼，枝撑声窸窣"，这也象征国家岌岌可危。回到家里，"幼子饥已卒"，于是"默思失业徒，因念远戍卒。忧端齐终南，澒洞不可掇"。

安史之乱爆发，潼关失守，杜甫写了《哀王孙》《哀江头》，相州溃败，写了"三吏""三别"，一直到平定安史之乱，写下了《闻官军收河南河北》："剑外忽传收蓟北，初闻涕泪满衣裳。却看妻子愁何在，漫卷诗书喜欲狂。白日放歌须纵酒，青春作伴好还乡。即从巴峡穿巫峡，便下襄阳向洛阳。"延续七年之久的安史叛乱终于结束了，喜悦的心情跃然纸上，浦起龙《读杜心解》中称这首诗是杜甫"生平第一首快诗也"。

杜甫一生"穷年忧黎元，叹息肠内热"，关心民生疾苦，写安史之乱中人民水深火热的生活，有著名的"三吏"——《新安吏》《潼关吏》《石壕吏》，"三别"——《新婚别》《垂老别》《无家别》。他在《茅屋为秋风所破歌》中唱出"安得广厦千万间，大庇天下寒士俱欢颜，风雨不动安如山！呜呼！何时眼前突兀见此屋，吾庐独破受冻死亦足！"人道主义的情怀，袒露无遗。

杜甫写下了许多广为传诵的好诗。《望岳》相传是他留存的最早的一首诗："岱宗夫如何？齐鲁青未了。造化钟神秀，阴阳割昏晓。荡胸生层云，决眦入归鸟。会当凌绝顶，一览众山小。"写泰山的雄伟壮丽，高耸入云，登临泰山，心胸开阔，目光远大。

《春夜喜雨》："好雨知时节，当春乃发生。随风潜入夜，润物细无声。野径云俱黑，江船火独明。晓看红湿处，花重锦官城。"赞美贵如油的春雨及时而降，润物无声。这也是赞美一种美好的品格。

他被安史叛军押送到长安，第二年春天写了《春望》："国破山河在，城春草木深。感时花溅泪，恨别鸟惊心。烽火连三月，家书抵万金。白头搔更短，浑欲不胜簪。"自然界的春天来到了，国家的、社会的、个人的春天何时才到来？春花鸟语只能引起诗人的痛心，一家星散，音讯不通，真是"家书抵万金"。

他怀念妻子儿女，写了《月夜》："今夜鄜州月，闺中只独看。遥怜小儿女，未解忆长安。香雾云鬟湿，清辉玉臂寒。何时倚虚幌，双照泪痕干。"

他对李白极为推崇："白也诗无敌，飘然思不群。"(《春日怀李白》)"落笔惊风雨，诗成泣鬼神。"(《寄李十二白》)他规劝李白："痛饮狂歌空度日，飞扬跋扈为谁雄？"在李白长流夜郎遇赦放还时，他作《天末怀李白》："凉风起天末，君子意如何？鸿雁几时到，江湖秋水多。文章憎命达，魑魅喜人过。应共冤魂语，投诗赠汨罗。"

晚年客居夔州作《登高》："风急天高猿啸哀，渚清沙白鸟飞回。无边落木萧萧下，不尽长江滚滚来。万里悲秋常作客，百年多病独登台。艰难苦恨繁霜鬓，潦倒新停浊酒杯。"用"风急"领起，"猿啸哀""鸟飞回""落木萧萧""长江滚滚"表现了天空辽阔，秋景萧瑟。"万里""百年"两句透露重重悲哀：他乡作客，经常作客，万里作客，秋天作客，不能饮，无亲朋，扶病登高，病又多，人生百年，已过半百，一事无成。

《登岳阳楼》也是其晚年所作："昔闻洞庭水，今上岳阳楼。吴楚东南坼，乾坤日夜浮。亲朋无一字，老病有孤舟。戎马关山北，凭轩涕泗流。"洞庭浩瀚，万千气象，感慨身世，涕泗横流。

杜甫诗歌风格早有定评，称为"沉郁顿挫"。他的诗歌，各体兼长。首创即事名篇的新题乐府，开白居易新乐府运动之先声。他的忧国忧民的情怀，为后代所敬仰。郭沫若为草堂题词"世上疮痍，诗中圣哲；民间疾苦，笔底波澜"，非常贴切。

6. 中唐前期诗人

元结、顾况，是白居易新乐府运动的前驱。元结有《舂陵行》，写安史之乱后道州人民伤亡凋敝的情形，"大乡无十家，大族命单羸。朝餐是草根，暮食乃木皮"。还有《贼退示官吏》，称地方官横征暴敛比盗贼还要坏。顾况的代表作是《囝》，写福建官吏迫害孩子为阉奴而牟取暴利："囝生闽方，闽吏得之，乃绝其阳。为臧为获，致金满屋。"

刘长卿、韦应物主要是写山水诗，与盛唐的王维、孟浩然相近。刘长卿最为传诵的是《逢雪宿芙蓉山主人》："日暮苍山远，天寒白屋贫。柴门闻犬吠，风雪夜归人。"韦应物最为传诵的是《滁州西涧》："独怜幽草涧边生，上有黄鹂深树鸣。春潮带雨晚来急，野渡无人舟自横。"

大历十才子是大历年间的十位诗人，成就较高的是钱起、卢纶。钱起的名作《省试湘灵鼓瑟》："善鼓云和瑟，常闻帝子灵。冯夷空自舞，楚客不堪听。苦调凄金石，清音入杳冥。苍梧来怨慕，白芷动芳馨。流水传湘浦，悲风过洞庭。曲终人不见，江上数峰青。"卢纶的名作《和张仆射塞下曲》二首："林暗草惊风，将军夜引弓。平明寻白羽，没在石棱中。""月黑雁飞高，单于夜遁逃。欲将轻骑逐，大雪满弓刀。"

此外，李益也写有较好的边塞诗，如《夜上受降城闻笛》："回乐峰前沙似雪，受降城外月如霜。不知何处吹芦管，一夜征人尽望乡。"又如《从军北征》："天山雪后海风寒，横笛偏吹行路难。碛里征人三十万，一时回首月中看。"

7. 白居易和新乐府运动

所谓新乐府，就是一种用新题写时事的乐府式的诗歌。曹操就开始用乐府题目写新的内容，包括时事，题目与内容不协调，到了杜甫"因事立题"，元结、顾况一脉相承，到白居易正式提出"新题乐府"。新乐府不在于合乐歌唱，而在于"感事而发"，体现汉乐府的现实主义精神。

白居易，字乐天，晚年居香山，自号香山居士，曾官太子少傅，后人因称白香山、白傅或白太傅。他的主导思想是"穷则独善其身，达则兼济天下"。40岁之前，"志在兼济"，政治上积极勇敢，为民请命。后遭到排挤，被造谣中伤，贬为江州司马，于是转入后期的"独善其身"，乐天安命，明哲保身。

白居易与元稹一道，倡导新乐府运动。他在《与元九书》中提出"文章合为时而著，诗歌合为事而作"，提倡诗歌要反映民生疾苦，"惟歌生民病"，"但伤民病痛"，提出"诗者：根情，苗言，华声，实义"。

白居易将自己的诗歌分为讽谕诗、闲适诗、感伤诗、杂律诗四类。讽谕诗的代表作是《新乐府》五十首、《秦中吟》十首。其中《卖炭翁》揭露宫廷以购物为名，强抢民物，所谓"宫市"即指强盗行为。"一车炭，千余斤，宫使驱将惜不得。半匹红绡一丈绫，系向牛头充炭直。"《上阳白发人》写上阳宫中宫女的悲惨命运，"红颜暗老白发新"的上阳宫女，"一生遂向空房宿"，"少亦苦，老亦苦，少苦老苦两如何？"《红线毯》揭露中唐弊政，地方官额外榨取百姓财物进奉皇上，最后说："一丈毯，千两丝。地不知寒人要暖，少夺人衣作地衣。"他在《杜陵叟》中怒吼："剥我身上帛，夺我口中粟。虐人害物即豺狼，何必钩爪锯牙食人肉。"

白居易的讽谕诗主题明确专一。"首句标其目，卒章显其志"，常常使用鲜明的对比，如《轻肥》中写统治者尽情享用山珍海味，结末云"是岁江南旱，衢州人食人"，触目惊心。诗的语言平易近人，通俗易懂，人称"老妪能解"。

白居易的两首长篇叙事诗《长恨歌》和《琵琶行》极为人们称赏。《长恨歌》写唐明皇、杨贵妃的故事，主要是歌颂李杨爱情，"七月七日长生殿，夜半无人私语时。在天愿为比翼鸟，在地愿为连理枝"，但特殊的身份，以致"渔阳鼙鼓动地来，惊破霓裳羽衣曲"，造成了"此恨绵绵无绝期"的悲剧。《琵琶行》写"老大嫁作商人妇"的琵琶女的悲惨命运，与作者被贬江州的命运联系在一起，"同是天涯沦落人，相逢何必曾相识"。诗中用许多比喻，摹写琵琶演奏，传神动人，如"大弦嘈嘈如急雨，小弦切切如私语。嘈嘈切切错杂弹，大珠小珠落玉盘"。

白居易的《赋得古原草送别》千古传诵："离离原上草，一岁一枯荣。野火烧不尽，春风吹又生。远芳侵古道，晴翠接荒城。又送王孙去，萋萋满别情。"

新乐府运动的参加者还有以下几位：

元稹，与白居易齐名，时称"元白"。元稹的《连昌宫词》，是与白居易的《长恨歌》并称的长篇叙事诗，借宫中老人之口揭露安史之乱前唐明皇的荒淫生活。他的悼亡诗《遣悲怀》三首也很有名，"诚知此恨人人有，贫贱夫妻百事哀"。小诗《行宫》

"寥落古行宫,宫花寂寞红。白头宫女在,闲坐说玄宗",含蓄不尽。

张籍,有《野老歌》:"老农家贫在山住,耕种山田三四亩。苗疏税多不得食,输入官仓化为土。岁暮锄犁傍空室,呼儿登山收橡实。西江贾客珠百斛,船中养犬长食肉。"另外又写了《估客乐》"年年逐利西复东,姓名不在县籍中",不必缴纳赋税,快乐逍遥,与农民生活天差地别。

王建,乐府与张籍齐名,世称"张王乐府"。他的《水夫谣》写纤夫的痛苦:"辛苦日多乐日少,水宿沙行如海鸟。逆风上水万斛重,前驿迢迢后森森。半夜缘堤雪和雨,受他驱遣还复去。"

李绅,第一个将新题乐府与古题乐府区别开来,曾写成《新题乐府》二十首,可惜这些诗未曾流传下来。他的《悯农》二首,家喻户晓:"春种一粒粟,秋收万颗子。四海无闲田,农夫犹饿死。""锄禾日当午,汗滴禾下土。谁知盘中餐,粒粒皆辛苦!"

8. 韩愈、柳宗元及其古文运动

韩愈字退之,曾任吏部侍郎,后人称之"韩吏部"。他坚守儒家思想,提出了尧、舜、禹、汤、文王、武王、周公、孔子、孟子的儒家道统,一生以辟佛为己任,为的是张大孔孟之道。

韩愈将先秦两汉的散文称古文,与骈文概念相对。他和柳宗元一道,倡导古文运动,改变了六朝以来骈文一统天下的局面,恢复了古代散文传统。

韩愈提出了古文理论,"气盛则言之短长与声之高下者皆宜"(《答李翊书》),"气"指作家的人格修养。提出"师其意不师其辞"(《答刘正夫书》),"唯陈言之务去"(《答李翊书》),意在创新。

韩愈的杂文分析精辟,逻辑性强,富有说服力。《原毁》指出当时一般士大夫诋毁新进人士在于"怠"与"忌","怠"则不思上进,"忌"则不愿看到别人上进。《师说》提出"师者,所以传道受业解惑也","道之所存,师之所存也","弟子不必不如师,师不必贤于弟子","闻道有先后,术业有专攻,如是而已"。《杂说四》指出"千里马常有,而伯乐不常有",提出必须发现人才,重视人才,让人才发挥作用。《进学解》提出:"业精于勤,荒于嬉。行成于思,毁于随。"《毛颖传》为毛笔立传,用拟人化的写法,新奇可喜,又暗含讽刺。

他的记叙文生动活泼,不拘一格。《张中丞传后叙》记安史之乱中的英雄人物张巡、许远、南霁云,夹叙夹议,驳斥了时人对他们的污蔑,大义凛然,表彰誓死抗击安史叛军的英雄豪杰。《柳子厚墓志铭》记好友柳宗元的一生,同情他的不幸遭遇,充分肯定他的文学成就。

韩愈的抒情散文以《祭十二郎文》为代表,感情真挚,抒写委曲,长歌当哭,深切动人,被誉为"祭文中千年绝调"。

韩愈吸收当时口语,继承古代语言,文从字顺,创造了许多精练的语句,成为流传至今的成语,如"佶屈聱牙""动辄得咎""不平则鸣""杂乱无章""俯首帖耳""摇尾乞怜"等。

柳宗元,字子厚,参加唐顺宗时永贞革新,失败后被贬为永州司马。柳宗元继承了儒家的民本思想,具有朴素的唯物论观点。

他创作的寓言,确立了寓言作为文艺体裁的地位。《三戒》的"临江之麋",讽刺依仗权贵而得意忘形的小人。"黔之驴"讽刺外强中干的庞然大物。《蝜蝂传》讽刺那些贪得无厌、一心向上爬,而最后跌得粉身碎骨的贪官污吏。《哀溺文序》讽刺那种要钱不要命的家伙。

柳宗元的传记文大都取材于封建社会中被侮辱被损害的下层人物。《捕蛇者说》写蒋氏三代身受残酷剥削的厄运,悍吏逼租、乡村凋敝、百姓倍受骚扰的景象如在眼前,形象地写出了"苛政猛于虎"的社会现实。《种树郭橐驼传》讽刺统治者政令苛烦使百姓不得安生。《童区寄传》写牧童机智地杀了抢劫、贩卖人口的"豪贼"。《段太尉逸事状》揭露中唐时期拥兵自重的新军阀的暴行,表彰段秀实沉着机智、不畏强暴的品质。

柳宗元的山水游记,奠定了作为文艺体裁之一的山水游记的地位,其中《永州八记》最为有名。这些山水游记不仅摹写了优美的自然景色,也表现了对百姓贫穷生活的忧虑,以及对自身遭际的悲叹。

9. 中唐韩孟诗派

中唐时期有两大诗派,一是以白居易、元稹为代表的元白诗派,另一是以韩愈、孟郊为代表的韩孟诗派。元白诗派平易,韩孟诗派奇崛。

韩愈诗歌标榜奇险诗风,追求新奇,如《南山诗》。他的《山石》,写自然景物,"山石荦确行径微,黄昏到寺蝙蝠飞。升堂坐阶新雨足,芭蕉叶大栀子肥",以散文笔调写景,流畅自然。他因上《谏佛骨表》被贬潮州,作《左迁至蓝关示侄孙湘》:"一封朝奏九重天,夕贬潮州路八千。欲为圣明除弊事,肯将衰朽惜残年!云横秦岭家何在?雪拥蓝关马不前。知汝远来应有意,好收吾骨瘴江边。"正言直谏的勇气,无辜放逐的悲愤,充溢其中。又如《早春呈水部张十八员外》:"天街小雨润如酥,草色遥看近却无。最是一年春好处,绝胜烟柳满皇都。"富有哲理,刻画细腻,造句优美,给人以喜悦之情,表达了诗人对春天的热爱和赞美。

孟郊,一生困顿,多写自己穷苦困顿的生活,最著名的是《游子吟》:"慈母手中线,游子身上衣。临行密密缝,意恐迟迟归。谁言寸草心,报得三春晖?"

与孟郊同样"苦吟"的著名诗人是贾岛,后人将其与孟郊以"郊寒岛瘦"并称。他为"僧推月下门"还是"僧敲月下门"苦吟而冲犯韩愈,韩愈为之定下"僧敲月下门",即"推敲"的故事。他的好诗是《剑客》:"十年磨一剑,霜刃未曾试。今日把示君,谁有不平事?"充满豪侠之气,不平之鸣。

10. 中唐其他著名诗人

刘禹锡与柳宗元一道参加永贞革新,失败后贬为朗州(今湖南常德)司马。他有朴素的唯物论思想,敢于坚持自己进步的政治见解。他贬官十年后回京,写了《戏赠看花诸君子》:"紫陌红尘拂面来,无人不道看花回。玄都观里桃千树,尽是刘郎去后栽。"用桃花影射得势的新权贵。再度被贬,十年后又回京师,写了《再游玄都观》:"百亩庭中半是苔,桃花净尽菜花开。种桃道士归何处,前度刘郎今又来。"表现出倔强自信的性格。他的《西塞山怀古》:"王濬楼船下益州,金陵王气黯然收。千寻铁锁沉江底,一片降幡出石头。人世几回伤往事,山形依旧枕寒流。从今四海为家日,故垒萧萧芦荻秋。"感叹历史兴亡,赞赏统一,反对分裂,告诫大家要记取历史的教训。他的《乌衣巷》广为传诵:"朱雀桥边野草花,乌衣巷口夕阳斜。旧时王谢堂前燕,飞入寻常百姓家。"还有《酬乐天扬州初逢席上见赠》:"巴山楚水凄凉地,二十三年弃置身。怀旧空吟闻笛赋,到乡翻似烂柯人。沉舟侧畔千帆过,病树前头万木春。今日听君歌一曲,暂凭杯酒长精神。"表达二十多年后回乡的深沉感叹;自然界季节变迁带来的变化,暗示社会人事的新陈代谢,诗人并不因此颓唐,而是振奋精神。他还有模仿民歌写的《竹枝词》:"杨柳青青江水平,闻郎江上踏歌声。东边日出西边雨,道是无晴还有晴。"用了民歌中常用的谐音手法,"晴"与"情"谐音,一语双关。

柳宗元不仅是散文大家,也是优秀诗人。《登柳州城楼寄漳汀封连四州》:"城上高楼接大荒,海天愁思正茫茫。惊风乱飐芙蓉水,密雨斜侵薜荔墙。岭树重遮千里目,江流曲似九回肠。共来百越文身地,犹自音书滞一乡。"抒写离乡别友的悲苦心情,"惊风""密雨",寓意深远,既是忧伤时事,又表示处境险恶。他的《渔翁》:"渔翁夜傍西岩宿,晓汲清湘燃楚竹。烟销日出不见人,欸乃一声山水绿。回看天际下中流,岩上无心云相逐。"渔夫出尘拔俗的生活,自由自在,正是诗人所向往的。小诗《江雪》:"千山鸟飞绝,万径人踪灭。孤舟蓑笠翁,独钓寒江雪。"凄清之绝,遗世独立,表明了崇高的品格。

李贺一生郁郁不得志,用浪漫主义的艺术手法写诗,表达自己惆怅愤懑的情怀。《金铜仙人辞汉歌》:"茂陵刘郎秋风客,夜闻马嘶晓无迹。画栏桂树悬秋香,三十六宫土花碧。魏官牵车指千里,东关酸风射眸子。空将汉月出宫门,忆君清泪如铅水。衰兰送客咸阳道,天若有情天亦老。携盘独出月荒凉,渭城已远波声小。"写汉武帝的金铜仙人被移走的悲哀,铜人下泪,草木悲伤,实为表达自己的"宗臣去国之思"。《梦天》:"老兔寒蟾泣天色,云楼半开壁斜白。玉轮轧露湿团光,鸾佩相逢桂香陌。黄尘清水三山下,更变千年如走马。遥望齐州九点烟,一泓海水杯中泻。"想象在天上见到月亮、仙女,看到尘世的渺小和沧海桑田的变化。《雁门太守行》,歌颂边塞将士:"黑云压城城欲摧,甲光向日金鳞开。角声满天秋色里,塞上燕脂凝夜紫。半卷红旗临易水,霜重鼓寒声不起。报君黄金台上意,提携玉龙为君死。"寒夜出击,决一死战,报答君王。

11. 晚唐诗人

杜牧,字牧之,晚唐著名诗人之一。其诗《早雁》用比兴手法,借咏物表达对边境百姓在敌人蹂躏下的逃亡生活的同情:"金河秋半虏弦开,云外惊飞四散哀。仙掌月明孤影过,长门灯暗数声来。须知胡骑纷纷在,岂逐春风一一回?莫厌潇湘少人处,水多菰米岸莓苔。""仙掌""长门"两句暗示统治者的漠不关心,无动于衷。他的咏史诗很出色,如《过华清宫三绝句》之一:"长安回望绣成堆,山顶千门次第开。一骑红尘妃子笑,无人知是荔枝来。"用唐明皇、杨贵妃的故事,讽刺帝王荒淫享乐。他的七绝,传诵者不少。《江南春》:"千里莺啼绿映红,水村山郭酒旗风。南朝四百八十寺,多少楼台烟雨中。"写江南明丽的春景,又有对历史上佞佛的嘲讽。《泊秦淮》:"烟笼寒水月笼沙,夜泊秦淮近酒家。商女不知亡国恨,隔江犹唱"后庭花"。"诗人对达官贵人醉生梦死的淫逸生活无比愤慨。《山行》:"远上寒山石径斜,白云生处有人家。停车坐爱枫林晚,霜叶红于二月花。"寓有哲理,赞美经受秋霜考验比春花更加艳丽的枫林。

李商隐,字义山,号玉溪生,一生在牛李党争中郁郁不得志,潦倒至死。他早年的《安定城楼》,表达了远大的抱负:"迢递高城百尺楼,绿杨枝外尽汀洲。贾生年少虚垂涕,王粲春来更远游。永忆江湖归白发,欲回天地入扁舟。不知腐鼠成滋味,猜意鹓雏竟未休。"咏史诗《贾生》抒发怀才不遇之感:"宣室求贤访逐臣,贾生才调更无伦。可怜夜半虚前席,不问苍生问鬼神。"他的《登乐游原》不仅抒写个人的迟暮之感,也是大唐帝国奄奄一息的写照:"向晚意不适,驱车登古原。夕阳无限好,只是近黄昏。"

李商隐诗作中最为人传诵的是爱情诗,即《无题》。如:"昨夜星辰昨夜风,画楼西畔桂堂东。身无彩凤双飞翼,心有灵犀一点通。隔座送钩春酒暖,分曹射覆蜡灯红。嗟余听鼓应官去,走马兰台类转蓬。"又如:"相见时难别亦难,东风无力百花残。春蚕到死丝方尽,蜡炬成灰泪始干。晓镜但愁云鬓改,夜吟应觉月光寒。蓬山此去无多路,青鸟殷勤为探看。"这样的爱情诗,空灵深沉,抒写心灵。它又超越了爱情,具有深刻的哲理,是一种执着的追求、至死不变的承诺。

晚唐继承新乐府运动精神的诗人有皮日休、聂夷中、杜荀鹤,其诗主要反映民生疾苦。皮日休有《橡媪叹》,写在官府的掠夺和高利贷的盘剥之下,民不聊生,老妇拾橡子充饥。聂夷中有《伤田家》:"二月卖新丝,五月粜新谷。医得眼前疮,剜却心头肉。我愿君王心,化作光明烛。不照绮罗筵,只照逃亡屋。"杜荀鹤有《山中寡妇》:"夫因兵死守蓬茅,麻苎衣衫鬓发焦。桑柘废来犹纳税,田园荒后尚征苗。时挑野菜和根煮,旋斫生柴带叶烧。任是深山更深处,也应无计避征徭。"统治者敲骨吸髓的赋税,如影随形,无处不在。

晚唐陆龟蒙有《笠泽丛书》,罗隐有《谗书》,收了许多讽刺散文,即小品文。鲁迅说:"唐末诗风衰落,而小品放了光辉。但罗隐的《谗书》,几乎全部是抗争和愤激之谈;皮日休和陆龟蒙自以为隐士,别人也称之为隐士,而看他们在《皮子文薮》和《笠泽丛书》中的小品文,并没有忘记天下,正是一榻胡涂的泥塘里的光彩和锋芒。"(《南腔北调集·小品文的危机》)

12. 唐代传奇

中国小说到了唐代才成熟,即唐代传奇。鲁迅说:"小说亦如诗,至唐代而一变,虽尚不离于搜奇记逸,然叙述宛转,文辞华艳,与六朝之粗陈梗概者较,演进之迹甚

明,而尤显者乃在是时则始有意为小说。"(《中国小说史略》)

"传奇"本是晚唐裴铏小说集的名称,宋以后用之称唐人小说。唐传奇大部分收入宋代初年编成的《太平广记》中。

初唐时期:

王度《古镜记》,写一面古镜降妖、伏兽、显灵、治病的十二则故事,出现于初唐,比六朝志怪小说前进了一大步。

《补江总白猿传》,作者不详,写梁将欧阳纥妻子被白猿劫走,等到救回妻子发现其已有孕,生子如猿,聪明绝顶。此时期小说开始描绘人物的活动。

张文成《游仙窟》,写轻薄文人的狎妓生活,但基本脱离志怪而转向描写现实生活。

中唐时期:

沈既济《枕中记》,写卢生借道士的青瓷枕入睡,梦中出将入相,享尽荣华富贵,醒来还不到蒸熟一顿黄粱饭的工夫,即后来所说的一枕"黄粱美梦"。李公佐《南柯太守传》,写淳于棼醉后入梦,被招为槐安国驸马,出任南柯太守,后与檀罗国交战,失败告终,公主又谢世,终被国王遣送出城。醒来发现槐安国、檀罗国均是蚁穴。即后来所说的"南柯一梦"。这反映了封建士子既热衷功名富贵,又有官场险恶、人生如梦的感叹。此外,沈既济还有《任氏传》,写郑氏与狐女任氏相爱的故事。

李朝威《柳毅传》,写书生柳毅为龙女受夫家虐待而传书报信,救出龙女,最后龙女与柳毅结为夫妇。

蒋防《霍小玉传》,写李益的无情、妓女霍小玉的痴情,以及霍小玉被弃以后的复仇。

白行简《李娃传》,写荥阳公子与妓女李娃的爱情故事,有很高的艺术性。

元稹《莺莺传》,写张生与崔莺莺的爱情故事。这是最早的才子佳人小说,对后来的文学创作影响很大,董解元《西厢记诸宫调》、王实甫《西厢记》杂剧均取材于此。

晚唐时期:

杜光庭《虬髯客传》,写豪爽俊伟的虬髯客、风流倜傥的李靖、机智勇敢的红拂等"风尘三侠"的故事。

袁郊《红线传》、裴铏《聂隐娘》,都是写刺客。

13. 晚唐五代词

词,唐代称曲子词,简称词。另外还有长短句、诗余、乐府等别名。产生于初盛唐,中唐时出现在文人笔下,晚唐才有了专业词人。

现传最早的民间词是在敦煌发现的《敦煌曲子词》,大致是中晚唐的作品。

中唐文人开始写词。张志和《渔歌子》:"西塞山前白鹭飞,桃花流水鳜鱼肥。青箬笠,绿蓑衣,斜风细雨不须归。"白居易《忆江南》:"江南好,风景旧曾谙:日出江花红胜火,春来江水绿如蓝。能不忆江南?"刘禹锡《潇湘神》:"斑竹枝,斑竹枝,泪痕点点寄相思。楚客欲听瑶瑟怨,潇湘深夜月明时。"

相传李白有两首词,其一《菩萨蛮》:"平林漠漠烟如织,寒山一带伤心碧。暝色入高楼,有人楼上愁。　玉阶空伫立,宿鸟归飞急。何处是归程,长亭更短亭。"另一首《忆秦娥》:"箫声咽,秦娥梦断秦楼月。秦楼月,年年柳色,灞陵伤别。　乐游原上清秋节,咸阳古道音尘绝。音尘绝,西风残照,汉家陵阙。"一般认为,这两首词应是晚唐之作。前一首写游子思归的深情;后一首写秦汉的颓唐,以及历史的回响和对唐帝国没落的感伤。

晚唐温庭筠是第一位专业词人,留下了60多首词。《菩萨蛮》:"小山重叠金明灭,鬓云欲度香腮雪。懒起画蛾眉,弄妆梳洗迟。　照花前后镜,花面交相映,新贴绣罗襦,双双金鹧鸪。"写贵族妇女娇弱慵懒,若有所思,"双双金鹧鸪"透露出她的情思。《望江南》:"梳洗罢,独倚望江楼。过尽千帆皆不是,斜晖脉脉水悠悠,肠断白蘋洲。"写深闺思妇盼望亲人归来。

五代时后蜀赵崇祚选录温庭筠、韦庄等人的词编成《花间集》,其中主要是西蜀词人。他们的词风大体一致,后世称"花间词人",温庭筠为花间词的鼻祖。

韦庄与温庭筠齐名,称"温韦",但他的词风较温庭筠清新明朗。《女冠子》之一:"四月十七,正是去年今日。别君时,忍泪佯低面,含羞半敛眉。　不知魂已断,空有梦相随。除却天边月,无人知。"语言明白如话,表达别后深情。《菩萨蛮》:"人人尽说江南好,游人只合江南老。春水碧于天,画船听雨眠。　垆边人似月,皓腕凝霜雪。未老莫还乡,还乡须断肠。"江南春色无边,生活悠然,人情美好,应该终老江南。

14. 南唐词人李煜及其他词人

五代时除西蜀外,南唐的词人也比较多。冯延巳有《鹊踏枝》:"谁道闲情抛掷久?每到春来,惆怅还依旧。日日花前常病酒,不辞镜里朱颜瘦。　河畔青芜堤上柳。为问新愁,何事年年有?独立小桥风满袖,平林新月人归后。"抒写内心无可排遣的哀愁。

中主李璟有《摊破浣溪沙》:"菡萏香销翠叶残,西风愁起绿波间。还与韶光共憔悴,不堪看。　细雨梦回鸡塞远,小楼吹彻玉笙寒。多少泪珠何限恨,倚阑干。"虽写离愁别恨,但境界阔大。

后主李煜,先为一国之主,后为北宋囚徒,前后生活发生了翻天覆地的变化,杰出的词作绝大多数写在他被俘之后。最为脍炙人口的当数《虞美人》:"春花秋月何时了,往事知多少!小楼昨夜又东风,故国不堪回首月明中。　雕栏玉砌应犹在,只是朱颜改。问君能有几多愁?恰似一江春水向东流。"词中有对故国的追念,绝望的心情,无穷的愁恨。《浪淘沙令》:"帘外雨潺潺,春意阑珊。罗衾不耐五更寒。梦里不知身是客,一晌贪欢。　独自莫凭栏,无限江山,别时容易见时难。流水落花春去也,天上人间。"透露出这位亡国之主绵绵不尽的故土之思。周济《介存斋论词杂著》云:"毛嫱西施,天下美妇人也,严妆佳,淡妆亦佳,粗服乱头,不掩国色。飞卿(温庭筠)严妆也,端己(韦庄)淡妆也,后主(李煜)则粗服乱头矣。"

（五）宋代文学

1. 北宋散文家

欧阳修。欧阳修在文学上倡导诗文革新，与唐代韩愈开展的古文运动一脉相承。他的散文成就很高，政论性散文如《朋党论》，反击保守派对范仲淹等革新人物的诬蔑，提出统治者应任贤退恶。史论如《伶官传序》，以后唐庄宗李存勖兴亡的典型事例，说明国家的盛衰"非唯天命，实由人事"，提出"忧劳可以兴国，逸豫可以亡身"，"祸患常积于忽微，而智勇多困于所溺"。写景散文《醉翁亭记》中用四句话概括山间四季景色："野芳发而幽香，佳木秀而繁阴，风霜高洁，水落而石出者，山间之四时也。"又用"禽鸟知山林之乐而不知人之乐；人知从太守游而乐而不知太守之乐其乐也"，表达爱民之心，与民同乐。他的《秋声赋》用多种比喻，描摹秋声，刻画多变的秋天景色。

他的诗歌《食糟民》反映民生疾苦。《戏答元珍》用"春风疑不到天涯，二月山城未见花"表达被贬的苦闷。他的词也有新的意境，如《踏莎行》："候馆梅残，溪桥柳细，草熏风暖摇征辔。离愁渐远渐无穷，迢迢不断如春水。　寸寸柔肠，盈盈粉泪，楼高莫近危栏倚。平芜尽处是春山，行人更在春山外。"游子思家，思妇念亲，互动式的表达，意境深远。

范仲淹。范仲淹是政治家，主持了宋仁宗时的庆历新政。他在文学上也有成就，一篇《岳阳楼记》，一首《渔家傲》词，千古流传。《岳阳楼记》由描写洞庭湖景色到阐述登临者悲喜不同的情绪，然后一转提出"古仁人之心"，"不以物喜，不以己悲"，而是"先天下之忧而忧，后天下之乐而乐"。在这之后的许多志士仁人均以"先天下之忧而忧，后天下之乐而乐"为座右铭。《渔家傲》："塞下秋来风景异，衡阳雁去无留意。四面边声连角起。千嶂里，长烟落日孤城闭。　浊酒一杯家万里，燕然未勒归无计。羌管悠悠霜满地。人不寐，将军白发征夫泪。"战事不利，壮士思家，胜利无望，包含了深广的内容。

王安石。王安石的散文以政论性的为多，最著名的是《答司马谏议书》，回答司马光对变法的指责，以名实相符作为标准，概括对方提出的责难并一一加以驳斥，但措辞委婉得体，言简意赅。《读孟尝君传》，简洁明了，批驳传统观念，提出孟尝君并非善于养士，养的是鸡鸣狗盗之徒，也因此而不能得士。

王安石的诗也有新意，如《明妃曲》其一云："明妃初出汉宫时，泪湿春风鬓脚垂。低徊顾影无颜色，尚得君王不自持。归来却怪丹青手，入眼平生几曾有。意态由来画不成，当时枉杀毛延寿。一去心知更不归，可怜著尽汉宫衣。寄声欲问塞南事，只有年年鸿雁飞。家人万里传消息，好在毡城莫相忆。君不见，咫尺长门闭阿娇，人生失意无南北。"刻画了新的王昭君形象：爱国明理；指责了汉元帝的昏庸，枉杀毛延寿，寄托了怀才不遇的心情。小诗《泊船瓜洲》广为传诵："京口瓜洲一水间，钟山只隔数重山。春风又绿江南岸，明月何时照我还？"一个"绿"字，十分传神。

2. 北宋词人

晏殊和他的儿子晏几道,都是北宋前期著名的词人,合称"二晏"。晏殊的名作是《浣溪沙》:"一曲新词酒一杯,去年天气旧亭台。夕阳西下几时回？　无可奈何花落去,似曾相识燕归来。小园香径独徘徊。"抒写时光匆匆,春归花落,好景不常的惆怅与闲愁。

晏几道的名作有《临江仙》:"梦后楼台高锁,酒醒帘幕低垂。去年春恨却来时。落花人独立,微雨燕双飞。　记得小苹初见,两重心字罗衣。琵琶弦上说相思。当时明月在,曾照彩云归。"写别后的凄凉与思念。《鹧鸪天》:"彩袖殷勤捧玉钟,当年拼却醉颜红。舞低杨柳楼心月,歌尽桃花扇底风。　从别后,忆相逢,几回魂梦与君同。今宵剩把银釭照,犹恐相逢是梦中。"写重逢的惊喜心情。

柳永,北宋第一个专力写词的作家,有《乐章集》。他写都市繁华,如《望海潮》:"东南形胜,三吴都会,钱塘自古繁华。烟柳画桥,风帘翠幕,参差十万人家。云树绕堤沙,怒涛卷霜雪,天堑无涯。市列珠玑,户盈罗绮,竞豪奢。　重湖叠巘清嘉,有三秋桂子,十里荷花。羌管弄晴,菱歌泛夜,嬉嬉钓叟莲娃。千骑拥高牙。乘醉听箫鼓,吟赏烟霞。异日图将好景,归去凤池夸。"词中概括了钱塘江的壮观、西湖的美景和杭州繁荣的景象,有豪奢的生活,有钓叟莲娃的熙熙而乐。据说金主完颜亮读了这首词后,"欣然有慕于'三秋桂子,十里荷花',遂起投鞭渡江之志"(罗大经《鹤林玉露》)。

还有《雨霖铃》:"寒蝉凄切,对长亭晚,骤雨初歇。都门帐饮无绪,留恋处,兰舟催发。执手相看泪眼,竟无语凝噎。念去去千里烟波,暮霭沉沉楚天阔。　多情自古伤离别,更那堪冷落清秋节！今宵酒醒何处？杨柳岸,晓风残月。此去经年,应是良辰好景虚设。便纵有千种风情,更与何人说！"以冷落的秋景作为衬托,表达依依惜别的离情,离情包含着失去爱情慰藉的痛苦和羁旅行役的抑郁。"杨柳岸,晓风残月"成了柳永词风的同义语。俞文豹《吹剑录》记载,苏轼曾问幕下士"我词何如柳七？"幕下士答:"柳郎中词只合十七八女郎,执红牙板,歌'杨柳岸,晓风残月';学士词须关西大汉,铜琵琶,铁绰板,唱'大江东去'。"这说明了两人词风的区别。

秦观,"苏门四学士"之一,长于词。最为传诵的有两首。一是《鹊桥仙》:"纤云弄巧,飞星传恨,银汉迢迢暗度。金风玉露一相逢,便胜却人间无数。柔情似水,佳期如梦,忍顾鹊桥归路？两情若是久长时,又岂在朝朝暮暮。"借牛郎织女的故事翻出新意,歌颂爱情的诚挚、专一、纯洁、坚贞。另一首是《踏莎行》:"雾失楼台,月迷津渡,桃源望断无寻处。可堪孤馆闭春寒,杜鹃声里斜阳暮。　驿寄梅花,鱼传尺素,砌成此恨无重数。郴江幸自绕郴山,为谁流下潇湘去。"写迷茫之感,失意之情,结句是说郴江尚可流走,而自己留在郴州孤馆,无处可去。

周邦彦,字美成,号清真居士。他的词内容较单薄,但词句极工丽,音律更严格。著名的如《兰陵王·柳》有句云:"柳阴直,烟里丝丝弄碧。隋堤上,曾见几番,拂水飘绵送行色。登临望故国,谁识京华倦客？"借隋堤柳烘托别离气氛。还有《苏幕遮》:"燎沉香,消溽暑。鸟雀呼晴,侵晓窥檐语。叶上初阳干宿雨,水面清圆,一一风荷举。　　故乡遥,何日去?家住吴门,久作长安旅。五月渔郎相忆否?小楫轻舟,梦入芙蓉浦。"上片写雨后风荷,下片写小楫轻舟的归梦。

李清照,号易安居士。与丈夫赵明诚婚后生活美满,志趣相投。靖康之变后,逃难江南,赵明诚不久去世,李清照漂泊杭州、金华一带,在孤苦中度过了晚年。

她写了《词论》,认为"词别是一家",自有特点。词集《漱玉词》,已失传,现存的为后人辑录。靖康之变前,其词多写年轻时愉快的生活,如《如梦令》:"常记溪亭日暮,沉醉不知归路。兴尽晚回舟,误入藕花深处。争渡,争渡,惊起一滩鸥鹭。"天真活泼、自由自在的青春少女形象跃然纸上。又《如梦令》:"昨夜雨疏风骤,浓睡不消残酒。试问卷帘人,却道海棠依旧。知否,知否?应是绿肥红瘦。"写出惜花惜春的急迫心情,"绿肥红瘦"形象鲜明,为人称道。还有写给赵明诚表达分别后思念深情的,如《醉花阴》:"薄雾浓云愁永昼,瑞脑消金兽。佳节又重阳,玉枕纱厨,半夜凉初透。　　东篱把酒黄昏后,有暗香盈袖。莫道不消魂,帘卷西风,人比黄花瘦。"别后相思,无精打采,多愁善感,"人比黄花瘦"。

靖康之后,家国之痛,萦绕心头。《武陵春》:"风住尘香花已尽,日晚倦梳头。物是人非事事休,欲语泪先流。　　闻说双溪春尚好,也拟泛轻舟。只恐双溪舴艋舟,载不动许多愁。"后期作品最有代表性的是《声声慢》:"寻寻觅觅,冷冷清清,凄凄惨惨戚戚。乍暖还寒时候,最难将息。三杯两盏淡酒,怎敌他、晚来风急?雁过也,正伤心,却是旧时相识。　　满地黄花堆积,憔悴损,如今有谁堪摘?守着窗儿,独自怎生得黑!梧桐更兼细雨,到黄昏、点点滴滴。这次第,怎一个愁字了得!"大量的叠字,加强了感情的渲染,日常生活的铺叙,突出了忧伤的无法排遣。

3. 苏轼多方面的创作成就

宋代文学中,散文称"欧苏",指欧阳修与苏轼;诗歌称"苏黄",指苏轼和黄庭坚;词称"苏辛",指苏轼和辛弃疾;书法称"苏黄米蔡",指苏轼、黄庭坚、米芾、蔡襄为"书法四大家"。苏轼是文学全才。

苏轼,字子瞻,号东坡居士。晚年形容自己的写作"大略如行云流水,初无定质,但常行于所当行,常止于不可不止","文理自然,姿态横生"(《答谢民师书》)。他在《书吴道子画后》说:"出新意于法度之中,寄妙理于豪放之外。"又曾说:"画竹必先得成竹于胸中。"(《筼筜谷偃竹记》)他的著名散文有《赤壁赋》《石钟山记》《记承天寺夜游》等。

苏轼的诗流传久远、脍炙人口的如《题西林壁》:"横看成岭侧成峰,远近高低各不同。不识庐山真面目,只缘身在此山中。"其中寓有哲理:当局者迷,旁观者清。《饮湖上初晴后雨》:"水光潋滟晴方好,山色空濛雨亦奇。欲把西湖比西子,淡妆浓抹总相宜。"从此,西子湖就成为西湖的别名。《百步洪二首》之一,形容瀑布:"有如兔走鹰隼落,骏马下注千丈坡。断弦离柱箭脱手,飞电过隙珠翻荷。"运用了博喻的手法。《和子由渑池怀旧》:"人生到处知何似?应似飞鸿踏雪泥。泥上偶然留指爪,鸿飞那复计东西。老僧已死成新塔,坏壁无由见旧题。往日崎岖还记否?路长人困蹇驴嘶。"

苏轼词的成就最高,开创了豪放词派,"一洗绮罗香泽之态",达到"无意不可入,无事不可写"的境地,拓展了词的题材,提高了词的意境。从此词和诗并驾齐驱,发展成为一种新诗体。

他写了第一首悼亡词《江城子·乙卯正月二十日夜记梦》:"十年生死两茫茫,不思量,自难忘。千里孤坟,无处话凄凉。纵使相逢应不识,尘满面,鬓如霜。 夜来幽梦忽还乡。小轩窗,正梳妆。相顾无言,惟有泪千行。料得年年肠断处,明月夜,短松冈。"夫妇情深,情深似海,也有仕途失意的悲慨。

苏轼第一首豪放词是《江城子·密州出猎》:"老夫聊发少年狂,左牵黄,右擎苍。锦帽貂裘,千骑卷平冈。为报倾城随太守,亲射虎,看孙郎。 酒酣胸胆尚开张。鬓微霜,又何妨!持节云中,何日遣冯唐?会挽雕弓如满月,西北望,射天狼。"诗人满怀豪情壮志,由打猎联想到整军经武,为国效力,击退边境侵扰,肃清边患,词中有爱国主义精神,又有怀才不遇之感。

极负盛名的中秋词《水调歌头》:"明月几时有?把酒问青天。不知天上宫阙,今夕是何年。我欲乘风归去,又恐琼楼玉宇,高处不胜寒。起舞弄清影,何似在人间。 转朱阁,低绮户,照无眠。不应有恨,何事长向别时圆?人有悲欢离合,月有阴晴圆缺,此事古难全。但愿人长久,千里共婵娟。"词人由出世到入世之思,表现出积极乐观的情绪。世事难全,所以应该乐观对待人生,祝愿人生久长,明月共赏。前人称中秋词自东坡《水调歌头》一出,余词尽废。

写农村生活的有《浣溪沙》:"簌簌衣巾落枣花,村南村北响缫车。牛衣古柳卖黄瓜。 酒困路长惟欲睡,日高人渴漫思茶,敲门试问野人家。"

写自己旷达豪迈胸襟的,《定风波》序云:"三月七日沙湖道中遇雨。雨具先去,同行皆狼狈,余独不觉。已而遂晴,故作此词。"词云:"莫听穿林打叶声,何妨吟啸且徐行。竹杖芒鞋轻胜马。谁怕?一蓑烟雨任平生。 料峭春风吹酒醒,微冷。山头斜照却相迎。回首向来萧瑟处,归去,也无风雨也无晴。"无官一身轻,坦坦荡荡,"一蓑烟雨任平生"。

苏轼豪放词的代表作是《念奴娇·赤壁怀古》:"大江东去,浪淘尽,千古风流人物。故垒西边,人道是、三国周郎赤壁。乱石穿空,惊涛拍岸,卷起千堆雪。江山如画,一时多少豪杰。 遥想公瑾当年,小乔初嫁了,雄姿英发。羽扇纶巾,谈笑间、樯橹灰飞烟灭。故国神游,多情应笑我,早生华发。人生如梦,一樽还酹江月。"赞美周瑜年少英雄,心向往之,慨叹蹉跎岁月,渴望为国建立功业。

4. 黄庭坚和江西诗派

黄庭坚,字鲁直,号山谷道人。他和秦观、张耒、晁补之齐名,被苏轼称赏,后人称之为"苏门四学士"。

黄庭坚认为"诗词高胜,要从学问中来",讲究"无一字无来历",用古人陈言"点铁成金""脱胎换骨",根据前人诗意,加以变化形容,推陈出新。他推尊杜甫,但没有学到杜甫的现实主义精神,反而走上字敲句打、故作新奇的形式主义之路。以黄庭坚为首形成一个诗派,即江西诗派。

黄庭坚的《登快阁》为人称道:"痴儿了却公家事,快阁东西倚晚晴。落木千山天远大,澄江一道月分明。朱弦已为佳人绝,青眼聊因美酒横。万里归船弄长笛,此心吾与白鸥盟。"在阔大的境界中,表达自己怀才不遇的郁闷。

南宋初期的吕本中作《江西诗社宗派图》,首列黄庭坚、陈师道、陈与义三人,江西诗派正式得名。元代方回的《瀛奎律髓》提出江西诗派的"一祖三宗","一祖"为杜甫,"三宗"即黄庭坚、陈师道、陈与义。

5. 南宋诗人

杨万里、范成大、陆游、尤袤被称为"中兴四大诗人"。尤袤流传下来的作品很少,成就也不高。

杨万里,字廷秀,号诚斋。他直接从自然景物中汲取题材,师法自然,形成了独特的风格,称为"杨诚斋体"。杨诚斋体的特点有三:一是幽默诙谐的风趣,二是丰富新颖的想象,三是自然活泼的语言。如《戏笔》:"野菊荒苔各铸钱,金黄铜绿两争妍。天公支与穷诗客,只买清愁不买田。"又如《檄风伯》:"峭壁呀呀虎擘口,恶滩汹汹雷出吼。溯流更著打头风,如撑铁船上牛斗。风伯劝尔一杯酒,何须恶剧惊诗叟!端能为我霁威否?岸柳掉头荻摇手。"他也写了不少抒发爱国感情的作品,如《初入淮河四绝句》之一:"船离洪泽岸头沙,人到淮河意不佳。何必桑乾方是远,中流以北即天涯。"当时淮河为宋金边界,所以到了原是祖国心腹之地的淮河感到极大的愤懑。

范成大,字致能,号石湖居士。他是个爱国者,主战派,关心民生疾苦。他的《催租行》《后催租行》写官府敲诈勒索农民,迫使农民卖儿鬻女来交租税。他曾经出使金国,不辱使命,写了使金绝句七十二首,如《州桥》:"州桥南北是天街,父老年年等驾回。忍泪失声询使者:几时真有六军来?"中原父老盼望收复失地,统一祖国。《清远店》:"女僮流汗逐毡軿,云在淮乡有父兄。屠婢杀奴官不问,大书黥面罚犹轻。"写沦陷区人民所受的迫害。

范成大的代表作是田园诗,写了《四时田园杂兴》和《腊月村田乐府》,描述江南农村的各个方面,展示农村风俗画,富有浓郁的乡土气息。如《四时田园杂兴》:"昼出耘田夜绩麻,村庄儿女各当家。童孙未解供耕织,也傍桑阴学种瓜。"又:"采菱辛苦废犁锄,血指流丹鬼质枯。无力买田聊种水,近来湖面亦收租。"封建剥削无处不在。

6. 爱国诗人陆游

陆游,字务观,号放翁。他一生坚持抗金复国,不断受到当权派的排斥和打击。中年入蜀,到了南郑,在抗金前线担任军务。这使他十分振奋,他考察形势,出谋献策,积极准备与敌作战。火热的战斗生活使他领略了"诗家三昧",从现实中汲取题材,形成了悲壮宏丽的诗歌风格。为了纪念这段有意义的生活,后来他把诗集和文集分别题名为《剑南诗稿》和《渭南文集》。他现存的诗有九千三百多首，内容十分丰富。

《关山月》："和戎诏下十五年，将军不战空临边。朱门沉沉按歌舞，厩马肥死弓断弦。戍楼刁斗催落月，三十从军今白发。笛里谁知壮士心，沙头空照征人骨。中原干戈古亦闻，岂有逆胡传子孙？遗民忍死望恢复，几处今宵垂泪痕！"和议的恶果，投降派的醉生梦死，边境将士的悲愤，中原人民的期盼，汇集诗中。

《书愤》："早岁那知世事艰，中原北望气如山。楼船夜雪瓜洲渡，铁马秋风大散关。塞上长城空自许，镜中衰鬓已先斑。出师一表真名世，千载谁堪伯仲间？"写自己壮志未酬，向往英雄人物，渴望北伐征战。

《十一月四日风雨大作》："僵卧孤村不自哀，尚思为国戍轮台。夜阑卧听风吹雨，铁马冰河入梦来。"卧病的老诗人，还念念不忘为国戍边。

他也写下了关于农村的优美诗篇，如《游山西村》："莫笑农家腊酒浑，丰年留客足鸡豚。山重水复疑无路，柳暗花明又一村。箫鼓追随春社近，衣冠简朴古风存。从今若许闲乘月，拄杖无时夜叩门。"诗人用真挚的感情，明朗的笔调，描绘了山村景物和农家习俗，表现了诗人与农民的深厚情谊。

他的词，也有充满国耻未雪、壮志未酬的悲愤的，如《诉衷情》："当年万里觅封侯，匹马戍梁州。关河梦断何处，尘暗旧貂裘。　胡未灭，鬓先秋，泪空流。此生谁料，心在天山，身老沧州。"他的《钗头凤》，记载了一则爱情悲剧。诗人与唐婉结婚后，夫妻相爱，可是由于婆婆不喜欢媳妇，夫妻被迫分离。两人分手后，唐氏改嫁赵士程。一次陆游与他们夫妇在沈园相遇，唐氏以酒款待，陆游伤感而作《钗头凤》："红酥手，黄滕酒，满城春色宫墙柳。东风恶，欢情薄，一怀愁绪，几年离索，错，错，错。　春如旧，人空瘦，泪痕红浥鲛绡透。桃花落，闲池阁，山盟虽在，锦书难托。莫，莫，莫。"

陆游临终时作《示儿》："死去元知万事空，但悲不见九州同。王师北定中原日，家祭无忘告乃翁。"临终作诗，不忘祖国统一，也坚信祖国一定会统一。

7. 南宋词人

张元干，有《芦川词》。代表作《贺新郎》，标题作"送胡邦衡待制赴新州"。胡邦衡力主抗金，宋高宗绍兴八年（1138）有著名的《戊午上高宗封事》，提出与投降派秦桧等不共戴天，要求斩秦桧、王伦、孙近三人，结果被除名，编管新州（今广东新兴）。张元干作此词送别："梦绕神州路。怅秋风，连营画角，故宫离黍。底事昆仑倾砥柱，九地黄流乱注，聚万落千村狐兔？天意从来高难问，况人情老易悲难诉。更南浦，送君去！　凉生岸柳催残暑。耿斜河，疏星淡月，断云微度。万里江山知何处？回首对床夜语。雁不到，书成谁与？目尽青天怀今古，肯儿曹恩怨相尔汝！举大白，听《金缕》。"上片写中原地区在金兵占领下的混乱荒凉情景，下片表达对胡邦衡的同情和支持。

岳飞是抗金民族英雄，他写下了《满江红》："怒发冲冠，凭阑处、潇潇雨歇。抬望眼,仰天长啸,壮怀激烈。三十功名尘与土,八千里路云和月。莫等闲、白了少年头,空悲切。　靖康耻,犹未雪;臣子恨,何时灭。驾长车、踏破贺兰山缺。壮志饥餐胡虏肉,笑谈渴饮匈奴血。待从头、收拾旧山河,朝天阙。"轻视功名富贵,满怀抗战胜利信心,表达发愤自强、奋力拼搏的精神。

张孝祥也是当时著名的主战派词人,代表作为《六州歌头》:"长淮望断,关塞莽然平。征尘暗,霜风劲,悄边声,黯销凝。追想当年事,殆天数,非人力。洙泗上,弦歌地,亦膻腥。隔水毡乡,落日牛羊下,区脱纵横。看名王宵猎,骑火一川明。笳鼓悲鸣,遣人惊。　念腰间箭,匣中剑,空埃蠹,竟何成! 时易失,心徒壮,岁将零,渺神京。干羽方怀远,静烽燧,且休兵。冠盖使,纷驰骛,若为情? 闻道中原遗老,常南望、翠葆霓旌。使行人到此,忠愤气填膺,有泪如倾。"前面写沦陷区的凄凉景象和敌人的骄纵横行,后面感叹自己报国之志不能实现,对中原父老渴望北伐而不得寄以深切同情。

8. 辛弃疾与辛派词人

辛弃疾,字幼安,号稼轩。他生长在北方沦陷区,22岁率起义军奔向南宋,一生主张抗金北伐,收复中原。曾上《美芹十论》给宋孝宗,写《九仪》献给虞允文,分析形势,提出对策,但都没有起作用。他被投降派排斥,长期赋闲。他写有六百多首词,寄托自己的情怀。他的词"慷慨纵横,有不可一世之概"(《四库全书总目提要》)。

《水龙吟·登建康赏心亭》:"楚天千里清秋,水随天去秋无际。遥岑远目,献愁供恨,玉簪螺髻。落日楼头,断鸿声里,江南游子。把吴钩看了,栏干拍遍,无人会、登临意。　休说鲈鱼堪脍,尽西风、季鹰归未? 求田问舍,怕应羞见、刘郎才气。可惜流年,忧愁风雨,树犹如此! 倩何人唤取、红巾翠袖,揾英雄泪!"英雄无用武之地,知音何在? 豪气如云,可惜光阴虚度,一事无成。

《丑奴儿·书博山道中壁》:"少年不识愁滋味,爱上层楼。爱上层楼,为赋新词强说愁。　而今识尽愁滋味,欲说还休。欲说还休,却道天凉好个秋。"少年时代乐观自信,涉世不深,对愁没有真切感受;中老年时代,理想破灭,阅历加深,国事家事,无一不是"愁"字;愁到极点,却又无话可说。

《青玉案·元夕》:"东风夜放花千树,更吹落,星如雨。宝马雕车香满路。凤箫声动,玉壶光转,一夜鱼龙舞。　蛾儿雪柳黄金缕,笑语盈盈暗香去。众里寻他千百度,蓦然回首,那人却在灯火阑珊处。"写元宵佳节的月、灯、乐和舞,上片写热烈的气氛,众多的人物,下片写不随流俗的女子,与众不同,卓然独立。王国维在《人间词话》中说,成就大学问、大事业的人都会经历三种境界:一是"昨夜西风凋碧树,独上高楼,望尽天涯路"(晏殊《蝶恋花》);二是"衣带渐宽终不悔,为伊消得人憔悴"(柳永《蝶恋花》);三是"众里寻他千百度,蓦然回首,那人却在灯火阑珊处"(辛弃疾《青玉案》)。意思是必先树立远大目标,再经过千辛万苦的努力,才会终有所成。

《清平乐》:"茅檐低小,溪上青青草。醉里吴音相媚好,白发谁家翁媪?　大儿锄豆溪东,中儿正织鸡笼;最喜小儿无赖,溪头卧剥莲蓬。"写农村一家五口,其乐融融,和谐温馨。

《破阵子·为陈同父赋壮语以寄》:"醉里挑灯看剑,梦回吹角连营。八百里分麾下炙,五十弦翻塞外声。沙场秋点兵。　马作的卢飞快,弓如霹雳弦惊。了却君王天下事,赢得生前身后名。可怜白发生!"这是他生平词作中唯一的"壮语",第一次把金戈铁马的铿锵之声带入词中。它借助梦境来写收复中原的平生愿望,现实是"可怜白发生",收束急转直下。

《永遇乐·京口北固亭怀古》:"千古江山,英雄无觅,孙仲谋处。舞榭歌台,风流总被、雨打风吹去。斜阳草树,寻常巷陌,人道寄奴曾住。想当年、金戈铁马,气吞万里如虎。　元嘉草草,封狼居胥,赢得仓皇北顾。四十三年,望中犹记、烽火扬州路。可堪回首、佛狸祠下,一片神鸦社鼓。凭谁问:廉颇老矣,尚能饭否?"无人挺身投入北伐统一大业,连孙权、刘裕那样与北方抗衡的人物也没有。自己空有壮志,但年老力衰无人问津。当然也提出警告,北伐必须做好充分准备,不能仓促从事,元嘉草草,便是历史教训。

《南乡子·登京口北固亭有怀》:"何处望神州?满眼风光北固楼。千古兴亡多少事?悠悠,不尽长江滚滚流!　年少万兜鍪,坐断东南战未休。天下英雄谁敌手?曹刘。生子当如孙仲谋!"歌颂孙权和抗衡北方的曹操,借古讽今,慨叹缺少收复中原的英雄。

辛弃疾属于豪放派,但他也能运用比兴手法,写婉约之词,代表作是《摸鱼儿》,序云:"淳熙已亥,自湖北漕移湖南,同官王正之置酒小山亭,为赋。"词云:"更能消几番风雨,匆匆春又归去。惜春长怕花开早,何况落红无数。春且住,见说道、天涯芳草无归路。怨春不语。算只有殷勤、画檐蛛网,尽日惹飞絮。　长门事,准拟佳期又误。蛾眉曾有人妒。千金纵买相如赋,脉脉此情谁诉?君莫舞,君不见、玉环飞燕皆尘土!闲愁最苦。休去倚危栏,斜阳正在、烟柳断肠处。"上片写景,惜春、留春、怨春,春毕竟在风风雨雨中走了。春,意蕴大好年华、爱国理想、抗金形势。下片用典,表示自己备受投降派打击的政治遭遇。虽说妒贤嫉能的人是不会有好下场的,但凄苦之情,忧伤之怀,无法摆脱。最后的景象也是南宋当时的写照。

辛派词人有"一陈三刘"。"一陈"即陈亮,是辛弃疾志同道合的朋友,著有《龙川词》,代表作有《念奴娇·登多景楼》。"三刘"是刘过、刘克庄、刘辰翁。刘过著有《龙洲词》。刘克庄著有《后村长短句》。刘辰翁著有《须溪词》。

9. 南宋后期文学

姜夔,字尧章,别号白石道人,著有《白石词》。他的词继承周邦彦的道路发展,多数是记游与咏物之作,代表作是《扬州慢》,序云:"淳熙丙申至日,予过维扬。夜雪初霁,荠麦弥望。入其城则四顾萧条,寒水自碧,暮色渐起,戍角悲吟。予怀怆然,感慨今昔,因自度此曲。千岩老人以为有《黍离》之悲也。"词云:"淮左名都,竹西佳处,解鞍少驻初程。过春风十里,尽荠麦青青。自胡马窥江去后,废池乔木,犹厌言兵。渐黄昏、清角吹寒,都在空城。　杜郎俊赏,算而今、重到须惊。纵豆蔻词工,青楼梦好,难赋深情。二十四桥仍在,波心荡、冷月无声。念桥边红药,年年知为谁生。"上片展示扬州遭"胡马窥江"之后的破败与荒凉。下片将杜牧俊赏的扬州繁华与今天的萧条进行了对比。他的《暗香》《疏影》词是咏梅名作,词牌名来自宋代诗人林逋咏梅名句:"疏影横斜水清浅,暗香浮动月黄昏。"(《山园小梅》)

南宋著名的词人还有史达祖、吴文英、王沂孙、张炎、周密等。

南宋末年有"永嘉四灵"和江湖诗人。"永嘉四灵"指浙江永嘉的四位诗人:徐照字灵辉,徐玑字灵渊,赵师秀字灵秀,翁卷字灵舒。创作以清新刻露之词写舒逸清瘦之趣。江湖诗人因书商陈起陆续刻了许多同时诗人的集子,合称"江湖集"而来,主要有戴复古、刘克庄等。

严羽的《沧浪诗话》,是一部全面、系统的诗论,分为"诗辨""诗体""诗法""诗评""考证"五部分,卷末有《与吴景仙论诗书》。其中"诗辨"最重要,阐述古今诗的艺术风格及诗歌的学习和创作等问题,归结为以盛唐为法。他以禅喻诗,认为"禅道惟在妙悟,诗道也在妙悟",妙悟包括阅读和创作。关于诗歌的创作,他说:"夫诗有别材,非关书也;诗有别趣,非关理也。""诗者,吟咏情性也。盛唐诸人惟在兴趣,羚羊挂角,无迹可求。故其妙处透彻玲珑,不可凑泊,如空中之音,相中之色,水中之月,镜中之像,言有尽而意无穷。"

文天祥,字履善,又字宋瑞,号文山,著有《文山全集》。他被元军俘虏,拘囚燕京四年,写下了《正气歌》,终以不屈被害。他的《指南录》《指南后录》《吟啸集》记载了他的抗元经历,表现了他的爱国精神与民族气节。他的代表作是《过零丁洋》:"辛苦遭逢起一经,干戈寥落四周星。山河破碎风飘絮,身世浮沉雨打萍。惶恐滩头说惶恐,零丁洋里叹零丁。人生自古谁无死,留取丹心照汗青。"诗中述说了民族和个人的艰危遭遇,表达了为国捐躯的决心。

10. 宋代话本小说

话本原是说话艺人的底本。"说话"是一种技艺,即讲故事,唐代已经有了,宋代进一步发展而至成熟。当时说话范围有四家:小说,讲史,讲经,合生或说诨话。其中小说和讲史两家最重要。

小说多就现实生活取材,短小精悍,内容新鲜活泼,为群众所欢迎。现存的宋元话本小说有《京本通俗小说》全部,《清平山堂话本》中的大部分,《喻世明言》《警世通言》《醒世恒言》中的40篇左右。现存的小说话本以爱情和公案两类作品为多。在以爱情为主题的作品中,已有较多的市井细民成为故事的主人翁,并表现他们对封建势力的反抗,尤其突出妇女在抗争中的坚决和勇敢。如《碾玉观音》和《闹樊楼多情周胜仙》,前者写璩秀秀和碾玉匠崔宁的爱情故事,后者写周胜仙和范二郎的爱情故事。公案类作品以《错斩崔宁》和《宋四公大闹禁魂张》为代表。前者是《十五贯》最早的故事,写封建官府草菅人命。后者写了侠盗赵正、宋四公、侯兴等,不仅惩罚了为富不仁的张富,而且偷走了钱大王的玉带,剪了京师府尹的腰带挞尾,使京师惶惶不安。

现存的宋元讲史话本有《新编五代史平话》《大宋宣和遗事》和《全相平话五种》等，叙述较为简略、粗糙。《大唐三藏取经诗话》是明代《西游记》创作最早的素材。

（六）辽金元文学

辽代是契丹族统治者建立的国家，和北宋对峙了166年。金是女真族统治者建立的国家，和南宋对峙了109年。

1. 金代作家

元好问，字裕之，号遗山，经历了蒙古灭金的历史变迁。著有《论诗绝句三十首》，受杜甫《戏为六绝句》的启发，对建安以来的诗歌进行了较系统的论述，表明了自己的文学主张。他喜爱淳朴自然的诗风，反对雕琢华艳。他推崇曹操父子及刘琨等人，诗云："曹刘坐啸虎生风，四海无人角两雄。可惜并州刘越石，不教横槊建安中。"

董解元《西厢记诸宫调》。诸宫调是一种有说有唱而以唱为主的文艺样式，因为它用多种宫调的曲子联套演唱，所以称为诸宫调。它在北宋时期已经出现，可惜没有作品流传下来。董解元生平事迹不详，解元也不是他的名字，是当时对读书人的泛称。《西厢记诸宫调》又称《弦索西厢》，是今存唯一完整的宋金时期说唱文学作品。

唐代元稹写了《莺莺传》，北宋时秦观、毛滂用［调笑令］，赵令畤用［商调·蝶恋花］鼓子词歌咏过莺莺与张生的故事。《西厢记诸宫调》是在民间长期流传的崔张故事的基础上创作的，以崔张大团圆代替了张生抛弃莺莺的悲剧结局，描写了莺莺、张生为争取自由结合同封建势力的斗争。

《西厢记诸宫调》中的莺莺大胆追求爱情，张生有情有义，忠于爱情，作品对老夫人、郑恒予以讽刺揭露，还塑造了法聪和红娘的形象。作品增加了许多情节，丰富了故事内容，由《莺莺传》的三千字扩展到五万字，反封建的主题也更加鲜明。

2. 元杂剧

元代是戏曲艺术兴盛发展的时期。戏曲的形成经历了漫长的时期。唐代有参军戏，北宋有杂剧，金代有院本，另外，宋金说唱文学有鼓子词、词话和诸宫调等。元杂剧是在金院本和诸宫调的直接影响下，融合各种表演艺术形式而形成的完整的戏剧形式。

元代是我国戏曲史上的黄金时代，当时有名有姓可考的杂剧作家有八十余人，见于书面记载的作品有五百余种。臧晋叔的《元曲选》收录了100种元代杂剧（少数明代人作品），近人隋树森编的《元曲选外编》收录了62种。

元杂剧把歌曲、宾白、舞蹈、表演等有机地结合起来，形成了具有独特民族风格的戏曲艺术形式。结构上一本四折，有的还有楔子。每折限用同一宫调曲牌组成一套曲子，一本四折均由正末男主角或正旦女主角演唱，其他角色只有说白，分别称末本或旦本。歌唱主要用来抒情，宾白兼有叙述性质，主要动作表情和舞台效果叫科范。

3. 伟大的戏剧家关汉卿

关汉卿有自叙性质的散曲[南吕·一枝花]《不伏老》,自称"我是个蒸不烂、煮不熟、捶不匾、炒不爆、响当当一粒铜豌豆",说明他坚强的性格。他是多才多艺的书会才人,写了六十多种杂剧,代表作有悲剧《窦娥冤》、喜剧《救风尘》、历史剧《单刀会》。

《窦娥冤》写窦娥被流氓张驴儿诬告,官吏贪赃枉法,严刑拷打,窦娥被押赴刑场斩首。在刑场上,窦娥发下三个誓愿:一是颈血飞溅白练不落地,二是六月天下大雪,三是楚州大旱三年。誓愿一一应验,冤情感天动地。剧本全面地揭露了当时社会的种种黑暗:高利贷盛行,地痞流氓横行,官府贪酷成性,灾荒连年不断,百姓无以为生。

《救风尘》写妓女赵盼儿用风月手段解救姐妹宋引章的故事。宋引章被周舍欺骗蹂躏,赵盼儿利用周舍喜新厌旧、酷好女色的特点,安排周密的计划,解救了宋引章,并给了周舍应有的惩罚。

《单刀会》写关羽单刀赴会的英雄气概。关羽以自己的威武和正义慑服了鲁肃,维护了蜀汉的利益。关羽有段唱词很有名:"大江东去浪千叠,引着这数十人,驾着这小舟一叶。又不比九重龙凤阙,可正是千丈虎狼穴。大丈夫心烈,我觑这单刀会似赛村社。"

此外,关汉卿还著有《鲁斋郎》《蝴蝶梦》《望江亭》《拜月亭》等剧作。

4. 王实甫的《西厢记》

王实甫的《西厢记》杂剧在董解元《西厢记诸宫调》的基础上,以同情封建叛逆者的姿态,写崔张爱情多次遭到老夫人的阻挠和破坏,从而揭露封建礼教对青年自由幸福的摧残,歌颂青年男女对爱情的追求和斗争的胜利。

《西厢记》的主题思想是"愿普天下有情的都成了眷属"。莺莺是个深沉、幽静的少女,遇见张生后,爱情萌芽滋长,但她深受封建家教的影响,内心又有怀疑和顾虑。张生是书生,对莺莺一见钟情,执着专一,但也有软弱的一面和轻狂的表现。红娘是婢女,但她是帮助崔张并斗败老夫人的关键人物,是对封建礼教最具有冲击力量的形象。老夫人是封建礼教势力的代表,一心守着"相国家谱",赖婚表明她的狡猾。惠明和尚送书,表现豪侠性格。

《西厢记》的语言优美动人。如长亭送别中的两段:"碧云天,黄花地,西风紧,北雁南飞。晓来谁染霜林醉?总是离人泪。""四围山色中,一鞭残照里。遍人间烦恼填胸臆,量这些大小车儿如何载得起?"写了环境,写了离别的心理,又有新颖的比喻,十分动人。

5. 元代前期其他杂剧家

元代前期杂剧作家除关汉卿、王实甫外,还有康进之、白朴、马致远等。

元代水浒戏存目有二十余种,康进之与高文秀是水浒杂剧的代表作家。康进之有《李逵负荆》,写王林女儿满堂娇被冒名宋江、鲁智深的恶棍抢走,李逵听了王林的哭诉,回山斥责宋江,并一道下山对质,结果李逵认错,向宋江负荆请罪,最后捉了两个恶棍,将功折罪。李逵是元代水浒戏中的重要人物,半数以上的水浒戏是以他为主人公的。

高文秀编了8种黑旋风的戏,现存《双献功》是其中一种。写孙孔目妻子被白衙内拐走,孙孔目告状反被白衙内打入死牢,李逵化装探监,救出了孙孔目。

无名氏的《陈州粜米》是包公戏,写张憋古被救灾的贪官打死,张的儿子小憋古到包公处告状,包公为之申冤,打杀了贪官。这个戏写得比较成功。

纪君祥的《赵氏孤儿》写权奸屠岸贾将赵盾一家满门抄斩,留下赵氏孤儿。屠"搜孤",程婴、韩厥、公孙杵臼等"救孤",最后程婴牺牲了自己的儿子,公孙杵臼献出自己的生命,救出了赵氏孤儿。

尚仲贤的《柳毅传书》,是根据唐传奇《柳毅传》改编的。

白朴著有《墙头马上》和《梧桐雨》。《墙头马上》写李千金和裴少俊的爱情故事,是受白居易《新乐府·井底引银瓶》的启发而作的。《梧桐雨》写李隆基和杨贵妃的爱情故事。

马致远的《汉宫秋》写王昭君出塞和亲。剧中的毛延寿不仅是贪官,还是勾引匈奴犯境的汉奸。昭君和番,到了边境上投黑江自杀,成为坚持民族气节的志士。这样处理,反映了元蒙统治时期的民族斗争。《汉宫秋》中元帝送别昭君后的唱词很有名:

> 他、他,他伤心辞汉主,我、我,我携手上河梁。他部从入穷荒,我銮舆返咸阳。返咸阳,过宫墙;过宫墙,绕回廊;绕回廊,近椒房;近椒房,月黄昏;月黄昏,夜生凉;夜生凉,泣寒螀;泣寒螀,绿纱窗;绿纱窗,不思量。

用顶针续麻的修辞手法,反映了汉元帝的心态。

6. 元代后期杂剧作家

从元代大德末年开始,杂剧创作活动中心由大都(今北京)移向杭州,这是元杂剧发展的后期阶段。

郑光祖,与关汉卿、马致远、白朴合称"元曲四大家"。四家中只有郑光祖属于元杂剧发展的后期。《倩女离魂》是他的代表作,主要情节:王文举与张倩女指腹为婚。倩女母亲嫌王文举功名未就,不许成婚。王文举上京赶考,倩女相思成疾,灵魂离开躯体,赶去京城与王文举生活在一起。回来时灵魂与躯体合一。郑光祖还有《王粲登楼》,抒发游子飘零、怀才不遇之感。

7. 元末南戏

南戏是南曲戏文的简称,最初流行于浙东沿海一带,称温州杂剧或永嘉杂剧。南宋时逐步发展起来。现传宋元南戏有传本15种,著名的有《永乐大典戏文三种》《张协状元》《宦门弟子错立身》和《小孙屠》。

高明的《琵琶记》是元末南戏中成就较高的作品,作者主观上写"有贞有烈赵贞女,全忠全孝蔡伯喈",宣扬封建道德,客观上表现了知识分子蔡伯喈的软弱、动摇、背亲弃妇,刻画了赵五娘勤劳、孝顺、吃苦的品性。中有历来传诵的两支曲子"糟糠自厌":

　　[孝顺歌]呕得我肝肠痛,珠泪垂,喉咙尚兀自牢嗄住。糠那,你遭砻被春杵,筛你簸扬你,吃尽控持。好似奴家身狼狈,千辛万苦皆经历。苦人吃着苦味,两苦相逢,可知道欲吞不去。

　　[前腔]糠和米,本是相依倚,被簸扬作两处飞。一贱与一贵,好似奴家与夫婿,终无见期。丈夫,你便是米呵,米在他方没寻处;奴家恰便似糠呵,怎的把糠来救得人饥馁?好似儿夫出去,怎的教奴供膳得公婆甘旨。

南戏又有四大传奇:《荆钗记》《杀狗记》《拜月亭》《白兔记》(一名《刘知远》),称"荆、刘、拜、杀"。

8. 元代散曲

元代散曲包括小令和套数两种主要形式,还有带过曲。小令是单支曲子。套数由同一宫调的两首以上曲子相联组成。带过曲由同一宫调里经常连唱的两支曲调组成。

马致远的散曲集名为《东篱乐府》。最有名的是[天净沙]《秋思》:"枯藤老树昏鸦,小桥流水人家,古道西风瘦马。夕阳西下,断肠人在天涯。"描写旅途中秋天傍晚的景色,烘托出萧瑟苍凉的意境,小桥流水人家的气氛反衬出沦落天涯者的彷徨苦闷。王国维称之"深得唐人绝句妙境"。

张可久,字小山,著有《小山乐府》。著名的有[卖花声]《怀古》:"美人自刎乌江岸,战火曾烧赤壁山,将军空老玉门关。伤心秦汉,生民涂炭,读书人一声长叹。"怀古伤今,不满现实。

睢景臣,代表作[般涉调·哨遍]《高祖还乡》套曲。揭露统治者的无赖本质,剥去了统治者头上的光环,对之加以嘲讽和鞭挞。写汉高祖刘邦"少我的钱,差发内旋拨还;欠我的粟,税粮中私准除。只道刘三,谁肯把你揪摔住?白什么改了姓、更了名,唤作汉高祖?"

张养浩,名作[山坡羊]《潼关怀古》:"峰峦如聚,波涛如怒,山河表里潼关路。望西都,意踌躇。伤心秦汉经行处,宫阙万间都做了土。兴,百姓苦;亡,百姓苦。"感情沉郁,气势雄浑,主题深刻。

刘时中,代表作[正宫·端正好]《上高监司》,陈述在饥荒带给农民悲惨遭遇时,富豪商人还趁火打劫。曲子是呈给江西道廉访使高纳麟的。

(七) 明代文学

1.《三国演义》

《三国演义》的故事来源:① 晚唐以来民间流传的三国故事。② 宋代以来说唱的三国故事。③金元以来演出的三国戏。④陈寿《三国志》和裴松之的《三国志》注。作者罗贯中结合自身丰富体验,写成了《三国演义》。今存最早的是嘉靖本,现在通行的是经过清代康熙年间毛纶、毛宗岗父子修订的本子。

《三国演义》写了公元184年到280年间三国时代各封建统治集团之间军事的、政治的、外交的种种斗争,起自黄巾起义,终于西晋统一。全书的思想倾向是拥刘反曹。首先,把魏、蜀、吴三方作为敌、我、友安排,把蜀汉作为全书矛盾的主导方面。其次,把刘、关、张、诸葛亮作为小说的中心人物。全书120回,从桃园结义到诸葛亮死于五丈原这51年的事占了104回,以后46年的事只写了16回就草草结束。第三,把刘备写成爱护百姓的明主,他说"我宁愿死,也不做不仁不义之事",而曹操则是奸诈、暴虐、草菅人命的暴君,他说:"宁教我负天下人,休教天下人负我。"

拥刘反曹是民族思想的折光。西晋统一,陈寿的《三国志》以曹魏为正统,东晋偏安,习凿齿的《汉晋春秋》以蜀汉为正统。北宋统一,司马光的《资治通鉴》以曹魏为正统。南宋偏安,朱熹的《通鉴纲目》尊蜀汉为正统。中原地区建立少数民族的政权后,偏安南方的汉族政权就不可能把建立在中原地区的曹魏视为正统了。

拥刘反曹也表现了封建时代人民拥护"明君",憎恶"暴君"的愿望。人们谴责统治者的残暴与丑恶,渴望和平、统一、安宁;反对动乱、战争、杀戮,希望百姓安居乐业。

《三国演义》极力宣扬刘、关、张的义气,写了桃园结义。其实,这种思想和做法在那个时代还没有出现,是后起的。义气是封建时代农民备受剥削压迫下救困扶危、见义勇为、互相支援的道德品质。农民起义往往利用结义团结广大农民。当然,统治者也利用义气宣传忠君观念。《三国演义》中义的典型是关羽,他成为义气的化身。明清以来,各地大建关帝庙,与文庙祀孔子相对,称武庙,奉关羽为关帝圣君。

诸葛亮是全书的中心人物,是智慧的化身。在隆中,他提出《隆中对》,为刘备集团的发展做了规划;博望坡一战,使刘备转败为胜;出使东吴,舌战群儒,智激孙权、周瑜,联合抗曹;赤壁之战中草船借箭,解决了水战的武器问题,最后借东风,终于成就了火攻,赢得了胜利;然后治理蜀地,七擒孟获,安定后方,六出祁山,为了恢复汉室鞠躬尽瘁,死而后已。

全书以大大小小的战争结构全书:官渡之乱,曹操统一北方;赤壁之战,奠定三国鼎立;彝陵之战,蜀国军事力量大为削弱;七擒七纵孟获,是孔明北伐的重要准备;街亭之战,孔明北伐成败的关键。战争推进了情节,并在战争中刻画人物。

《三国演义》的语言"文不甚深,言不甚俗",雅俗共赏,具有简洁、明快而又生动的特色。

2.《水浒传》

《水浒传》是一部描写农民起义的长篇章回小说,是在长期群众创作的基础上经过加工再创作形成的。

宋江等36人的梁山泊起义在《宋史》中有零星记载。宋末元初,画家龚开的《宋江三十六人赞》完整地记载了36人的姓名与绰号。水浒故事在民间广泛流传,宋末元初,水浒故事成为艺人讲述或演唱的重要内容,以水浒故事为内容的话本和戏剧相继出现。《大宋宣和遗事》是讲述水浒故事的最早话本。施耐庵、罗贯中在此基础上再创作,写成《水浒传》。

《水浒传》的100回本,有征方腊、征辽故事。又有120回本,增加征田虎、征王庆故事。明末清初的金人瑞(圣叹)腰斩《水浒传》,成70回本,以卢俊义噩梦作结束。70回本保存了水浒故事的主要部分,文字也较为洗练和统一,成为清代以来通行的本子。

《水浒传》中的英雄人物大多是被逼上梁山,其中典型的例子是林冲。林冲是东京八十万禁军教头,生活优裕,安分守己,但高衙内调戏他妻子,高俅父子陷害使他误入白虎节堂,发配充军沧州,又火烧草料场欲置之于死地。在步步紧逼、生死一线的情况下,林冲奋起反抗,风雪山神庙杀了陆谦、富安,上了梁山,火并王伦,反对招安,成为梁山泊中坚定的一员。

来自底层的李逵,坚定、彻底、自觉自愿上梁山。鲁智深,"禅杖打开危险路,戒刀杀尽不平人",救金老父女,拳打镇关西,相国寺做和尚,挺身而出救林冲,最后走上起义道路。武松,景阳冈打虎,杀西门庆、潘金莲,醉打蒋门神,大闹飞云浦,血溅鸳鸯楼,走上起义道路。石碣村的阮小二、阮小五、阮小七,猎户解珍、解宝等,都是出身下层的起义队伍中的中坚力量。

《水浒传》开始写个别人物如鲁智深、林冲、武松等反对社会黑恶势力的斗争,进而以"智取生辰纲"为标志,写渔民、文人、道士、地主等联合夺取不义之财,而后上梁山。在清风寨报仇后,更多好汉上梁山。宋江上山后,竖起"替天行道"旗帜,三打祝家庄,踏平曾头市,两赢童贯,三败高俅。排座次是起义发展的高峰。

农民起义多以悲剧结局。《水浒传》写了众英雄被招安后的悲剧。招安在前70回中已有端倪,队伍扩大了,成员复杂了,不少人"暂在山寨安身",等候日后招安。宋江出身刀笔小吏,有正统观念与忠君思想,上梁山后,动摇妥协的思想经常流露,最后接受招安。《水浒传》反映了封建社会中农民起义的全过程。

《水浒传》创造了许多鲜明的典型形象。林冲、鲁达、杨志都是武艺高强的军官,但身份、经历、遭遇都不同,上梁山的道路也不一样。林冲是忍无可忍,逼上梁山。鲁达爱抱不平,看透现实的黑暗,主动走上起义之路。杨志三代将门之后,希望"一刀一枪,搏个封妻荫下",委曲求全,结果生辰纲被劫,功名无望,还会遭遇杀身之祸,无奈落草为寇。

《水浒传》的情节安排引人入胜。武松景阳冈打虎,斗杀西门庆,醉打蒋门神,大闹飞云浦,血溅鸳鸯楼,步步紧逼。林冲误入白虎堂,刺配沧州道,风雪山神庙,引人入胜。全书重要情节有林冲上梁山、智取生辰纲、花荣大闹清风寨、宋公明三打祝家庄、宋公明夜打曾头市等,反映了起义由小到大的全过程。

《水浒传》艺术手法具有鲜明的民族风格,故事情节强,环境、外貌、心理等静止、冗长的描绘极少,主要是通过人物的具体行动和他们之间的矛盾冲突来揭示人物的性格。

3. 明代前期诗人

明初诗文代表作家为宋濂、刘基、高启。宋濂被朱元璋称为"开国文臣之首",长于散文,《秦士录》《王冕传》《记李歌》等较有名。

刘基,著有《郁离子》,是一部寓言集。他最有名的杂文是《卖柑者言》,揭露封建时代的官吏"金玉其外,败絮其中"。

高启是明代成就最高的诗人,代表作《登金陵雨花台望大江》,其中有句云:"大江来从万山中,山势尽与江流东。钟山如龙独西上,欲破巨浪乘长风。"

于谦是一位民族英雄,他的《石灰吟》为人传诵:"千锤万击出深山,烈火焚烧若等闲。粉骨碎身浑不怕,要留清白在人间。"

4. 明代的戏剧

明代中叶较有成就的戏曲作家有康海、王九思、李开先。康海有《中山狼》杂剧,揭露狼的本性和东郭先生的糊涂温情。王九思有《杜甫游春》,写杜甫在安史之乱后游曲江,痛骂李林甫。当然,杜甫是作者的化身。李开先有《宝剑记》,写林冲被逼上梁山,后来接受招安,与高俅斗争。作者将林冲士大夫化,写他忠孝两全。

明代中叶流行的戏曲唱腔中,影响较大的是弋阳腔和昆腔。昆腔创始于元代末年,后来经过魏良辅的改革,集中了南曲清柔婉转的特点,又保留了部分北曲的激昂慷慨,伴奏乐器兼用箫管和琵琶、月琴等弦乐,逐渐流行开来。

梁辰鱼《浣纱记》首先用魏良辅改革后的昆曲演唱。《浣纱记》写西施与范蠡的悲欢离合与吴越两国的兴亡,歌颂西施、范蠡为国家利益而牺牲个人利益的精神。

《鸣凤记》相传为王世贞门人所作,但无确证。剧中写夏言、杨继盛为首的朝臣与严嵩、严世蕃父子的斗争,人物与故事都取材于当时历史事实。其中,《灯前修本》《夫妇死节》《严嵩庆寿》等是常演不衰的折子戏。

明中叶后戏曲创作繁荣,出现了以沈璟为代表的吴江派和在汤显祖影响下的临川派。

5. 明代伟大戏剧家汤显祖

汤显祖,字义仍,号若士,江西临川人。他崇尚真性情,反对伪道学。

他写了"临川四梦":《紫钗记》《邯郸记》《南柯记》《牡丹亭》,以《牡丹亭》为代表作,是我国戏曲史上的杰作。《牡丹亭》通过杜丽娘和柳梦梅生死离合的故事,颂扬反对封建礼教、追求自由幸福的爱情,具有强烈的个性解放的精神。

杜丽娘身上反映出当时封建礼教对青年男女禁锢之严,她的青春觉醒是在游园时,于是有了梦中与柳梦梅的爱情。她著名的唱词是:"原来姹紫嫣红开遍,似这般都付与断井颓垣。良辰美景奈何天,赏心乐事谁家院。"她为爱情而死,又为爱情而生,情战胜了理。这是对程朱理学"存天理,灭人欲"的一种批判。

明代中叶后的戏剧家除汤显祖外,还有徐渭,写了《四声猿》杂剧,包括《渔阳弄》

(即《击鼓骂曹》)、《雌木兰》(即《木兰从军》)等。周朝俊的《红梅记》,写李慧娘与贾似道的故事。

6.《西游记》

《西游记》是继《三国演义》和《水浒传》之后出现的又一群众创作与文人创作相结合的作品。它的成书,前后酝酿了七百多年。

玄奘取经归国后,奉诏口述所见,由门徒辩机写成《大唐西域记》,后来门徒慧立、彦琮撰《大唐大慈恩寺三藏法师传》,中间穿插了一些神话传说。南宋时的《大唐三藏取经诗话》把神话传说与取经故事串联起来,有了猴行者形象。到元代,取经故事定型为唐僧、孙悟空、猪八戒、沙僧师徒四人取经。同时,戏曲中也有了西游记故事。取经故事最后完成者是明代吴承恩,写成了《西游记》。吴承恩的《西游记》成了神话小说,孙悟空是全书主角。

《西游记》开始是孙悟空大闹天宫,然后交代唐僧取经缘起,主要内容是第三部分,即孙悟空保护唐僧西天取经,克服九九八十一难,取经归来。孙悟空大闹天宫突出他热爱自由、勇于反抗的品格,西天取经表彰他见恶必除、除恶务尽的精神。当然,前面是叛逆者形象,后面是专为人间解除魔难的英雄形象。

《西游记》写的是幻想世界和神话人物,但人物都有现实生活的原型基础。各色神魔身上,既有社会化的个性,又有超自然的神性,还有某些动物的特性。孙悟空乐观大胆、敢于战斗的叛逆性格,与神的变幻莫测、猴的急躁敏捷十分和谐地融为一体。神佛形象均有人间色彩,天庭便是封建朝廷的写照。唐僧师徒到了西天取经,如来身边的人还要向他们勒索财物,连如来都说"经不可轻传,亦不可空取",索要贿赂天经地义。鲁迅评论说:"讽刺揶揄则取当时世态","神魔皆有人情,精魅亦通世故,而玩世不恭之意寓焉"(《中国小说史略》)。

7. 明代其他长篇小说

《三国演义》之后出现一批历史演义小说,最有名的是《列国志传》,余邵鱼著。冯梦龙在此基础上编成《新列国志》,清代乾隆年间蔡元放加以评点,名为《东周列国志》。

《水浒传》之后出现一批英雄传奇小说,最有名的是熊大木的《北宋志传》,即后来的《杨家将演义》。

《西游记》之后出现一批神魔小说,其中较好的是许仲琳编写的《封神演义》,写殷周斗争和武王伐纣的故事。

《金瓶梅》成书在万历年间,作者署名兰陵笑笑生,真实姓名至今不可考。题材由《水浒传》"武松杀嫂"而来,全书以西门庆发迹暴亡为中心,反映了当时的社会生活:市侩势力与封建统治机构勾结,寡廉鲜耻,荒淫无度,百姓遭难,暴露了明代社会丑恶的本质与当时统治阶级的荒淫无耻。

《金瓶梅》是我国第一部文人独创的长篇小说,也是第一部以家庭生活为题材的长篇小说。

8. 明代的拟话本

宋元话本是当时说话人的底本。到了明代，一方面整理、编辑、加工宋元话本，另一方面也模仿话本进行创作，出现了主要供案头阅读的文人创作的话本，称拟话本。

广泛收集宋元话本和明代拟话本的著名集子是冯梦龙编成的"三言"：《喻世明言》《警世通言》《醒世恒言》。后来凌濛初又写成了"两拍"——《初刻拍案惊奇》《二刻拍案惊奇》。

"三言"共120篇，其中明代拟话本约八十篇。《杜十娘怒沉百宝箱》是最优秀的一篇，也是明代拟话本中成就最高的。杜十娘为了从良后嫁与书生李甲，与鸨母进行了种种斗争，表现了她的机智。在与李甲一道回家的途中，李甲竟在金钱引诱下把她卖给盐商孙富。杜十娘痛骂李甲，抱着百宝箱投河自尽。她用自己的青春和生命，控诉了罪恶的社会。《卖油郎独占花魁》写卖油郎秦重，凭自己的忠厚、老实和真诚的爱赢得了花魁女。作者肯定了当时受鄙视的商人，并将爱情婚姻置于金钱、门第、等级之上，具有时代特点。《沈小霞相会出师表》写沈鍊与严嵩父子的斗争。《灌园叟晚逢仙女》写秋先爱花如命，恶霸张委任意折损花木，花神予以严惩。

"二拍"基本倾向是消极的，色情描写、因果报应和封建说教的部分多。《转运汉巧遇洞庭红》《叠居奇程客得助》写了商人的海外活动与发财致富，与当时的社会现实相关。

9. 明代中叶后的诗文

明代弘治、正德年间，出现"前七子"，指李梦阳、何景明、徐祯卿、边贡、康海、王九思和王廷相，主张复古，倡导"文必秦汉，诗必盛唐"。

嘉靖、万历年间，文学上又出现了以李攀龙、王世贞为代表的"后七子"，再次发起复古运动，主张"文必西汉，诗必盛唐，大历以后书勿读"。

嘉靖年间，作为前后七子的反对派出现的有唐宋派，提倡唐宋古文，有王慎中、唐顺之、茅坤、归有光等。茅坤编了《八大家文钞》，"唐宋八大家"就此定名。归有光的创作成就较高，其著名的作品有《项脊轩志》《先妣事略》《寒花葬志》等。

嘉靖、万历年间出现了思想家、文学家李贽。他反对程朱理学，不以孔子的是非为是非，反对男尊女卑之说。文学上提倡"童心说"，童心即真心，文学要表达真实的思想感情。他大力推崇《西厢记》《水浒传》等通俗文学。

万历间反对"前七子"的还有公安派和竟陵派。公安派以湖北公安人袁宗道、袁宏道、袁中道三兄弟为代表，反对复古，提出"独抒性灵，不拘格套"。竟陵人钟惺、谭元春也反对拟古主义，称竟陵派，追求"幽深孤峭"的艺术风格。

在公安、竟陵派的影响下产生了大量小品文，以张岱为代表，有《陶庵梦忆》《西湖梦寻》。

明代末年有复社，以张溥为代表。张溥有著名散文《五人墓碑记》。与复社呼应的是几社，以陈子龙、夏完淳为代表，夏完淳的《狱中上母书》很有名。

(八) 清代文学

1. 清代初年的诗人与词人

顾炎武,明亡后坚持民族气节,倡"天下兴亡,匹夫有责"之说。诗篇多写国家民族兴亡大事。著有《亭林诗文集》,学术著作有《日知录》。黄宗羲,坚持抗清斗争,著有《明夷待访录》,其中《原君》将封建皇帝视为"天下之大害"。王夫之,坚持抗清,著有《姜斋诗话》。

吴伟业,字梅村,屈膝事清。他的《圆圆曲》很有名,"恸哭六军皆缟素,冲冠一怒为红颜",写吴三桂为了陈圆圆而投降清兵。清初诗人王士禛,号阮亭,又号渔洋山人,提倡"神韵"说,倾向于唐代的王维、孟浩然、韦应物、柳宗元一派。

清初词人有朱彝尊,编《词综》,是浙派词家的代表,作词以姜夔、张炎为宗。陈维崧,词作模仿苏辛。满族词人纳兰性德,风格近李煜。

2. 清初戏曲作家

李玉,有"一笠庵四种曲",即《一捧雪》《人兽关》《永团圆》《占花魁》,亦称"一人永占"。《一捧雪》写严世蕃为谋取玉杯"一捧雪"迫害莫怀古的故事。《占花魁》即出于《卖油郎独占花魁》。《人兽关》写桂薪的忘恩负义。《永团圆》写江纳的贪富欺贫。

朱素臣,著有《十五贯》,又名《双熊梦》,由宋元话本《错斩崔宁》演化而来。

《清忠谱》是由李玉、朱素臣、毕万后和叶雉斐共同创作的。题材是明代天启年间东林党人和苏州人民反抗阉党魏忠贤黑暗统治的斗争。魏忠贤及其走狗祸国殃民,东林党人周顺昌坚守正义,市民群众走上政治斗争舞台。魏忠贤逮捕东林党人魏大中。周顺昌送行并与之联姻,被捕入狱后,坚贞不屈。苏州市民为支持周顺昌而起义暴动,遭到镇压后,颜佩韦等五人(即张溥《五人墓碑记》中的五人)挺身而出,牺牲自己,保全大众。《清忠谱》是我国戏曲史上第一部"事俱按实"的历史戏。

李渔,字笠翁,著有《闲情偶寄》,其中有戏曲论著,分为词曲和演习两部分,前者论戏曲文学,后者论戏曲表演。

3. 洪昇和孔尚任

洪昇的《长生殿》写唐明皇和杨贵妃的故事。这个故事在唐代就有陈鸿的《长恨歌传》和白居易的《长恨歌》,宋代乐史著有《杨太真外传》,元代白朴著有《梧桐雨》,明代吴世美著有传奇《惊鸿记》。洪昇的《长生殿》一方面通过李杨故事颂扬生死不渝的爱情,另一方面又批判李杨的荒淫昏乱给政治、社会带来的严重恶果,促成安史之乱的爆发,当然这也反过来造成了他们的爱情悲剧。从主题思想而言,《长生殿》有赞颂爱情与揭露荒淫的双重性。剧中揭露了杨国忠、安禄山的祸国殃民,同时刻画了郭子仪、雷海青等的忠贞爱国。

孔尚任的《桃花扇》写南明王朝的兴亡。作品以侯方域、李香君的爱情故事为线索,集中反映明末清初动荡的社会现实及统治阶级内部的矛盾和斗争。作者说:"借离合之情,写兴亡之感。"

《桃花扇》写了马士英、阮大铖等阉党余孽腐化堕落、倒行逆施,把国家民族推向覆亡之路的罪行。侯方域是著名的复社文人领袖之一,具有两面性:在继承东林党人事业、反对阉党斗争中有进步的一面,但在国家内外危机深重时,动摇不定,无法担当挽救南明危亡的历史重任。剧中的史可法是爱国将领的代表。史可法是孤立的,死守扬州,后沉江而死,成为悲壮的民族英雄形象。《桃花扇》中塑造了李香君、柳敬亭、苏昆生等下层人物形象,他们无法承担拯救国家民族的重任,但都有高洁的品格。李香君"却奁",拒绝阮大铖的收买,《骂筵》中痛骂马士英、阮大铖,是我国戏曲舞台上最光辉的妇女形象之一。

4. 蒲松龄的《聊斋志异》

蒲松龄穷愁潦倒一生,对科举制度的腐朽、封建社会的黑暗有深刻的认识和体会。他在《聊斋志异·自志》中说:"集腋为裘,妄续幽冥之录;浮白载笔,仅成孤愤之书:寄托如此,亦足悲矣。"说明《聊斋志异》是广泛搜集材料写成的,写孤鬼花妖,表达自己的"孤愤",是有所寄托的。《聊斋志异》共收491篇作品,是优秀的文言短篇小说集。

《聊斋志异》中抨击科举制度腐败的著名作品有《叶生》《司文郎》等。揭露现实政治腐败和统治阶级对人民残酷压迫的著名作品有《促织》《席方平》等。描写婚姻爱情的著名作品有《婴宁》《红玉》等。有些作品富有哲理,具有教育意义,如《画皮》《劳山道士》等。

《聊斋志异》的艺术特点是以花妖狐魅和幽冥世界来反映社会现实,想象丰富奇特,情节曲折生动,境界神异迷人。

《聊斋志异》之后,袁枚著有《新齐谐》(原名《子不语》),纪昀(纪晓岚)著有《阅微草堂笔记》,但艺术价值均不如《聊斋志异》。

5. 清代其他小说

陈忱的《水浒后传》,写32位梁山未死英雄重举义旗,并英勇抗击外来侵略者,最后到海外创立基业的故事。如李俊到了暹罗国,建立了国家。这反映了明朝遗老复国的愿望。

钱采、金丰的《说岳全传》是在各种"岳传"的基础上加工增订而成的。书中描述岳武穆之忠,秦桧之奸,兀术之横。岳飞是民族英雄、爱国统帅,一生"精忠报国"。

褚人获的《隋唐演义》,也是根据有关作品和民间传说加工而成的。

西周生的《醒世姻缘传》,是继《金瓶梅》之后又一部以婚姻家庭生活为题材的长篇小说。

李汝珍的《镜花缘》写了许多海外奇国如君子国、大人国、两面国、淑士国、无肠国、女儿国等,寄寓作者的理想和希望。如女儿国的描写,表示作者同情妇女、尊重女权的思想;两面国的描写,揭露虚伪、狡猾、欺诈的社会不良风气。

6. 吴敬梓的《儒林外史》

吴敬梓,字敏轩,一字文木,安徽全椒人。他创作了我国第一部长篇讽刺小说《儒林外史》,他还有《文木山房集》。

《儒林外史》以追求科举和功名富贵为中心内容,刻画了形形色色的儒林人物,以及与此相关的或派生的地主、豪绅、官僚、名士等人物的活动,广泛揭露世风堕落和丑恶黑暗的社会面貌,形象地显示了封建社会末期的腐朽与没落。

《儒林外史》第一回楔子,"说楔子敷陈大义,借名流隐括全文",塑造了元代诗人王冕的形象。王冕是作者树立的楷模。他从不参加科举考试,批评八股取士"这个法定得不好"。他精通学问、自食其力、安贫乐道,不与权贵交往,讲究"文行出处",不为功名富贵所牢笼。

《儒林外史》写了周进、范进中举前后的悲喜剧,揭露八股取士制度如何腐蚀人心。通过科举考试爬上去的,有的是贪官污吏,如高要县知县汤奉、南昌府知府王惠,有的是土豪劣绅,如严贡生、严监生;科场上败下阵来的,招摇撞骗,如杨执中、匡超人、牛浦郎。

《儒林外史》写了一批正面人物,如带有离经叛道色彩的杜少卿,提倡"礼乐兵农"的迟衡山,洁身自好的庄绍光,以德化人的虞育德。尤其是写了不少下层百姓的善良、纯朴的"君子之行",如唱戏的鲍文卿,拒做盐商小妾的沈琼枝,开小店的牛老爹。最后写了市井四奇人,"会写字的""卖火纸筒子的""开茶馆的""做裁缝的",表示作者寄希望于儒林之外。

《儒林外史》对不良人物和现象怀有悲伤、怜悯、愤怒、憎恨的复杂感情,善于作委婉的讽刺,鲁迅称之为"感而能谐,婉而多讽"。结构上,《儒林外史》没有贯穿始终的主要人物与故事,分散的人物,自成段落,"仅驱使各种人物,行列而来,事与其来俱起,亦与其去俱讫,虽云长篇,颇同短制"。(鲁迅《中国小说史略》)

7. 曹雪芹及其《红楼梦》

《红楼梦》作者曹雪芹,先世为满洲正白旗内务府包衣(满语奴仆的意思)。康熙时期曹家成为煊赫一时的贵族世家,曾祖父曹玺,祖父曹寅,父辈曹颙、曹頫,三代世袭江宁织造。康熙六次南巡,五次以江宁织造署为行宫。雍正上台,曹家开始走下坡路,雍正六年(1728)曹家被抄,离开居住多年的金陵,回到北京。乾隆初年,又遭祸变,曹家一败涂地。曹雪芹经历了曹家盛极而衰的过程,抄家的那一年,曹雪芹大约十三岁。曹雪芹在北京写《红楼梦》,"于悼红轩中,披阅十载,增删五次","字字看来皆是血,十年辛苦不寻常",可惜没有完稿就在贫病交迫中去世了。

曹雪芹的未完稿题名《石头记》,以80回手抄传阅达30年之久。乾隆五十六年(1791)程伟元、高鹗第一次排印出版,有120回,书名《红楼梦》,后40回一般认为是高鹗续成。80回抄本系统,大多有脂砚斋评语,120回印本第一次系统印成称程甲本,第二年增删后再印,称程乙本。

《红楼梦》写了封建贵族青年男女贾宝玉、林黛玉、薛宝钗之间的恋爱和婚姻悲剧。它不是孤立地描写这个爱情悲剧,而是以恋爱、婚姻悲剧为中心,写出了当时具有代表性的贾、王、史、薛四大家族的兴衰,其中以贾府为中心,揭露封建社会后期的种种黑暗和罪恶,对腐朽的封建统治阶级和行将崩溃的封建制度作了有力的批判,使读者感受到它必然走向灭亡的命运。小说还通过对贵族叛逆者的歌颂,表达了新的朦胧的理想。

《红楼梦》中写了各种各样的矛盾冲突,如贵族地主与农民的矛盾,贵族统治者与广大奴婢的矛盾,封建卫道者与封建叛逆之间的矛盾,封建统治阶级内部的矛盾,等等,其中最主要的矛盾是以封建叛逆者宝玉为代表的进步势力和以贾母、贾政、王夫人等封建家长们代表的封建势力之间的冲突。

《红楼梦》第1回到第5回为序幕,介绍了"真事隐去,假语村言"的创作意图,通过冷子兴演说荣国府、宝玉黛玉会面、太虚幻境等,概括介绍贾府及主要人物。第6回到第23回,写贾府之盛,烈火烹油,鲜花着锦,有可卿之死的大办丧事,有元春省亲的荣华富贵,也写到宝黛爱情的萌发、交心与定情。第24回到第74回,写贾家的衰落,有卫道者和叛逆者的交锋——宝玉挨打;有统治者与被统治者的矛盾斗争,包括金钏投井、鸳鸯抗婚、乌进孝送租;有家族内部的矛盾,赵姨娘暗害凤姐、宝玉,王熙凤逼死尤二姐,最后发展到抄检大观园;有封建婚姻与自主婚姻的矛盾,贾母、王夫人主张"金玉良缘",宝玉与黛玉坚持"木石前盟"。第75回到第120回,贾家败亡,晴雯、元春、黛玉相继死亡,宁府被抄,贾母、王熙凤亦死,宝玉出家。

贾宝玉鄙弃功名利禄,不愿参加科举考试,不愿做官,不愿读四书五经,轻视封建伦常与秩序,尊重女性,宽待奴婢,追求自由恋爱,背离封建礼教。林黛玉多愁善感,孤高任性,自尊自爱,厌恶周围的庸俗与丑恶,渴望自由的爱情。薛宝钗品格端方,行为豁达,随分从时,深得人心,符合封建社会淑女的标准。王熙凤一心追求权力,追求金钱,有权谋,有心机,能言善辩,有封建统治阶级掌权者的特征。

《红楼梦》写贵族家庭普通的日常生活,不追求富有传奇色彩的情节,写穿衣吃饭,迎来送往,婚丧嫁娶,逢年过节,赏月观花,作诗猜谜,戏谑谈笑,争气斗口,按照现实生活逻辑创造情节与细节,接近现实生活的本来面目,合情合理,自然真实。

写宝玉黛玉的爱情,打破了郎才女貌的俗套,以共同的思想为基础;打破了大团圆的结局,以悲剧收场;打破了怜香惜玉、私订终身的格调,具有现代性爱的色彩。它的爱情描写具有全新的意义。

《京都竹枝词》云:"开谈不说《红楼梦》,读尽诗书也枉然。"可见《红楼梦》广为流传,备受重视,并随之出现了杂记随笔式的评论,出现了评点。1904年,王国维发表了《红楼梦评论》。后来以《红楼梦》为研究对象,学术界形成了"红学",对《红楼梦》以及曹雪芹的研究历久不衰。

8. 清代弹词

清代出现了几部著名的弹词作品。有陶贞怀的《天雨花》,写明末朝政的混乱和阉党的弄权,也写了主人公左维明的家庭日常生活。有陈端生的《再生缘》,塑造了女扮男装的孟丽君形象,她位列三台,出入朝廷,具有办理国家大事的才干,为封建社会中受压迫的妇女扬眉吐气。有《珍珠塔》,写书生方卿与陈翠娥的爱情故事,流传于广大江南地区。

9. 清代诗文流派

郑板桥的诗歌则自成一格,关心民生疾苦,如"衙斋卧听萧萧竹,疑是民间疾苦声。些小吾曹州县吏,一枝一叶总关情"(《潍县署中画竹呈年伯包大中丞括》)。他的散文别具一格,反对模拟古人,抒情议论,脱口而出。

桐城派是著名的散文流派,从方苞开始建立,提出"义法","义"即言之有物,"法"即言之有序。继之者刘大櫆。到了姚鼐,提出义理、考据、文章的统一。桐城派的著名文章有方苞的《狱中杂记》《左忠毅公逸事》、姚鼐的《登泰山记》。

桐城派的一个支流为阳湖派,以阳湖人恽敬、张惠言为代表。

清代著名的骈文家有汪中,代表作是《哀盐船文》。

(九) 中国近代文学

近代文学是指1840年鸦片战争到1919年五四运动前的文学。一般分为三个时期:① 鸦片战争和太平天国时期;② 资产阶级改良主义运动和义和团运动时期;③ 资产阶级民主革命时期。

1. 龚自珍

龚自珍,号定庵。他具有批判现实、变革社会的思想。他的《咏史》写道:"金粉东南十五州,万重恩怨属名流。牢盆狎客操全算,团扇才人踞上游。避席畏闻文字狱,著书都为稻粱谋。田横五百人安在,难道归来尽列侯?"诗中揭露了统治阶级的腐朽面貌以及残酷的文字狱和文人埋头著书的庸俗状况,用田横抗汉的史事,揭穿清王朝对文人仕宦利诱的欺骗伎俩。

1939年,龚自珍在鸦片战争爆发的前夜写了著名的《己亥杂诗》,共315首,均为七绝,著名的如:"浩荡离愁白日斜,吟鞭东指即天涯。落红不是无情物,化作春泥更护花。""九州生气恃风雷,万马齐喑究可哀。我劝天公重抖擞,不拘一格降人才。"前者表达作者在逆境中仍然积极进取的精神,就像落花哺育春天开放的花朵;后者希望社会大变动,呼唤人才,进行改革。他的散文《病梅馆记》,借梅树盆景表达了反对矫揉造作,渴望精神解放、人格自由的思想,抨击了专制主义对人性的压抑和束缚。

2. 鸦片战争文学

林则徐查禁鸦片,表现了强烈的爱国主义精神。他在《赴戍登程口占示家人》中有句云:"苟利国家生死以,岂因祸福避趋之。"鸦片战争中,广州三元里民众奋起抗击英军侵略,张维屏写了《三元里》诗篇,歌颂民众抗敌斗争,抨击统治者的妥协投降行径。

3. 黄遵宪的诗及"诗界革命"

1894年中日甲午战争失败后，我国掀起了改良主义的思潮。1898年的戊戌变法，标志着改良运动达到高潮。作为改良运动有机组成部分的诗歌改良，梁启超等提出了"诗界革命"。为"诗界革命"开辟道路的是黄遵宪，他的诗集是《人境庐诗草》。黄遵宪的诗，描写新世界的奇异风物，反映新的思想文化，歌咏了轮船、火车、电报、照相等，显示了近代社会生活的巨大变化。他的诗描写了中国近代一系列重大历史事件，反映了帝国主义与中华民族的强烈矛盾，表现了强烈的爱国主义精神，如《哀旅顺》《台湾行》等。

4. 近代散文

梁启超，号任公，别署饮冰室主人，资产阶级改良运动杰出的宣传家，提倡"诗界革命""小说界革命"。他的散文"条理明晰，笔锋常带感情，对于读者，别具一种魔力"，"学者竞效之，号新文体"。他的"新文体"，对传统古文是一次猛烈的冲击，代表作为《少年中国说》，结末云："美哉我少年中国，与天不老；壮哉我少年中国，与国无疆！"

谭嗣同是激进的改良主义思想家和活动家，他的代表作是《仁学》。

严复是著名的翻译家，提出了"信、达、雅"的翻译标准，代表译作为《天演论》。

5. 近代小说

李伯元的《官场现形记》、吴趼人的《二十年目睹之怪现状》、刘鹗的《老残游记》、曾朴的《孽海花》，鲁迅称为"谴责小说"，即以批判揭露现实为宗旨，但不同于讽刺小说，因为这类小说常常采用夸张的漫画化手法。

李伯元的《官场现形记》，全书60回，由许多相对独立的短篇小说串联而成。作品着力描写官僚贪污腐败和媚外卖国的丑态，以及对人民的残酷迫害。李伯元还有《文明小史》《活地狱》等作品。

吴趼人的《二十年目睹之怪现状》，通过九死一生（是作者的影子）在二十年中耳闻目见的无数怪现状，给人们描绘出行将崩溃的清王朝的社会图卷。它写了官场人物、洋场才子、医卜星相、三教九流，表现出较为广泛的社会生活，但重点是暴露官场黑暗。吴趼人还有《九命奇冤》《痛史》等作品。

刘鹗的《老残游记》，署名洪都百炼生。它写一个摇串铃的江湖医生老残在游历中的所见、所闻、所为，反映了晚清的某些社会现实，表达了作者对时局的见解和主张。

曾朴的《孽海花》以金雯青和傅彩云的故事为主要线索，通过对京城内外官僚名士、封建文人的思想生活和社会风气的描绘，展示了清末政治、经济、外交和社会生活的情况，对封建统治阶级的腐败和帝国主义的侵略野心有一定程度的揭露和批判。

林纾以翻译西方小说而著名，用古文翻译了《巴黎茶花女遗事》《黑奴吁天录》等。

6. 南社

南社成立于 1909 年,发起人为陈去病、高旭、柳亚子,以提倡民族气节相号召,命名"南社",意为"操南音不忘本",亦即表明反清之心。南社作家中,诗人以柳亚子为代表,小说家以苏曼殊为代表,苏曼殊著有《断鸿零雁记》《绛纱记》等。

二、中国现当代文学

(一) 五四文学革命和文学社团

1. 五四文学革命

1915 年 9 月,陈独秀在上海创刊《新青年》(第 1 卷称《青年杂志》),成为五四文学革命的主要阵地。1917 年 2 卷 2 号(1917 年 1 月),胡适在《新青年》发表文章《文学改良刍议》,称"今日欲言文学革命,须从八事入手":

一曰,须言之有物。　　二曰,不摹仿古人。
三曰,须讲求文法。　　四曰,不作无病之呻吟。
五曰,务去滥调套语。　六曰,不用典。
七曰,不讲对仗。　　　八曰,不避俗字俗语。

胡适站在文学进化论的立场,认为文学变革的核心在于"文字问题",即"用白话来做文学的工具",正式提出要用白话文写作。陈独秀于 1917 年 2 月发表《文学革命论》,将胡适奉为文学革命的"急先锋",明确揭示"文学革命"的命题,明确提出"三大主义",即建设"国民文学""写实文学""社会文学",由此拉开"文学革命"运动的序幕。

文学革命通过五四运动进一步扩大了影响。五四学生团体创办了大量的白话报纸和期刊,如《湘江评论》《少年中国》《每周评论》《新潮》等,登载各种白话创作和翻译作品,宣传民主和科学的思想。之后,钱玄同、刘半农、李大钊等越来越多的人加入其中,这些报刊成为中国现代新文化实践的开端。其间,有古文家林纾等反对文学革命。1922 年,又有梅光迪、胡先骕、吴宓等以《学衡》杂志为阵地的"学衡派",与新文化运动展开论战。五四文学革命彻底地批判和否定封建制度及其思想体系,它所呼吁的"白话"文学最终成为中国的国语文学。

2.《尝试集》

这是胡适的第一部白话诗集,出版于 1920 年,也是五四文学革命后中国第一部新诗集。分第一编、第二编。第一编的诗,主要创作于 1916 年和 1917 年,如胡适自称"实在不过是一些刷洗过的旧诗"。第二编收1918年以后发表的作品,形式上有了新的因素:用白话入诗,句式不限长短,声韵不拘平仄,采取自然音节,开始打破旧诗格律的束缚。《尝试集》的诗以说理或即物感兴居多,如写蝴蝶的孤单(《蝴蝶》),鸽子的如意(《鸽子》),乌鸦的狂傲(《老鸦》),都寄托着作者个人主义者的情怀。影响最大的是《人力车夫》,诗中"客人"对少年车夫的沉重负担和悲惨境遇,也曾觉得"心中酸悲""我心惨凄",但终于因为此类事情"警察还不管",而心安理得地"点头上车",说"拉到内务部西!"这是当时流行的一种"人道主义"式的同情。

3. 文学研究会

1921年1月,郑振铎、沈雁冰(茅盾)、叶绍钧(叶圣陶)、许地山、王统照、周作人、朱希祖、耿济之、瞿世英、蒋百里、郭绍虞、孙伏园12位成员在北京发起成立了文学研究会,成为新文学运动中第一个文学团体。文学研究会首先反对当时正流行的"礼拜六派"的通俗文艺,宣称"将文艺当作高兴时的游戏,或失意时的消遣的时候,现在已经过去了。我们相信文学也是一种工作,而且又是于人很切要的一种工作;治文学的人也当以这事为他终生的事业"。倡导"写实主义"文学精神,强调文学关切社会和人生的必要,主张和创作实践均倾向于现实主义。文学研究会的创作大都以现实人生问题为题材,产生了一批所谓的"问题小说",又被称为"人生派"或"为人生"的文学。文学研究会以"研究介绍世界文学、整理中国旧文学、创造新文学"为宗旨,引进了大量外国文学,俄国的普希金、托尔斯泰、屠格涅夫,法国的莫泊桑,挪威的易卜生等人的作品都被引入中国。文学研究会把沈雁冰接编、经过革新的上海商务印书馆出版的《小说月报》作为自己的会刊。《小说月报》成为新文学运动中影响巨大的文学杂志。

4. 创造社

1921年7月,留日学生郭沫若、成仿吾、郁达夫、张资平、郑伯奇等人在日本东京成立创造社。创造社与文学研究会同为最早的新文学社团。创造社有前后期之分,前期创造社成员大多是长期留学国外的知识分子,他们反对封建文化和复古思想,在美学立场上推崇直觉、灵感和天才,尊重作家的内心情感和艺术个性,主张"文学是自我的表现",必须忠于"内心的要求",表现出浪漫主义和唯美主义的倾向。郭沫若的诗集《女神》、郁达夫的小说《沉沦》及郭沫若的译作《少年维特之烦恼》(歌德著)等是该社社员发表的著名作品。

"五卅"运动后,创造社主要成员大部分倾向革命或从事革命实际工作。他们采用"革命文学""新兴文学"和"无产阶级文学"等概念,表现出"转换方向"的态势,并有新从日本回国的李初梨、冯乃超、彭康、朱镜我等思想激进的年轻一代参加,进而发展为后期创造社。后期创造社与太阳社一起大力倡导无产阶级革命文学。1928年初,郭沫若的《英雄树》、成仿吾的《从文学革命到革命文学》、冯乃超的《艺术与社会生活》、李初梨的《怎样地建设革命文学》等文章,要求文学适应革命形势的需要,面向工农大众,完成了向"革命文学"的转向。1929年2月,创造社被国民党政府查封。

创造社前期主办的刊物有《创造》季刊、《创造周报》《创造日》(《中华新报》副刊)、《洪水》半月刊;后期的刊物主要有《创造月刊》《文化批判》月刊、《流沙》半月刊、《新思潮》月刊等。

5. 新月派和徐志摩

1923年,北京成立了一个名为"新月"的私人俱乐部,成员主要是英美留学生,灵魂人物是刚从剑桥回国的徐志摩。"新月"是借用了泰戈尔的一组诗歌集的题目,这一派成员主张"艺术美至高无上"。新月派主要诗人有闻一多、徐志摩、朱湘等。新月派早期以闻一多为代表,主张现代诗歌格律化,所谓"戴着脚镣跳舞",要求诗歌有建筑美、绘画美和音乐美。徐志摩则是新月派的核心诗人。他的诗集有《志摩的诗》《翡冷翠的一夜》《猛虎集》。代表他艺术成就的是抒情诗,如诗人自己说"从性灵暖处来的诗句"。他的《再别康桥》极有名:

轻轻的我走了,正如我轻轻的来;我轻轻的招手,作别西天的云彩。
那河畔的金柳,是夕阳中的新娘;波光里的艳影,在我的心头荡漾。
软泥上的青荇,油油的在水底招摇;在康河的柔波里,我甘心做一条水草!
……
悄悄的我走了,正如我悄悄的来;我挥一挥衣袖,不带走一片云彩。

他把对母校的深情,融进了悄然别离时刻那些富有特色的形象和想象中,夕阳、金柳、波光、艳影,全诗格调轻柔、明丽而又俊逸。胡适评价徐志摩:"他的人生观真是一种'单纯'的信仰,这里面只有三个大字:一个是爱,一个是自由,一个是美。"(《追悼志摩》)

6. 语丝社和小品散文

语丝社是五四以来最大的以散文创作为主的作家群体,得名于1924年在北京创刊的《语丝》。代表作家有周作人、鲁迅、林语堂、钱玄同、孙伏园、俞平伯等。语丝社的散文注重社会批评,针砭时弊。它的风格是庄谐杂出、简洁明快、不拘一格,称为"语丝文体"。

(二) 鲁迅

鲁迅,原名周树人,1881年生,浙江绍兴人。1902年,鲁迅抱着科学救国的思想赴日本留学。1909年回国后,他先后在杭州、绍兴任教。辛亥革命后,到北京,在教育部任职。在北京工作期间,他参加《新青年》的编辑工作和新文化运动,以犀利的杂文和新颖的小说为新文化运动呐喊。1918年5月,他第一次以"鲁迅"为笔名,在《新青年》上发表白话小说《狂人日记》。1926年,他因参加北京"三一八"反帝爱国运动,被迫离开北京,先后在厦门大学、广州中山大学任教。1927年10月,鲁迅来到上海,成为左翼文化运动的旗手。1930年3月,鲁迅参与发起成立左翼作家联盟(简称"左联"),与瞿秋白等人一起领导左翼文艺运动。1936年10月19日,因肺结核病在上海去世。鲁迅一生创作了大量小说、散文、杂文等作品,留下八百多万字的著译。他以笔为武器战斗一生,被誉为"民族魂"、中国现代文学的旗帜和奠基人。"横眉冷对千夫指,俯首甘为孺子牛"是他一生的写照。

1. 《狂人日记》

《狂人日记》首次刊发于1918年5月《新青年》杂志,是中国第一篇现代小说。小说以日记体形式描写了一个"迫害狂"患者的精神状态和心理活动,狂人说的话是疯话,但包含着许多深刻的真理。小说主题意在暴露家族制度和礼教的弊害。狂人把医生的把脉理解为"揣一揣肥瘠",把嘱咐吃药的"赶紧吃吧"理解为赶紧吃他,归结到这个社会是人吃人的社会,社会的历史是一部人吃人的历史。"我翻开历史一查,这历史没有年代,歪歪斜斜的每页上都写着'仁义道德'几个字。我横竖睡不着,仔细看了半夜,才从字缝里看出字来,满本都写着两个字是'吃人'。"鲁迅最后喊出了"救救孩子",将希望寄托在下一代。《狂人日记》显示了鲁迅深切的忧愤和犀利的批判精神,以文学的形式揭露了"礼教吃人"的罪恶,在文学史上具有划时代的意义。

2. 《呐喊》

《呐喊》是鲁迅的一部小说集,1923年8月由北京新潮出版社出版,收录其1918至1922年间写的14篇短篇小说:《一件小事》《狂人日记》《鸭的喜剧》《端午节》《故乡》《孔乙己》《药》《阿Q正传》《兔和猫》《社戏》《风波》《头发的故事》《明天》《白光》。鲁迅把这个集子题作《呐喊》,意思是给革命者助阵作战,使他们不惮于前驱。作品较多地描写了农村生活和农民形象,揭示辛亥革命前后中国种种深层次的社会矛盾,对中国旧有制度及人们的思想观念进行了深刻的剖析和揭示,表现出对民族生存浓重的忧患意识和对社会变革的强烈愿望。其中写于1921年的《阿Q正传》最为著名,小说以辛亥革命前后闭塞的农村未庄为背景,塑造了一个饱受经济剥削和精神戕害的农民阿Q形象。小说突出地描绘了阿Q的精神胜利法和朦胧的革命观念,展示了"辛苦而麻木"的真实的农民生活。

3. 《彷徨》

《彷徨》收入鲁迅1924年至1925年间创作的11篇小说:《祝福》《在酒楼上》《幸福的家庭》《肥皂》《长明灯》《示众》《高老夫子》《孤独者》《伤逝》《弟兄》《离婚》。《彷徨》中的作品写于五四运动后新文化阵营分化的时期。原来参加过新文化运动的人,"有的退隐,有的高升,有的前进",鲁迅感觉自己像布不成阵的游勇那样"孤独"而"彷徨",《彷徨》表现了他这一时期在革命征途上探索的心情。《题〈彷徨〉》一诗说:"寂寞新文苑,平安旧战场。两间余一卒,荷戟独彷徨。"揭示小说题名的含义。他在《彷徨》扉页上引用《离骚》诗句:"路漫漫其修远兮,吾将上下而求索。"作品贯穿着对生活在封建势力重压下的农民及知识分子"哀其不幸,怒其不争"的关怀。《伤逝》是其中唯一的爱情小说。子君与涓生的爱情悲剧显示了鲁迅对五四个性解放的反思,它说明离开了社会和经济的解放,爱情无疑只能是令人伤感的幻灭。

4.《故事新编》

《故事新编》收短篇小说8篇:《补天》《奔月》《理水》《采薇》《铸剑》《出关》《非攻》《起死》,都是"神话、传说及史实的演义"。鲁迅创作这些小说,"只取一点因由,随意点染",把现代生活细节大胆引入历史故事,以特殊的"幽默才能"进行社会批判。第一篇《补天》的依据是女娲抟土作人及炼五色石补天的神话。《奔月》写后羿和嫦娥的传说。《理水》和《非攻》分别写夏禹治水和墨子的非攻思想,表扬了古代的两个正面人物。《采薇》写武王伐纣、伯夷叔齐"义不食周粟"而饿死首阳山的故事。《出关》写老子西出函谷关与孔子的对话。《起死》用《庄子》的一个寓言,写死了500年的髑髅复了形,活了过来。《采薇》《出关》《起死》批判了消极无为的思想。《铸剑》写眉间尺为父亲干将报仇,将自己的头和宝剑一起交给黑色人晏之敖,黑色人最终砍下了楚王的头,但为了彻底击败敌人,也为了回报眉间尺的信任,黑色人割下自己的头来参加战斗,最后三颗头煮在一起,被葬为三王冢。鲁迅以漫画化的夸张和渲染,使人物性格和故事情节凸显出来,表达对现实的抗争。

5.《野草》

这是鲁迅的一部散文诗集,收入了1924年至1926年所作的23篇散文诗。鲁迅写作《野草》时,适值五四退潮,正如作者在《〈自选集〉自序》(《南腔北调集》)中所说:"后来《新青年》的团体散掉了,有的高升,有的退隐,有的前进,我又经验了一回同一战阵中的伙伴还是会这么变化。"在这种情况下,"有了小感触,就写些短文,夸大点说,就是散文诗,以后印成一本,谓之《野草》"。

《野草》中大多数篇章以曲折幽晦的象征表达了20世纪20年代中期作者内心的苦闷和抗争。《这样的战士》《淡淡的血痕中》《一觉》等篇表达了作者对现实的失望与愤懑;《影的告别》《死火》《墓碣文》等篇描绘了对自我深刻解剖之后的迷茫心境;《希望》《死后》等篇写出了对未来的疑惧,深刻地表现出作者的人生哲学。有些篇章写景优美而寄意深远,如《秋夜》写院子里枣树落尽了叶子,枝干"默默地铁似的直刺着奇怪而高的天空",极细小的粉红花,"在冷的夜气中,瑟缩地做梦,梦见春的到来,梦见秋的到来,梦见瘦的诗人将眼泪擦在她最末的花瓣上"。《野草》以散文诗的形式写作,在当时是一种新的文体尝试,开中国散文诗之先河。

6.《朝花夕拾》

比《野草》稍后,鲁迅追怀往事,写下10篇"从记忆中抄出来"的散文。最初以《旧事重提》为总题,陆续发表于《莽原》半月刊,结集出版时改名为《朝花夕拾》。在这组文章里,鲁迅用夹叙夹议的方式,以青少年时代的生活经历为线索,具体生动地反映了少年鲁迅的性格和志趣。

《狗·猫·鼠》《二十四孝图》《无常》三篇议论与叙述并重,旨在对现实生活加以针砭。《阿长与〈山海经〉》写鲁迅儿时与保姆阿长相处的情景。《从百草园到三味书屋》描述了作者儿时读私塾时在家中百草园的乐趣和在三味书屋读书的乏味。《五猖会》写在迎神赛会时,童年的"我"的盼望与兴奋及被父亲强迫背诵《鉴略》的扫兴和痛苦,指出强制的教育对儿童天性的压制和摧残。《父亲的病》写父亲被江湖庸医耽误而死,文章描述了几位"名医"行医、作风、开方等的种种表现,充满讽刺。《藤野先生》写在日本留学时期的老师藤野先生的严谨、正直、热诚。《朝花夕拾》写人写事,着墨不多,情态逼真,平易自然的叙述中包含深刻的批评,有丰富的生活和社会知识。

7. 鲁迅的杂文

鲁迅从1918年开始,直到生命的最后一息,写了六百多篇杂文,计135万字,汇编成16本杂文集。根据作者的思想发展历程,通常将鲁迅杂文分为前后两个时期。前期是1918年到1927年的作品,主要收录在《坟》《热风》《华盖集》《华盖集续编》《而已集》五个集子中。后期是1928年到1936年的作品,共有9本杂文集:《三闲集》《二心集》《南腔北调集》《伪自由书》《准风月谈》《花边文学》《且介亭杂文》《且介亭杂文二集》《且介亭杂文末编》。此外还有《集外集》和《集外集拾遗》。

鲁迅前期的杂文,猛烈批判封建礼教和封建文化,表现出强烈的爱国热情和要求思想革新的特色。他与帝国主义和封建军阀进行了不屈不挠的斗争。他的《他们现在怎样做父亲》批判封建的父权思想。在《我之节烈观》中批判"节""烈"这种"畸形道德",指出这是"封建统治者制造并赏玩别人苦痛的昏迷和强暴"。他赞成痛打落水狗,表现出彻底的革命精神。他进行广泛的社会批评,对旧社会的病态进行无情的鞭挞。

鲁迅后期的杂文,鲜明地针砭时弊,反对日本帝国主义的侵略,批判北洋军阀政府和国民党反动派的暴政,剖析孔孟之道和传统文化。还与创造社、新月派、第三种人、民族主义文学等展开激烈的辩论。后期杂文内容广泛,涉及各种社会问题,表现出高瞻远瞩的眼光。《纪念刘和珍君》《为了忘却的纪念》《对左翼作家联盟的意见》《现代中国的孔夫子》《硬译与文学的阶级性》《上海文艺之一瞥》等文章,笔锋锐利、冷峻,感情深挚,逻辑严密,具有无可辩驳的气势。

(三)郭沫若

郭沫若(1892—1978),四川乐山人。1919年东渡日本留学,开始学医,后来转向文学创作,五四运动后,"得到了一个诗的创作的爆发期",以高度的热情来歌唱新革命时代的降临。后来参加1926年的北伐战争,1927年参加南昌起义。1928年旅居日本,潜心研究中国历史和甲骨文、金文,创作了郭沫若自传三部曲《少年时代》《学生时代》《革命春秋》。抗战爆发,回国参加抗日战争,创作许多历史剧,以《屈原》最为杰出。抗战胜利后,积极参加民主运动,为争取和平、民主的新中国而斗争。中华人民共和国成立后担任国家领导工作,创作了许多诗歌,写了历史剧《武则天》《蔡文姬》。

1.《女神》

这是郭沫若的第一部诗集,出版于1921年8月,是五四以来第一部具有独立特色、影响深远的新诗集。代表诗篇有《凤凰涅槃》《女神之再生》《炉中煤》《日出》《笔立山头展望》《地球,我的母亲!》《天狗》《晨安》《立在地球边上放号》等。《女神》诗中充满了丰富的想象和热烈的情感。如《天狗》:

> 我是一条天狗呀!/我把月来吞了,/我把日来吞了,我把一切的星球来吞了,/我把全宇宙来吞了。/我便是我了!/我是月的光,我是日的光,/我是一切星球的光,/我是 X 光线的光,/我是全宇宙底 Energy(能量)的总量!/我飞奔,我狂叫,我燃烧。

诗中所表现的吞吐宇宙、飞奔狂叫的力量正是诗人追求个性解放和思想高昂的表现。因为有了冲破一切束缚个性发展的勇气,个性才得以充分发扬。同时,这种豪迈气概,也是五四时期要求破坏一切因袭传统、毁灭旧世界的精神再现。《女神》的一些诗篇饱含着对祖国的深情眷恋,热烈期盼。如《炉中煤》把祖国比作"年青的女郎":"啊,我年青的女郎!/我不辜负你的殷勤,/你也不要辜负了我的思量。/我为心爱的人儿/燃烧到了这般模样。"《女神》是五四狂飙突进精神的典型体现,具有独特的浪漫主义艺术风格。

2. 郭沫若的历史剧

郭沫若在 1941 年 12 月到 1943 年 5 月不到一年半的时间内,一连写了 6 个历史剧,即《棠棣之花》《屈原》《虎符》《高渐离》《孔雀胆》《南冠草》。《棠棣之花》写战国刺客聂政和他姐姐聂嫈的故事。《虎符》写战国时信陵君"窃符救赵"之事。《高渐离》写荆轲刺秦王易水之别,高渐离击筑为荆轲复仇事。这些历史剧的创作动机,正是现实政治斗争的需要。郭沫若说:"我要借古人的骸骨来,另行吹嘘些生命进去。"如《屈原》,郭沫若认为:"中国由楚人统一,由屈原思想来统一,我相信自由空气一定更浓厚,学术的风味也一定更浓厚。"剧中的屈原,是一个伟大的政治家兼诗人的典型,具有深切的爱国爱民思想和英勇无畏的斗争精神,他心中时时系念的是祖国和人民的命运前途。剧中的宋玉,是作为一个"没有骨气的无耻文人"来塑造的,他虚伪自私,全无操守,趋炎附势,卖身求荣。

(四) 巴金

巴金(1904—2005),原名李尧棠,字芾甘,四川成都人。他的代表作是"激流三部曲":《家》《春》《秋》,其中《家》最重要。小说以四川成都的高氏家族在五四之后的溃败、解体为主要线索,写出封建宗法制度的崩溃和革命潮流在青年一代中的激荡。高氏豪门表面上诗礼传家,书香门第,但内部已是极端腐朽没落。梅表姐的抑郁致死,瑞珏的临产丧生,鸣凤的投湖自尽,婉儿的被逼出嫁,代表了家族内女性的牺牲和悲剧。男性中觉慧代表了一种新生的民主主义力量,他对旧势力"不顾忌、不害怕、不妥协",最后无所顾忌地离家出走。觉新是值得同情的悲剧人物,他原是旧制度培养出来的,受到新思想的触动,但他是家中长房长孙,桎梏更深更重,他被夺去了恋人,也失去了温厚的妻子,只能伤心地痛哭,忍受着精神上的伤害。作家以批判兼同情的心情刻画觉新的形象。"激流三部曲"以充沛的激情对封建家族加以揭露,歌颂青年知识分子的觉醒、抗争,以及与旧家庭的决裂。

巴金的《随想录》

"文革"中,巴金遭到迫害,妻子萧珊亦被迫害致死。"文革"后的1978年底,巴金在香港《大公报》开辟《随想录》专栏,到1986年完成最后一篇,历时八年,陆续写成五集。1987年出版合订本,总称《随想录》。整部书可以看作是纸和笔建立的一座个人的"文革"博物馆。这是一部"讲真话的书"。《随想录》是作家对自我灵魂的拷问和心灵的真诚忏悔,达到了文学和思想的高峰,为中国知识分子树立了一座丰碑。巴金在《随想录》序言《没有神》中说:"我明明记得我曾经由人变兽,有人告诉我这不过是十年一梦。还会再做梦吗?为什么不会呢?我的心还在发痛,它还在出血。但是我不要再做梦了。我不会忘记自己是一个人,也下定决心不再变为兽,无论谁拿着鞭子在我背上鞭打,我也不再进入梦乡。当然我也不再相信梦话!没有神,也就没有兽。大家都是人。"

(五)茅盾

茅盾(1896—1981),原名沈德鸿,字雁冰,浙江嘉兴桐乡人。《子夜》是茅盾的代表作。它发表于1933年,瞿秋白说:"1933年在将来的文学史上,没有疑问地要记录《子夜》的出版。"并称这一年为"子夜年"。《子夜》描写民族资本家吴荪甫与受美国资本主义支持的买办赵伯韬在1930年的上海的一系列抗衡,结果以吴荪甫的失败告终。这反映了作家对中国社会性质的理性认识:"中国没有走向资本主义发展的道路,中国在帝国主义的压迫下,是更加殖民地化了。"

《林家铺子》和《春蚕》等"农村三部曲"描写的都是1932年"一·二八"上海抗战前后的动乱生活。曾经富庶的江南农村及小市镇,当时呈现出一片萧条的景象。《林家铺子》中的林先生是小市镇的商人,他精明能干,但无力抗击民族危难之际的社会困顿,最终倾家荡产,无奈出逃。"农村三部曲"《春蚕》《秋收》《残冬》是这一时期江南农村生活状况的反映。《春蚕》写农民老通宝一家蚕花丰收,却落入"丰收成灾"的悲惨命运。《秋收》《残冬》更进一步地描写了农村灾难的加深和农民反抗斗争的崛起。

(六)老舍

老舍(1899—1966),原名舒庆春,字舍予,北京人,满族。老舍1924年去英国教书时开始文学创作,先后写了《老张的哲学》《赵子曰》《二马》。1936年,老舍发表长篇小说《骆驼祥子》,以人力车夫祥子的遭遇,写北京贫民生活。祥子来自农村,他立志买一辆车,做一个独立的劳动者,为此他用三年血汗换来一辆东洋车,可没多久就被乱兵抢走,接着又被反动政府的侦探讹走仅剩的钱。虎妞对他的那种推脱不开的

"爱情"又给他身心带来磨难。最后,妻子虎妞死了,心爱的小福子自杀,他心中希望的火花熄灭,从上进好强沦为自甘堕落,正直善良的祥子被生活碾得粉碎。祥子由朴实勤俭和要强最后变成头等的"刺儿头",暴露出不合理的社会对人们心灵的腐蚀。

《四世同堂》描写敌伪统治下的北平人民生活。小说包括《惶惑》《偷生》《饥荒》三个部分,表现了从抗日战争开始到太平洋战争爆发期间,沦陷区人民的苦难经历,以及他们从苟安的幻想破灭到觉醒而坚决抗争的历程。故事以祁家祖孙四代为中心,包括他们居住的那条小胡同中的各种人物,来展开错综复杂的画面和情节。这部小说突出地体现出老舍的写作特征:取材于城市下层居民的生活,讲究情节的波澜起伏,善于运用精确流畅的北京口语。

中华人民共和国成立后,老舍写了《龙须沟》,剧本取材于解放初期,百废待兴,人民政府首先大力改善贫民窟的生活条件的真实事迹。这是一部歌颂新北京新中国的优秀作品,老舍因此被授予"人民艺术家"的称号。1957年创作了《茶馆》,利用"一个大茶馆就是一个小社会"的特点,展示了清末戊戌变法失败以后、民国初年北洋军阀盘踞时期和国民党政府溃败前夕三个不同时代的生活场景和历史动向。《茶馆》是当代中国话剧舞台上最优秀的剧目之一。

(七) 曹禺

曹禺(1910—1996),生于天津,原名万家宝。著有《雷雨》《日出》《原野》《北京人》等作品。1933年,曹禺创作了四幕话剧《雷雨》,并于次年公开发表,引起强烈反响。1936年和1937年,曹禺分别出版了他的重要剧作《日出》和《原野》。抗战期间又创作了《北京人》。

《雷雨》在一天时间(从上午到半夜)两个场景(周家和鲁家)里,集中展开了周鲁两家前后30年错综复杂的矛盾冲突。周朴园是带有封建气息的资本家,他有一些仁厚、教养的表面追求,内心却庸俗、卑劣,他对侍萍的忏悔、对繁漪的专横,都出于自私的情感满足。繁漪是五四后资产阶级女性,她聪明、美丽、渴望爱情,对周家庸俗单调的生活感到难以忍受,对精神束缚感到痛苦,要求挣脱这一切。作者说:"《雷雨》中八个人物,我最早想出的,并且也较觉真切的是周繁漪。"《雷雨》是五四后接受了易卜生戏剧"社会悲剧"、莎士比亚戏剧"性格悲剧"和古希腊戏剧"命运悲剧"等西方戏剧观念和创作方法的影响而创作的中国现代第一部悲剧戏剧。《日出》写20世纪30年代初期受资本主义世界经济危机影响下的中国都市,表现了日出之前黑暗社会的种种挣扎和没落。主要人物陈白露是周旋于上流社会的交际花,她玩世不恭而又孤独空虚地生活在悲观和矛盾中。1941年创作的《北京人》是曹禺的另一部重要作品。剧本写一个盛极一时的封建世家破落的场面,展示家庭成员各自不同的性格和命运:老太爷曾皓自私,儿子曾文清精通士大夫的消遣,却毫无实际生活的能力。剧本在日常的家庭生活中表现了尖锐的矛盾和冲突。曹禺的话剧作品,标志着五四以来话剧创作的伟大成就。

（八）现代其他著名小说家及其作品

1. 沈从文的《边城》

沈从文（1902—1988），湖南凤凰县人。他最有特色的小说，描写的是湘黔边境少数民族地区的风土民情，中篇小说《边城》是这类小说的代表作。《边城》写湘西乡下掌管码头的团总的两个儿子天保和傩送，同时爱上渡船老人的孙女翠翠，最终兄弟两个一个身亡，一个出走，老人也在一个暴风雨之夜死去。这是一个悲剧故事。小说充分展示了湘西鲜明的地域色彩，边城的自然景色、生活风习、人物心性无不美好。在《边城》中，动人的是湘西那诗意的田园牧歌世界，淳朴善良的美好人性。翠翠的"爱"，单纯、自然、真挚，寄托了沈从文对美好人性的讴歌和向往。

2. 东北作家群与萧红

1931年"九一八"事变后，中国东北沦陷，许多作家相继流亡到关内，他们的创作带着家园陷落、河山破碎的悲愤，体现出鲜明的地域特色。他们成为现代文学史上的"东北作家群"，主要代表作家有萧军、萧红、舒群、罗烽、白朗、骆宾基、端木蕻良等。萧红是东北作家群中成绩卓著的作家。《生死场》是萧红的成名作，小说以沉郁的目光注视着东北那些失去土地的芸芸众生的生与死，具有震撼人心的力量。1940年，萧红流落香港时创作了长篇自传体小说《呼兰河传》，以细腻朴实的笔调回忆她的童年和故乡，从侧面勾勒出封建统治下农村生活的一角。萧红还有中篇小说《小城三月》，描写清秀明慧却欲爱不得，最终抑郁而死的"翠姨"的形象。这些小说以淡笔写浓情的散文笔法，表现出凝练、自然的抒情风格，体现萧红独特的才情和气质。

3. 张爱玲与"传奇"系列

张爱玲（1921—1995），生于上海。她的祖父是清末著名"清流"张佩纶，祖母是李鸿章的女儿。张爱玲十岁时，留学归来的新派母亲与遗少气重、家道中落的父亲离婚，张爱玲冷眼观看那个变乱纷呈时代中的各色人物，感受着人情幽微和命运无常。她18岁发表的《天才梦》说："生命是一袭华美的袍子，爬满了虱子。"张爱玲走上文坛，恰在上海沦陷时的"孤岛"时期，她以大时代中的男女间的小事情为题材，专注于表现人生安稳的一面。

张爱玲的主要作品有《沉香屑——第一炉香》《沉香屑——第二炉香》《茉莉香片》《倾城之恋》《金锁记》《红玫瑰与白玫瑰》等。《传奇》是张爱玲最具代表性的小说集。《金锁记》描写麻油店老板的女儿曹七巧一生波折的命运和变态的心理，描述了她一生被金钱毁灭，同时又用金钱毁灭他人的悲剧；《倾城之恋》讲述出身于破落望族的白流苏在战争背景下与富商范柳原戏剧性的婚姻过程。"苍凉"构成张爱玲一生创作的思想底色和情感基调，表现了她对人生独特的体悟。

4. 张恨水的通俗小说

张恨水是我国现代著名的通俗作家，他的主要作品有《春明外史》《金粉世家》

等。1930年,张恨水开始在上海的《新闻报》上连载《啼笑因缘》,这部小说风靡全国,它将言情、谴责及武侠集于一体,采用一男三女的爱情模式作为故事的核心结构。男主人公樊家树是青年知识分子,偶遇唱大鼓的少女沈凤喜,相互爱慕,家树更助凤喜摆脱卖唱生涯,供她读书。富家女何丽娜对家树情有独钟,而家树不为所动。凤喜的三叔贪图富贵,迫使凤喜给军阀刘德柱作妾,生出无数波折。张恨水创作的通俗小说有社会性、言情性、武侠性,成为通俗文学的旗帜性人物。

5. 钱钟书的《围城》

钱钟书(1910—1998),字默存,江苏无锡人。《围城》是钱钟书唯一的长篇小说,作者自述是在抗战后期忧世伤生的心境中以两年时间"锱铢积累"而完成的。小说以留法归国的方鸿渐为中心,着力表现在抗战环境下一群知识分子的恋爱、工作、日常交往的情态。作者以讽刺的笔调、双关的语言,揭示了他们内心的贫乏、空虚。

《围城》的象征源自书中引用的外国成语:"结婚仿佛金漆的鸟笼,笼子外面的鸟想住进去,笼内的鸟想飞出来;所以结而离,离而结,没有结局。"又说婚姻像"被围困的城堡,城外的人想冲进去,城里的人想逃出来"。"围城"不局限于婚姻问题,而是贯穿于人生各个层面。《围城》一方面以深刻的现实主义笔触塑造了一群现代知识分子的形象,不仅方鸿渐、赵辛楣、苏文纨如此,即便是着墨不多的唐晓芙、汪太太、范小姐等的一言一行,也如见肺腑,侧重揭示他们的思想情感、气质精神;另一方面,小说在讽刺艺术上别具一格,这主要体现在全书中俯拾即是、多姿多彩的比喻上。《围城》寓意深远,拥有丰富的思想空间。

(九)现代戏剧、诗歌及散文

1. 左翼戏剧运动及田汉

1929年8月,上海艺术剧社成立,提出了"无产阶级戏剧"的口号。在艺术剧社的推动下,一些剧团如南国、摩登、复旦等剧社的政治态度也日益激进起来。1930年4月,艺术剧社被国民党查封,8月1日,中国左翼剧团联盟成立。不久,由于南国社被查封,左翼剧团联盟停顿,又改组为左翼剧家联盟。

20世纪30年代初,田汉、洪深、欧阳予倩等剧作家创作活跃。欧阳予倩是中国现代著名的戏剧家,在辛亥革命前就是春柳社的骨干之一。1942年,他写了历史剧《忠王李秀成》。洪深也是中国现代著名戏剧家,为五四以来的进步戏剧做出了重要贡献,30年代,他创作了《五奎桥》《香稻米》《青龙潭》,总题为"农村三部曲"。田汉是左翼戏剧运动的骨干。1920年,田汉完成独幕剧《咖啡店之一夜》,写少爷遗弃咖啡店女侍的故事,为田汉现代戏剧创作之始。1922年,田汉创办《南国》杂志。1928年前后,田汉组织并领导南国社和南国艺术学院。田汉于1929年创作的《名优之死》,刻画了"一代名优"刘振声的反抗性格及其悲剧命运。《丽人行》是田汉1947年的作品,剧本写三个不同阶层的女孩子艰难坎坷的人生经历,揭示中国人民生活的苦难。田汉的创作具有浪漫主义特色,对艺术、爱情的追求贯穿他创作的始末。《苏州夜话》《乡愁》《古潭的声音》等都体现了这种唯美主义的追求。中华人民共和国成立后创作了《文成公主》《十三陵水库畅想曲》《关汉卿》。《关汉卿》以关汉卿创作《窦娥冤》为中心线索,展开了被压迫者与封建统治阶级的殊死斗争,刻画了歌妓珠帘秀以演剧为武器,用生命来斗争的崇高形象。

2. 30 年代的现代派文学思潮

1925 年,李金发的诗集《微雨》催生出中国象征主义诗派,李金发被称为"东方的波德莱尔"。之后,在 30 年代的上海,以施蛰存、杜衡主编的《现代》杂志为中心,集中发表了一批具有现代主义倾向的诗作。此后又出现了卞之琳主编的《水星》(1934)、戴望舒主编的《现代诗风》(1935),到了 1936 年,由戴望舒、卞之琳、梁宗岱、冯至主编的《新诗》,将"现代派"诗推向高潮。

戴望舒是现代派诗人的领袖,他的《雨巷》发表在 1928 年,叶圣陶称其为"替新诗的音节开了一个新纪元"。这首诗有循环跌宕的旋律,清新优美的古典意境,传达出春雨江南寂寥惆怅的诗意。

3. 艾青与《大堰河——我的保姆》

艾青(1910—1996),原名蒋海澄,现代诗人。1932 年初,艾青从法国留学回国后,加入中国左翼美术家联盟,因从事革命文艺活动被捕入狱。在狱中,他写下《大堰河——我的保姆》。这是一首带有自传色彩的抒情诗,它以诗人儿时的保姆为主人公,描述了一个旧中国劳动妇女的命运和遭遇,抒发了作者深沉的同情与思念之情。艾青说,当他得知乳母大堰河溺死自己刚生下来的女孩,用乳汁来"喂养我——地主的儿子"的情形后,便"成了个人主义者"。艾青正是从大堰河愚昧与善良、勤劳与卑微相交织的历史性格中,深刻洞见了中国农民的宿命,也由此激发出对人类普遍生存境遇的巨大怜悯。他在《我爱这土地》中发出"为什么我的眼里常含泪水?因为我对这土地爱得深沉"的呐喊。他把个人的情感、命运都赋予人民、祖国和这片热土。艾青是继郭沫若、闻一多等人之后又一位推动诗风变革并产生重要影响的诗人,在世界诗坛上也享有盛誉。1985 年,艾青获法国文学艺术最高勋章。

4. 朱自清的散文

朱自清(1898—1948),字佩弦,江苏扬州人。朱自清的散文是现代散文和现代汉语的楷模,体现了在古典散文之后的白话文写作的成熟。代表其艺术成就是收入《背影》《踪迹》《你我》等集子中的早期散文作品。如《背影》写家庭变故之下父亲送别远行儿子时的情形;《匆匆》写时间的流逝;《绿》写梅雨潭之"绿",使用了比喻、通感、拟人等多种修辞手法,充分显示了汉语修辞的简练神奇。《桨声灯影里的秦淮河》《荷塘月色》也是名篇。朱自清被称为 20 世纪的"散文美术师"。

（十）解放区文学

1. 歌剧《白毛女》

歌剧《白毛女》1945年由延安鲁迅艺术学院集体创作，贺敬之、丁毅执笔。这是中国新歌剧的里程碑式作品。《白毛女》写恶霸地主黄世仁逼死了善良老实的佃户杨白劳，把杨白劳的女儿喜儿逼入深山，过着"鬼"一般的生活，体现出"旧社会把人逼成鬼，新社会把鬼变成人"的主题。艺术形式上，《白毛女》继承了民间歌舞的传统，同时也借鉴古典戏曲和西洋歌剧的艺术形式，在秧歌剧基础上，创造了新的民族歌剧形式。它的音乐汲取民歌的曲调，既对表现人物性格起到重要作用，又为广大群众所熟悉、喜爱；在歌剧的表演上，借鉴了古典戏曲的歌唱、吟诵、道白三者结合的传统，突破西洋歌剧只唱不说的约束，是一部完美的具有中国作风和气派的新的歌剧样式。

2. 李季的《王贵与李香香》

李季（1922—1980），河南唐河人。《王贵与李香香》是一首长篇叙事诗，以贫苦农民王贵与李香香的爱情历程为中心，反映了边区农民的解放与革命斗争密切相连的关系。全诗突出的特点是全部采用陕北民间流传的民歌形式"信天游"写成，是革命文艺在诗歌创作上的代表性成果。

3. 赵树理的小说

赵树理（1906—1970），原名赵树礼，他在反映农村生活，使小说民族化、群众化方面有突出的贡献。1943年5月，赵树理完成著名的短篇小说《小二黑结婚》，出版后一举成名。同年10月，他又创作了被誉为"解放区文艺的代表之作"的《李有才板话》。《小二黑结婚》描写了根据地一对青年男女小二黑和小芹，为冲破封建传统、争取婚姻自主而进行斗争的故事。作品生动地塑造了农民中落后人物的形象：二诸葛和三仙姑。赵树理还写了《李家庄的变迁》《登记》《三里湾》《套不住的手》《实干家潘永福》等著名作品。赵树理关注农村生活，他的小说语言也独树一帜。他运用北方农民的口语来写作，不但人物语言是农民的口语，就是作者的叙述语言也完全口语化了。他的这种具有鲜明民族化、群众化的艺术风格，形成了现代文学史上的"山西派""山药蛋派"。

4. 丁玲和她的《太阳照在桑干河上》

丁玲（1904—1986），原名蒋冰之，湖南临澧人。在五四文学时期，丁玲以《梦珂》《莎菲女士的日记》成名。之后在上海写作，30年代初参加"左联"。1936年底奔赴延安。1946—1948年曾参加华北农村土改，以此为基础，她创作了反映农村土地改革运动的长篇小说《太阳照在桑干河上》。作品以土改斗争为线索，描写了当时广阔的社会生活，深入农村社会和农民家庭的细小角落，展示出人们在政治、经济以及生活伦理等方面的纠葛，把延续千百年的中国农村封建关系和社会情况真实生动地表现了出来。

5. 周立波的《暴风骤雨》

周立波(1908—1978),湖南益阳人。《暴风骤雨》同样是一部描写土地改革的小说。它主要以东北地区松花江畔一个叫元茂屯的村子为背景,展示波澜壮阔的革命斗争画面。作品分上下两部,成功地塑造了赵玉林、郭全海等贫苦农民形象。从艺术形象的塑造看,赶车把式老孙头是全书中写得最丰满的一个人物,这是一个暂时还残存着落后自私的缺点然而又热切盼望翻身解放的老一代农民形象。

(十一) 中华人民共和国成立初期小说

1.《红日》

《红日》以1947年山东战场的涟水、莱芜、孟良崮三次战役为情节主线,再现解放战争的历史进程。小说作者吴强,江苏涟水人,参加过解放战争。小说以宏大叙事为主要特色,具有"史诗"般的规模,侧重通过宏大的结构和全景式的描写来展示战争。《红日》塑造了人民解放军从战士到军长众多的血肉丰满的英雄形象,对敌人如对国民党七十四师师长、蒋介石的心腹、素有"常胜将军"之称的张灵甫也有成功的刻画。

2.《红旗谱》

作者梁斌,原名梁维周,河北蠡县人。《红旗谱》描写了大革命失败前后冀中平原农民的革命斗争历程。小说以冀中平原锁井镇农民朱老忠、严志和两家三代人与地主冯兰池一家的尖锐矛盾斗争为背景,记录了当时农村和城市阶级斗争与革命运动的真实情况。《红旗谱》中的农民英雄朱老忠身上,既有旧时代农民起义英雄的叛逆血液、正义豪气,又融入了新时代无产阶级的先进理论和斗争性。他常说的话是"出水才看两腿泥",显示出他的斗争性和远见性。《红旗谱》的语言朴实明快,具有口语化的特征。在整体风格上,作品熔铸了"燕赵多慷慨悲歌之士"的传统精神,充满鲜明的地方色彩。

3.《红岩》

作者罗广斌、杨益言。《红岩》主要描写重庆解放前夕残酷的地下斗争,特别是狱中的斗争故事。它的历史背景是1948年至1949年重庆解放前夕,在中美合作所集中营(包括渣滓洞和白公馆)中,革命者与敌人之间进行着最后的决战。作者罗广斌、杨益言都是重庆中美合作所集中营的幸存者,他们亲身经历了黎明前血与火的考验,目睹了许多革命烈士英勇斗争和壮烈牺牲的场面。根据这些经历,他们于1957年写了革命回忆录《在烈火中永生》,随后,在回忆录的基础上创作了长篇小说《红岩》。小说中涌现出很多典型人物和事件,如双枪老太婆、小萝卜头等,江姐更是家喻户晓、光彩照人的女英雄形象,她具有革命战士的坚定信念,同时又有妻子和母亲特有的细腻情感,作品全面展示出她作为女革命者动人的灵魂。小说被称为"黎明时刻的一首悲壮史诗"。

4.《林海雪原》

作者曲波。《林海雪原》描写一支由36位侦察兵组成的解放军小分队,在东北长白山林区和绥芬河草原追剿国民党残余势力及土匪的故事。书中以奇袭奶头山、智取威虎山、大战四方台等剿匪战斗为主要线索,穿插各种出人意料、趣味横生的小故事。小说刻画了忠诚(政治方面)勇毅(个性方面)双全的少剑波,骁勇威猛、谋略不足的刘勋苍,胆识过人、百战百胜的杨子荣,身怀绝技、粗俗诙谐的栾超家,忠厚老实、刻苦耐劳的"长腿"孙达得等"五虎"英雄。在题材上,小说融合军事斗争和智取奇袭于一体,雅俗共赏。人物形象也体现出传奇式英雄人物的特征。杨子荣是最突出的传奇英雄,他在"智取威虎山"中的表现更被传为民间佳话。《林海雪原》充满了浪漫情调,无论是传奇的故事情节还是神秘的景物,都充满了迷人的气息。

5.《青春之歌》

作者杨沫。《青春之歌》是一部描写学生运动,表现知识分子成长道路的长篇小说。它的背景是"九一八"到"一二·九"学生运动这一历史时期,写了以北京大学学生为中心的进步青年参加革命斗争的故事,讴歌了革命的青春与力量。主人公林道静在成长的道路上几经动摇和矛盾,终于与旧我彻底决裂,成为无产阶级战士。余永泽是资产阶级知识分子的代表,他的理想是"学者—名流—创造优裕的生活条件",实际是为了其自私自利的个人幸福。

6.《三家巷》

作者欧阳山,原名杨凤岐。他在20世纪60年代创作了总题为"一代风流"的五卷本长篇小说,《三家巷》是其中的第一卷。作者力图以艺术的笔触来探索"中国革命的来龙去脉",描写20世纪20年代中国南方的革命斗争发展。小说以周、陈、何三个家庭的变化、矛盾和斗争,以及亲戚朋友之间错综复杂的关系为线索,贯穿了省港大罢工、沙基惨案、国民革命军北伐、"四一二"反革命政变、广州起义等重大历史事件。小小的三家巷,其实就是当时中国南方社会生活和阶级关系的一个缩影。小说主人公周炳英俊潇洒,富有理想,多愁善感。另外,民族风格和地域色彩也是《三家巷》突出的特征,叙述中穿插了诸多的南方民间风俗。

7.《创业史》

作者柳青。为了创作小说,柳青在陕西皇甫村落户14年,曾担任过长安县委副书记。《创业史》是一部探索中国农民历史命运和生活道路的多卷本小说。第一卷主要描写中国农村合作化过程中农民的心理变迁。梁生宝是新时代的农民英雄形象,他的形象体现出作者对无产阶级革命者的完美想象。作品的主人公梁三老汉是背负传统重担的农民典型。他经历过创业的辛酸,衷心拥护土改,但又梦想创立个人的家业,做一个"三合头瓦房院的长者"。通过他的形象,作者展示出了一个农民在告别私有制时思想性格以及心灵上艰巨、痛苦的斗争与蜕变过程。

(十二)"文革"时期的样板戏

"文化大革命"时期,"革命样板戏"是被大力提倡、最具影响的文艺作品。1966年,《人民日报》把京剧现代戏《沙家浜》《红灯记》《智取威虎山》《海港》《奇袭白虎团》和芭蕾舞剧《红色娘子军》《白毛女》以及交响乐并称为"革命现代样板作品"。这些作品成为"文化大革命"时代精神生活的象征。样板戏一般都是对已有剧目的修改或移置,体现了当时文化生产与政治权力机构的关系;但部分作品也有令人喜爱的艺术因素,具有一定的艺术魅力。

(十三)当代主要小说家及流派

1. 孙犁及"荷花淀派"小说

孙犁,河北安平人。他早期的作品主要有《荷花淀》《芦花荡》等短篇小说,对中华人民共和国成立初期的一些青年作家有较大影响,并形成"荷花淀派"。荷花淀派主要成员有刘绍棠、丛维熙等。其中刘绍棠主要描写北京东运河两岸的农村生活,形成新的乡土文学。解放后,孙犁的主要作品有《山地回忆》《风云初记》和《铁木前传》。《铁木前传》描述了铁匠傅老刚和木匠黎老东的交往历史。他俩曾是患难与共的好朋友,但在土改以后,友谊破裂了,他们的后代,六儿和九儿从小是亲密的伙伴,长大后性格各异,分道扬镳。小说充满了人情味,具有浓郁的北方乡土气息。在艺术上,孙犁的小说诗意盎然,平易清雅,含蓄凝练,有独特的风格。

2. 伤痕文学、反思文学

"伤痕文学"的出现直接起因于知识青年的上山下乡。刘心武发表于《人民文学》1977年第11期的《班主任》,是"伤痕文学"的发端之作。"伤痕文学"的名称,则源自卢新华的短篇小说《伤痕》。它在"反映人们思想内伤的严重性"和"呼吁疗治创伤"的意义上,得到当时推动文学新变的人们的首肯。影响较大的有丛维熙的《大墙下的红玉兰》、遇罗锦的《一个冬天的童话》、周克芹的《许茂和他的女儿们》、古华的《芙蓉镇》等。

伤痕文学本是一种愤懑不平心绪的宣泄,这一切都表现出对以往极"左"路线和政策强烈的否定和批判意识,在涉及个人经验、情感时,则有着比较浓重的伤感情绪,充满对当下和未来的迷惘、失落、苦闷和彷徨。这种感伤情绪在后来的"反思文学"中得以深化,转为带着对个人、对社会、对人生、对未来深刻思索的有意识的追求和奋进,将一场神圣与荒谬杂糅的运动不只简单归咎于社会、政治,同时也开始探讨个人悲剧或命运与整个社会大背景的联系,如张贤亮的《绿化树》、茹志鹃的《剪辑错了的故事》、张弦的《被爱情遗忘的角落》等。

3. 寻根文学

1985年前后,中国文坛上兴起了一股"文化寻根"的热潮。1985年,韩少功在论文《文学的"根"》中声明:"文学有根,文学之根应深植于民族传统的文化土壤中。"

之后阿城、郑义、郑万隆、李杭育等纷纷响应。这些作家致力于对传统意识、民族文化心理的挖掘,他们的创作被称为"寻根文学"。著名的作品有贾平凹的《商州初录》、张承志的《北方的河》、阿城的《棋王》、王安忆的《小鲍庄》、李杭育的《最后一个渔佬儿》等。

进行城市文化探索的作家也不在少数,如:刘心武在《钟鼓楼》中描述了当代北京平凡却多姿多彩的市井民情;冯骥才在《三寸金莲》中再现了中国男性对女性的歧视与把玩;邓友梅的《那五》《烟壶》勾画了上至王孙贵族、八旗子弟,下至三教九流的底层人物;陆文夫的《美食家》写了苏州房地产资本家成为美食家的奇特经历。作农村文化探索的有张承志表现蒙古草原人民生活的《黑骏马》,路遥关于城乡交叉地带的描写的《平凡的世界》,莫言关于高密东北乡自己祖辈的生活秘史的讲述,其他如贾平凹表现秦汉文化的"商州系列小说"等,都是"寻根文学"的优秀之作。

4. 蒋子龙的"改革文学"

蒋子龙是新时期"改革文学"的先行者和开拓者,1979年发表《乔厂长上任记》,奠定他在工业题材创作中独领风骚的地位。乔厂长乔光朴也是最早出现在工业战线上为"四化"奋斗的创业者形象。《赤橙黄绿青蓝紫》中的主人公是汽车运输队的解净,小说描写了当代青年工人的生活。

5. 王蒙的小说

王蒙是当代文坛上最早引进"意识流"写作技巧进行小说创作的作家之一,对我国新时期文学的形式革命有可贵的贡献。他的《组织部新来的青年人》(长篇小说)讲述的是关于20世纪现代中国社会的"疏离者"的故事,展示了以刘世吾为代表的青年知识分子对社会危机的观察和忧虑。《活动变人形》(长篇小说)中的倪吾诚身上,集中了王蒙在中西文化的交汇、碰撞中形成的理性主义态度,表现了"20世纪中国知识分子心灵历程的缩影"。

6. 高晓声和《陈奂生上城》

高晓声(1928—1999)是专注于描写当代农民生活的一位作家。他创作了以陈奂生为主要人物线索的农村系列小说,《陈奂生上城》是其中的第二篇,第一篇是《"漏斗户"主》,后面三篇依次是《陈奂生转业》《陈奂生包产》和《陈奂生出国》。陈奂生是一个勤劳、憨厚、质朴的农民,他曾长期饱尝饥饿,虽勤奋努力,也无法摆脱困境。到了《陈奂生上城》,小说通过主人公上城卖油绳、买帽子、住招待所的经历,以及微妙的心理变化,写出了背负历史重荷的农民在跨入新时期变革门槛时的精神状态。

7. 汪曾祺

汪曾祺(1920—1997),江苏高邮人。汪曾祺在中国当代小说散文化风格方面贡献颇多。他的小说兼具散文和诗的特征,以情节淡化的抒情小说冲击着传统情节小说模式,打破了文体上的限制。在内容上,他说过:"我的作品不是悲剧。我的作品缺乏崇高的、悲壮的美。我所追求的不是深刻,而是和谐。这是一个作家的气质所决定的,不能勉强。"汪曾祺的小说往往在浓郁的乡土风俗画的描写之中渗透着作者传统的哲学意识和审美情趣。

《受戒》用抒情的笔调描写了小和尚明海与村姑小英子的恋爱故事,其真正价值不在于爱情,而在于那种僧俗之间奇妙和谐的民间状态。作者把明海当作一个普通人来描写,他笔下的世界率性自然,有世俗气息,同时又有超功利的潇洒与美,体现作者对健康人性的礼赞。《大淖纪事》也是他的名篇,这部小说通篇摇动着云影水光,描写人性的真实。汪曾祺的小说充满了他的家乡高邮水乡泽国的民情风俗,将人生哲理寄寓于凡人小事中,有化神奇为平淡的效果。

8.《平凡的世界》

作者路遥。这是一部全景式地表现中国当代城乡社会生活的长篇小说。全书共三部,以孙少安和孙少平两兄弟为中心,刻画了中国 20 世纪 70 年代中期到 80 年代中期十年间从农村到城市生活的广阔背景,深刻地展示了普通人在大时代历史进程中所走过的艰难曲折的道路。

路遥在这部小说中体现了他苦难挣扎的一生,谱写了广袤的陕北高原中一曲浓烈而苍婉的信天游。直到今天,依然有从乡下来到城市里的高中生、大学生从《平凡的世界》中知道,这个世界上像他们这样自尊,沉默,但心里带着热情的乡下孩子还是很多的。

9.《白鹿原》

作者陈忠实。小说以陕西关中地区白鹿原上白鹿村为缩影,讲述白姓和鹿姓两大家族祖孙三代的恩怨纷争,表现了从清朝末年到 20 世纪七八十年代长达半个多世纪的历史变迁。白嘉轩是小说的叙事核心,他代表宗法家族制度及儒家伦理道德,在时代变迁与政治运动中有坚守,也有颓败。鹿三是白家的长工,鹿家以鹿子霖为代表。小说主要讲述了他们的下一代白孝文、鹿兆海、黑娃这一代人的生活,他们为争夺白鹿原的统治争斗不已。《白鹿原》的寻根主题主要是精神和心灵的寻根,带着对精神中"真"的追求写出儒家文化的精髓,并通过文本中人物的个性描写,宣传中国文化的深刻价值,表达自己的"寻根"理念。作者的寻根性思考,并不仅仅停留在以道德的人格追求为核心的文化之根,而是进一步更深刻地揭示出传统文化所展现的人之生存的悲剧性。小说曾被改编成同名电影、话剧、舞剧、秦腔等多种艺术形式,传播广泛。

10. 王小波

王小波(1952—1997),中国当代学者、作家。其代表作品有《黄金时代》《白银时代》《青铜时代》《黑铁时代》等。王小波的小说,第一次集中地用"爱情",特别是"性爱",公开挑战革命逻辑。他揭示出革命与爱情在中国复杂的生成关系,这种"革命+恋爱"的小说模式形成王小波独特的小说价值,即张扬人的价值、人的尊严以及人的自然本性的人本主义思想。它们以反乌托邦的小说姿态凸显出作家对国人生存状态的关怀。

11. 先锋小说

中国当代小说中的"先锋派",以马原的两部小说《拉萨河女神》和《冈底斯的诱惑》为起点。马原第一次把小说的叙事因素置于首要地位,放弃讲述完整连贯的情节的模式,而是将一些似乎缺乏关联的、带有极大随意性和偶然性的情节片段随意加以组合。现代派小说有和西方现代派文学相似的主题,表现对于世界的荒谬感,写人的孤独,有时又有"反文化""反崇高"的意味,且常用象征、意识流、黑色幽默等艺术方法。当时被指认为现代派小说的有刘索拉的《你别无选择》《蓝天绿海》、徐星的《无主题变奏》及残雪、陈村、韩少功的一些小说。

12. 莫言

莫言,1955年生,山东高密人,是中国第一位获得诺贝尔文学奖的作家。他最早因小说《透明的红萝卜》一举成名,以充满"怀乡""怨乡"情感的一系列乡土作品被称为"寻根文学"作家。2011年,莫言凭借小说《蛙》荣获茅盾文学奖。2012年获得诺贝尔文学奖,获奖理由是:通过幻觉现实主义将民间故事、历史与当代社会融合在一起。据不完全统计,莫言的作品至少经被翻译成40种语言。

莫言的小说多取材其故乡山东高密家族先人的传奇生活,表现高密东北乡这块土地上世代繁衍的生灵的生命本性。代表作有《透明的红萝卜》《金发婴儿》《红高粱》等。小说中既有民俗乡习、地域风情,又有历史记忆、现实关注,展示了东北乡神奇瑰丽的故事画面,充溢着"原始生命力"。"高粱地"成为北方农民生命力的象征,是性和暴力、生命和死亡的聚合地,是莫言对人性中永恒不灭的生命渴求的歌颂。莫言的小说富有张力,想象奇特。

莫言作品具有强悍的暴力主义。比如《红高粱》中出现了通奸(野合)、纵酒、砍头、剥皮等暴力意象和画面,而这些暴力美学是为了验证"民族的原始生命力"的存在。之后,莫言成为了坚定的酷语书写者,如《酒国》里的红烧婴儿,《筑路》中的剥狗皮,《食草家族》里的剥猫皮,《灵药》中的对死人开膛取胆,《白棉花》里的清花机搅碎人等,莫言以独特的感官描写展示暴力带给人的生理和心理感受,同时也挖掘出乡土民间社会的狂欢精神。

13. 曹文轩

曹文轩,1954年生,江苏盐城人,中国第四代儿童文学作家的代表人物,2016年获"国际安徒生奖",成为首次获得该荣誉的中国作家。主要小说有《草房子》《青铜葵花》《山羊不吃天堂草》《根鸟》《细米》《火印》等。

《草房子》写了一个名叫桑桑的男孩在油麻地小学的六年生活中的种种故事和经历。书中展现了男孩桑桑刻骨铭心的经历,不幸少年与厄运抗争的悲怆,残疾少年对尊严的坚守。《青铜葵花》写城市女孩葵花跟随爸爸来到一个叫大麦地的村庄生活,孤单寂寞的她认识了一个不会说话的乡村男孩青铜,葵花和青铜成为以兄妹相称的朋友,他们一起生活、一起长大。曹文轩的小说擅长描写人的情感,尤其是中国人的情感。他的作品写尽苦难,将苦难写到深刻;写尽美好,将美好写到极致;写尽大爱,将大爱写到充满生机与情意,从而使小说洋溢着一种淳朴的美感,荡漾着一种悲悯的情怀。小说文字纯净唯美,意境高雅清远,牵引人们完成对生命中真、善、美的永恒追寻。

14. 刘慈欣与《三体》

刘慈欣,1963年生,山西阳泉人,中国著名科幻作家。代表作有长篇小说《超新星纪元》《球状闪电》《三体》三部曲等。其中《三体》三部曲被普遍认为是中国科幻文学的里程碑之作,2015年获第73届世界科幻大会颁发的雨果奖最佳长篇小说奖,为亚洲人首次获得该奖,又获第六届全球华语科幻文学最高成就奖,并被授予特级华语科幻星云勋章。

《三体》三部曲由《三体》《三体Ⅱ·黑暗森林》《三体Ⅲ·死神永生》组成,讲述了地球人类文明和三体文明(在三颗无规则运行的太阳的主导下,四光年外的"三体人"创造的文明。他们经历了百余次毁灭与重生,正被逼不得不逃离母星。而恰在此时,他们接收到了地球发来的信息。"文化大革命"中对人性绝望的叶文洁向三体人暴露了地球的坐标,彻底改变了人类的命运)的信息交流、生死搏杀及两个文明在宇宙中的兴衰历程。书中对人类历史、物理学、天文学、社会学、哲学、宗教都有涉及,从科幻的角度对人性进行了深入探讨。

15.《北京折叠》

《北京折叠》是郝景芳的中短篇小说,因获2016年雨果奖而备受关注。郝景芳,天津人,小说家、散文家。书里的北京不知年月,大概在22世纪。小说设定了三个互相折叠的空间,隐喻上流、中产和底层三个阶层,第三空间是底层工人,第二空间是中产白领,第一空间则是当权的管理者。在《北京折叠》中,越上等的人不仅有更精致的生活,甚至有更长的时间。下层被剥削者只能占有很少的"夜晚"时间,甚至已经失去了被剥削价值,是生产力发展浪潮中的被遗弃者。他们的对手并不是剥削者,而是无物之阵。主人公老刀年近五十,单身父亲,是两千万垃圾工人中的一个,在机器人已经可以处理垃圾的时代,他只不过是因为社会稳定的需要而被保留了这部分工作。为了女儿的未来,他开始了一天之中穿越三个世界的冒险。小说并没有激烈的冲突,老刀为了给人送信,从第三空间到了第二空间,又来到了第一空间,之后带着第一空间的回信又回去了。这里面没有生死抉择,也没有天人交战,老刀经历的都是平凡的事情,但这种平凡让小说显得真实,令人不寒而栗。整个城市尺度的空间和时间双重折叠,意象恢宏,映射出当代社会中人们对于阶层割裂趋势的深切焦虑。小说探讨的后现代社会问题兼具强烈的现实主义和本土意识,是当代中国科幻小说的最佳范本之一。

(十四)当代散文、诗歌及报告文学

1. 散文三大家

杨朔、秦牧、刘白羽都是当代著名散文家。杨朔的主要作品有《香山红叶》《荔枝蜜》《雪浪花》《茶花赋》等。杨朔赞美时代和普通劳动者,执着地追求和创作一种诗体散文。《雪浪花》中的"叫浪花咬的",《茶花赋》中"一脚踏进昆明,心都醉了",都呈现出诗意凝练的抒情风格。秦牧是学者型的散文家,以"知识性散文"享誉文坛。主要作品有《社稷坛抒情》《花城》《土地》《古战场春晓》等。题材广阔、知识渊博是秦牧散文的一大特色,同时,他的散文趣味盎然、思想深邃,将思想性、知识性、趣味性融为一体。刘白羽亲自参加过革命战斗,他的散文充满革命激情。代表作有《日出》《长江三日》《红玛瑙》《樱花漫记》等。刘白羽以革命战士的豪迈之情,描绘自然中鲜明的景物,并进行哲理性的思索,作品具有一种伟大而崇高的境界。他的文笔气势恢宏,语言华美明丽,具备壮美的风格特征。

2. 郭小川和《望星空》

郭小川(1919—1976),共和国第一代杰出诗人。《望星空》本是其为1959年人民大会堂的落成而作的。诗歌的内容是:一个夜晚,诗人站在北京街头,向星空眺望,面对无边无际的宇宙,心中涌起了人生短暂的联想,但是,当诗人把目光转向壮丽的天安门广场,想到了我们"沸腾的战斗生活",想到了人类征服自然的豪迈气概,感到自己"充溢了非凡的力量","我们要把广漠的穹窿,变成繁华的天安门广场"。在诗人的理性意识中,《望星空》是以比较曲折、形象的艺术手法,歌颂"人定胜天的伟大力量,歌颂人民在党的领导下迎难而上,建设美好、幸福的人间天堂"的时代主题;但同时,"对我们国家和社会在当时出现的严重问题、错误和缺憾已有觉察,在思想情绪上表现了忧郁和痛苦——这种情绪也反映到《望星空》中来"。郭小川以《致青年公民》蜚声文坛,写下了《祝酒歌》《三门峡》《甘蔗林—青纱帐》《团泊洼的秋天》等诗作,他还写有《将军三部曲》《白雪的赞歌》《深深的山谷》《一个和八个》等革命历史题材的长诗。他是当代最具代表性的政治抒情诗人。

3. 朦胧诗

朦胧诗萌芽于"文革"时,它最早以河北白洋淀的知青诗人群的创作为主,"文革"后,1978年北岛等主编的《今天》杂志成为朦胧诗的主要阵地,当时活跃于《今天》杂志的诗人包括后来成名的舒婷、顾城、杨炼、江河、梁小斌、芒克等。他们受西方现代主义诗歌影响,借鉴一些西方现代派的表现手法,表达自己的感受、情绪与思考。他们创作的诗歌,与当时诗坛盛行的现实主义或浪漫主义诗歌风格呈现截然不同的面貌,被视为"读不懂的诗",后来被统称为"朦胧诗"。

朦胧派诗人善于通过一系列琐碎的意象来含蓄地表达出对社会阴暗面的不满与鄙弃,开拓了现代意象诗的新天地、新空间。比如北岛的"卑鄙是卑鄙者的通行证/高尚是高尚者的墓志铭"(《回答》),顾城的"黑夜给了我黑色的眼睛/我却用它寻找

光明"(《一代人》),杨炼的"高原如猛虎,焚烧于激流暴跳的万物的海滨",舒婷的"与其在悬崖上展览千年/不如在爱人肩头痛哭一晚"(《神女峰》)等。

4. 徐迟的报告文学

徐迟(1914—1996),当代诗人、作家和翻译家,他的主要文学成就反映在报告文学上。代表作是《哥德巴赫猜想》《地质之光》等。《地质之光》写科学家李四光开阔的胸襟和炽热的情怀。《哥德巴赫猜想》写数学家陈景润向世界著名难题挑战,在研究上具有坚忍不拔、百折不回,爱科学甚于爱生命,大智若愚的个性特征。他仿佛生活在数学王国里,在生活上一无所求,在仅六平方米的斗室中创立了震动数学界的陈氏定理。徐迟描写这位数学家古怪孤独背后的正直善良、坚定执着。徐迟的报告文学充满了诗意的气息。

三、西方文学

(一)荷马史诗

古代希腊流传至今的两部史诗《伊利亚特》和《奥德赛》,相传是盲诗人荷马所作。这两部史诗都与特洛伊战争有关。公元前12世纪末,小亚细亚西部沿海的特洛伊人与希腊半岛的阿凯亚人之间发生了一次长达十年的战争,最后希腊人毁灭了特洛伊城。之后,小亚细亚一带便流传着许多关于部落首领的短歌,这是形成这两部史诗的基础。

特洛伊王子帕里斯把斯巴达王墨涅拉奥斯美貌的妻子海伦骗走,斯巴达王的哥哥迈锡尼王阿伽门农召集各部族首领共同讨伐特洛伊人。战争进行到第十年,阿伽门农和有"战神"之称的勇猛首领阿喀琉斯争夺一个女俘,阿喀琉斯因此愤而退出战斗。《伊利亚特》以"阿喀琉斯的愤怒"开端,集中描写战争结束前51天的事情。由于失去阿喀琉斯,希腊联军节节败退。阿喀琉斯的密友帕特罗克洛斯借阿喀琉斯的盔甲去战斗,却被特洛伊人赫克托尔杀死。阿喀琉斯因好友牺牲而大怒,请工匠神为他赶制新盔甲,重新杀上战场,杀死赫克托尔,并将赫克托尔的尸首拖在马后绕城三圈。特洛伊王(赫克托尔的父亲)赎回赫克托尔的尸首。全诗在特洛伊人举行的盛大葬礼中结束。

希腊英雄阿喀琉斯和特洛伊英雄赫克托尔是史诗中突出的人物形象。阿喀琉斯是神与人之子,他勇猛过人,有一种为集体死而无怨的英雄主义精神。他有强烈的个性,视个人荣誉和尊严比生命还重要。他还珍视友谊,为好友的死亡而上阵复仇。史诗描述了他复杂的性格:刚强又固执,有时残忍,有时又富有同情,当赫克托尔的老父向他请求归还儿子尸首时,他答应下来,而且流下同情的泪水。赫克托尔也是感人的形象,他是特洛伊的主将,作战勇猛,将生命完全奉献给国家部族。但他有缺点,即盲目和自负,为此他付出了惨重的代价。

《奥德赛》叙述特洛伊战争结束后,希腊联军的主将之一、木马计的设计者奥德赛坎坷回国的奇特经历。在希腊摧毁特洛伊城的战争中,奥德赛设下木马计才攻克特洛伊城,奥德赛受神明捉弄,归途中在海上漂流了十年,到处遭难,最后受诸神怜悯始得归家。当奥德赛流落异域时,伊大卡及邻国的贵族们欺其妻弱子幼,纷纷向他的妻子皮涅罗普求婚,企图夺去王位。皮涅罗普巧妙周旋,苦苦等待丈夫归来。奥德赛最后在雅典娜的帮助下,和儿子共同谋划,杀尽求婚者,恢复了他在伊大卡的权力。奥德赛足智多谋,屡建奇功;在海上漂泊时,战胜重重险阻,与妖魔鬼怪斗争,显示无穷智慧和坚韧的毅力。但是他也有缺点,如过于重视财产,装扮乞丐刺探家中实情,对妻子有怀疑之心,甚至对神也不说实话。

荷马史诗是欧洲文学的源头,被称为"希腊人由野蛮时代进入文明时代的主要遗产"。荷马史诗中的英雄都有自己特殊的性格,是体现了英雄之美的典范。马克思称它是"一种规范和高不可及的范本"。

荷马被称为欧洲四大史诗诗人(另外三人是维吉尔、但丁、弥尔顿)之首。柏拉图认为,他是"第一个悲剧诗人"。荷马史诗是古希腊公元前11世纪的唯一文学史料,这一时期也被称为"荷马时代"或"英雄时代"。

(二)古希腊戏剧

1. 古希腊悲剧

古希腊悲剧起源于祭祀酒神狄奥尼索斯的庆典活动。在拜祭酒神时,队长便讲述有关酒神的神话故事,歌队合唱赞歌。悲剧就起源于这些故事和赞歌。希腊悲剧大多取材于神话,主人公往往具有英雄气概,却总是在与命运抗争的过程中遭遇失败。亚里士多德曾在《诗学》中论述悲剧的目的是要引起观众对剧中人物的怜悯和对变幻无常之命运的恐惧,由此灵魂得到净化。公元前5世纪是古希腊悲剧的繁荣时期,有埃斯库罗斯、索福克勒斯和欧里庇得斯三大悲剧家。

埃斯库罗斯(前525—前456)被誉为"古希腊悲剧之父"。他的代表作《被缚的普罗米修斯》,讲述了"盗火者"普罗米修斯从天界为人类带来光明与温暖,甘受宙斯惩罚的故事。普罗米修斯是反抗暴君,具有民主精神的英雄人物,为了人类的幸福他宁愿忍受一切苦难。悲剧开始时,普罗米修斯被宙斯用铁链锁在高加索山上,每天让兀鹰啄食他的心肝,晚上长好,第二天再啄。普罗米修斯为了人类的光明进步,不畏强暴,不怕牺牲,他的形象为人类树立了崇高的道德范本。

索福克勒斯被誉为"戏剧艺术的荷马"。他的代表作《俄狄浦斯王》,标志着希腊悲剧艺术结构的完美。戏剧以倒叙"追凶"的方式讲述了俄狄浦斯王最终难逃自己"弑父恋母"命运的故事。悲剧反映的是个人意志与命运之间的冲突。亚里士多德认为《俄狄浦斯王》是希腊悲剧的典范。

欧里庇得斯的悲剧题材不再是旧式的英雄主题,而是取材于日常生活。《美狄亚》是他创作的最感人的悲剧之一。剧中的美狄亚背叛自己的家庭,帮助丈夫伊阿宋取得金羊毛。伊阿宋未能恢复王权,带着妻子和两个儿子流亡到科林斯,另娶科林斯国王的女儿。美狄亚为了报复,用毒药害死了公主和国王,然后杀死自己的两个儿子。这出悲剧批判不合理的婚姻制度和男女地位的不平等,痛责男子的不道德和自私自利。美狄亚的遭遇是当时妇女的共同命运,诗人对她们寄予无限的同情。欧里庇得斯的剧作标志着"英雄悲剧"的终结。

2. 古希腊喜剧

古希腊喜剧起源于祭祀酒神的狂欢歌舞和民间滑稽戏,大半是政治讽刺剧和社会讽刺剧。阿里斯托芬是古希腊"喜剧之父"。他的著名作品是《阿卡奈人》,主题是反对内战,主张和平。他的喜剧具有哲学的诗意。《鸟》是流传至今唯一以神话幻想为题材的喜剧作品,写两个雅典人和一群鸟在天地之间建立了一个"云中鹁鸪国",还迫使神交出一部分权力,最后让这个鸟的国家变成了理想中的自由平等之地,是欧洲最早表达乌托邦思想的作品。2008 年,《鸟》在北京演出,成为登陆中国的第一部古希腊喜剧。

(三) 文艺复兴时期文学

文艺复兴是 14—16 世纪反映西欧各国正在形成中的资产阶级反对封建主义的一次广泛的思想文化运动,在欧洲文学史上形成新的高峰。最初在意大利兴起,地处意大利中部的佛罗伦萨等因经济发达、政治力量活跃,成为意大利乃至整个欧洲的文艺复兴发源地和最大中心。16 世纪扩及德意志、荷兰、英国、法国和西班牙等地。在欧洲封建社会崩溃、资本主义生产方式逐渐孕育的过程中,资产阶级反对封建贵族和教会的斗争激烈起来,文艺复兴就是思想文化领域的反封建斗争。之所以称复兴,是因为资产阶级借助于古希腊文化思想,声称要把久被淹没的古典文化复兴起来。人文主义是这一时期的思想武器,肯定"人"是价值,追求个性解放,反对禁欲主义。

1.《神曲》

但丁(1265—1321)是意大利伟大诗人,《神曲》是他的长诗,全诗为三部分《地狱》《炼狱》《天堂》。但丁自述在 35 岁时(人生的中途)误入一座黑暗的森林(象征罪恶),在一座小山脚下,有三只猛兽拦住去路,一只母狼(象征贪欲),一只狮子(象征野心),一只豹(象征逸乐)。他在呼救时出现了古罗马诗人维吉尔的灵魂,对他说:"你不能战胜这三只野兽,我指示你另一条路径。"维吉尔带领他穿过地狱、炼狱,然后把他交给当年但丁单相思暗恋的情人贝亚德的灵魂,带他游历天堂,一直见到上帝。在但丁的描述中,地狱是一个大漏斗,中心在耶路撒冷,从上到下逐渐缩小,越向下所控制的灵魂罪恶越深重,直到地心。魔王撒旦掌握漏斗顶端,他们从魔王的尾巴爬过地心,另一面则是炼狱。炼狱如同一座高山,在与耶路撒冷相对的地球另一面的海中,灵魂在这里忏悔涤罪。炼狱分七层,象征着七大罪,每上升一层就会消除一种罪过,直到山顶就可以升入天堂。天堂分为九层,越过九重天,才是真正的天堂,圣母和所有得救灵魂的所在地。

但丁被认为是文艺复兴的先驱和第一个代表人物,恩格斯称他为"中世纪的最后一位诗人",同时又是"新时代的第一位诗人"。他的《神曲》以含蓄的手法批评和揭露中世纪宗教统治的腐败和愚蠢,歌颂了文化知识和人的才能智慧,初步显示了新时代的人文主义信仰,是欧洲文学史上一部划时代的巨著。《神曲》中,梦幻与写实交融,充满了象征、寓意、梦幻的手法。在语言上,《神曲》用意大利语写成,打破正统的拉丁文写作惯例,具有意大利民族的特征。

2.《堂吉诃德》

塞万提斯(1547—1616)是文艺复兴时期西班牙的伟大作家,欧洲近现代现实主义的先驱。他的代表作《堂吉诃德》标志着欧洲长篇小说发展的新阶段。塞万提斯在该书序言中申明:"这部书只不过是对于骑士文学的一种讽刺",目的在于"把骑士文学地盘完全摧毁"。11—12世纪的西欧骑士文学盛行一时。骑士文学宣扬爱情第一,表现为对贵妇人的爱慕和崇拜,为她们服务,为爱情冒险,以此作为骑士的最高荣誉。不少骑士表现出锄强扶弱的一面,有时也为宗教信仰去冒险。塞万提斯写作《堂吉诃德》时,骑士文学在西欧已经销声匿迹,在西班牙却风行一时。但实际上,这部作品的社会意义超过了作者的主观意图。

主人公堂吉诃德是一个不朽的典型人物。他是一个瘦削的、面带愁容的老头,由于爱读骑士文学,入了迷,终日耽于幻想,脑袋里充满了魔法、比武、冒险的念头。他手持生了锈的长矛,头戴祖上留下的破盔甲,骑上一匹可怜的瘦马,开始了游侠旅程。他还雇了附近的农民桑丘·潘沙做侍从,选定邻村的一个养猪姑娘作意中人,为她取一个贵妇人的名字杜尔西内娅,又费了八天工夫,给自己取名堂吉诃德骑士。在堂吉诃德眼中,平原上巨大的风车成了作恶多端的巨人,他又把绵羊当军队,把乡村客店当城堡,单枪匹马到处冲杀。这是他荒诞不经的梦想家一面。但是,当不谈骑士之道时,他又是渊博的学者,对社会和艺术等都有深刻见解,体现出人文主义者的素养。这个人物的性格具有两重性:一方面他神志不清,疯狂而可笑,是脱离实际、主观臆断的典型。另一方面,他全身心浸透着对理想的忠诚,有高度的道德原则、无畏的精神、英雄的行为、对正义的坚信以及对爱情的忠贞等品质,某种程度上是一个理想主义的化身。《堂吉诃德》提出了人生的难题:理想和现实的矛盾。在艺术手法上,此书奠定了世界现代小说的基础,所以塞万提斯被称为"现代小说之父"。1922年,林纾将其翻译到中国,名为《魔侠传》。

3. 莎士比亚

莎士比亚(1564—1616)是英国文艺复兴时期伟大的剧作家、诗人,欧洲文艺复兴时期人文主义文学的集大成者,代表作有四大悲剧《哈姆雷特》《奥赛罗》《李尔王》《麦克白》,四大喜剧《第十二夜》《仲夏夜之梦》《威尼斯商人》《无事生非》,历史剧《亨利四世》《亨利六世》《理查二世》等。他是"英国戏剧之父",有"人类文学奥林匹斯山上的宙斯"之称,作品在全世界广泛传播。

《威尼斯商人》是极富讽刺意味的喜剧,写了威尼斯商人安东尼奥与犹太人高利贷者夏洛克之间围绕"一磅肉"契约而展开的冲突。夏洛克集贪婪、吝啬、狡猾与残酷于一身,他的一切行为出发点都归结为对金钱的贪欲。莎士比亚强烈批判这一丑陋行径,让他最后人财两空。

《罗密欧与朱丽叶》写青年男女的爱情故事。书中主人公出生于两个世仇家族,为了追求爱情,双双殉情,和解了家族仇恨。戏剧歌颂了纯洁的爱情,充满了青春气息,体现了莎士比亚对爱情、理想的颂扬。

《李尔王》通过国王李尔被女儿遗弃的故事,揭示了骄矜使人丧失理性和智力的道理。大女儿、二女儿过分夸耀对父亲的爱,实则是虚伪,三女儿说了实话,说本着女儿的义务去爱父亲,结果被远嫁他国,而失去王位的国王沦落荒野。

《哈姆雷特》写丹麦王子的复仇故事。哈姆雷特面临父死母嫁、叔叔篡位的严重局面,不知何去何从。父亲的鬼魂告诉他是新王谋杀了自己,哈姆雷特开始思考复仇计划。复仇的过程中他疑虑重重、郁郁寡欢,还装疯以避免新王的怀疑。最后,哈姆雷特中了涂有剧毒的剑。临死之际,他把毒剑插进了奸王的胸膛,终于完成了复仇。哈姆雷特出身王室,但他一直在德国的人文主义中心威登堡大学读书,他对爱情、友谊和人生都充满了理想主义的热情,是典型的人文主义者。他赞美人类"是一件多么了不起的杰作","在行为上多么像一个天使,在智慧上多么像一个天神",是"宇宙的精华,万物的灵长"。哈姆雷特在复仇过程中,犹豫不决,疑问重重,行为"延宕"。因为他的行为已经不是单纯的为父报仇,事实上,他思考的是如何重整乾坤,对国家的命运做出全盘考虑。他说"生存还是毁灭,那是个值得思考的问题",体现了一个人文主义者在理想与现实之间的痛苦抉择。

1902年,上海圣约翰书院用英语演出《威尼斯商人》,1978年,朱生豪翻译的《莎士比亚全集》出版。4月23是莎士比亚去世的日子,联合国教科文组织将这天宣布为"世界图书和版权日",以此纪念这位世界级文豪。

文艺复兴主要代表除但丁、塞万提斯、莎士比亚外,还有:乔万尼·薄伽丘,他的代表作《十日谈》,批判了宗教守旧思想,主张"幸福在人间",被视为文艺复兴的宣言;列奥纳多·达·芬奇,意大利文艺复兴时期最负盛名的美术家、雕塑家、建筑家、工程师、科学家、文艺理论家、大哲学家、诗人、音乐家和发明家,正因为他是一个全才,所以被称为"文艺复兴时期最完美的代表人物";拉斐尔·桑西,意大利画家,他的一系列圣母画像,以母性的温情和青春健美而体现了人文主义思想;大卫·米开朗琪罗是意大利文艺复兴时期伟大的绘画家、雕塑家和建筑师,他创作了举世闻名的塑像《大卫》;拉伯雷是文艺复兴时期法国的重要作家,他的名著《巨人传》是欧洲文学史上第一部现实主义长篇小说,讲述巨人国王卡冈都亚和庞大固埃的神奇故事,批判了宗教的独身、节食和斋戒等。

(四) 17 世纪文学

17 世纪文学包括古典主义文学、巴洛克文学和反映清教徒思想的英国资产阶级革命文学。古典主义在理论和实践上以古希腊、古罗马为典范,故有古典主义之称,是这一时期文学的主流。

莫里哀

莫里哀(1622—1673)是法国 17 世纪古典主义文学最重要的作家,古典主义喜剧的创建者。《伪君子》是莫里哀的代表作,伪君子答尔丢夫是全剧的中心人物。他的性格首先是伪善。他将自己装扮成"把全世界看成粪土一般"的虔诚教士,实际上却是贪吃贪睡贪财贪色的恶棍。他的伪装虔诚实则包藏罪恶用心,当他的全部丑恶行径败露时,他狰狞无比,动用多种手段和阴谋,企图置恩人于死地。作者在他身上集中概括了封建贵族和教会势力的伪善本性,体现出莫里哀深刻的讽刺性。

《吝啬鬼》(又译《悭吝人》)的主人公阿巴贡是个高利贷者,为了金钱,他要儿子娶又老又丑的有钱寡妇,要女儿嫁给富有的老头。他把金币看作是命根子,将搜刮来的金钱埋在地下,过着无以复加的吝啬生活。莫里哀用夸张讽刺的手法塑造了资产阶级守财奴的形象,阿巴贡成了"守财奴""吝啬鬼"的代名词。

在法国,莫里哀代表着"法兰西精神",每年四月法国都举办"莫里哀戏剧日"。

(五) 18 世纪文学

18 世纪西方文学的主要成就是启蒙文学,在内容和形式上一反古典主义文学的传统,为 19 世纪现实主义文学打下了基础。它主要包括法国启蒙运动文学、英国现实主义小说和德国民族文学。

1. 狄德罗

狄德罗(1713—1784)是法国 18 世纪启蒙思想家中最杰出的代表,在哲学、艺术、戏剧领域和小说创作上都有突出贡献。他组织并主编的法国《百科全书》,是法国启蒙思想的主要成果。他的主要小说作品是三部哲理小说《修女》《拉摩的侄儿》和《宿命论者雅克》。

2. 卢梭

卢梭(1712—1778)是法国 18 世纪最杰出的启蒙思想家之一,他的思想对以后哲学、历史、文学、政治、艺术乃至社会生活的各个领域,都有深远的影响。他的《社会契约论》是西方传统政治思想中最有影响的作品之一。卢梭最大的贡献在儿童教育领域,被誉为"发现了儿童"。

《新爱洛伊斯》是卢梭的一部书信体哲理小说,赞美贵族小姐新爱洛伊斯与平民家庭教师普乐真切的爱情。新爱洛伊斯临终前留下遗嘱:"没有你,我的灵魂还能存在吗?没有你,我还能幸福吗?不能!我不离开你,我要等着你。美德虽使我们在世上分离,但将使我们在天上团聚。"卢梭将爱情作为人类崇高而美好的感情加以热情歌颂,并尽情咏叹大自然旖旎的风光,体现了其浪漫主义的性格特质。

3. 笛福

笛福(1660—1731)是英国现实主义小说的奠基者,他的代表作是《鲁滨逊漂流记》。主人公鲁滨逊是笛福时代英国商业资产者的典型,他敢于冒险,在荒岛开辟生存道路。他身上体现了一种人生哲理:只要有志气、有毅力、不怕困难、锲而不舍地劳动,一定会取得成功。

4. 斯威夫特

斯威夫特(1667—1745)是爱尔兰作家,他的代表作《格列佛游记》是一部著名的讽刺小说。小说讲述了一个英国医生格列佛漂流到小人国、大人国、飞鸟国、慧骃国的经历,对英国政治、法律、议会、党派和哲学进行了无情的讽刺。全书既有童话色彩,又有深刻的现实主义理想,开创了英国文学中的讽刺传统。

5. 席勒

18世纪德国爆发了一场声势浩大的全国范围内的文学运动,即"狂飙突进运动",席勒(1759—1805)是其中的重要作家。他的代表作《阴谋与爱情》反映了德国市民阶级和封建贵族之间的矛盾。主人公露易丝是一个平民出身的少女,与贵族青年斐迪南相爱,却因公爵的阴谋而双双死去,露易丝呼喊"等级的限制都要倒塌,阶级可恨的皮壳都要破裂!人都是人!"反映了当时进步青年要求自由、平等的思想。

6. 歌德

歌德(1749—1832)是18世纪中叶到19世纪初德国以至欧洲最重要的剧作家、诗人、思想家。他25岁发表书信体小说《少年维特之烦恼》,轰动了整个德国。主人公维特是一个出身市民阶层的青年,他向往自由、平等的生活,希望从事有益的实际工作。但是,他周围的社会环境却充满着等级的偏见和鄙陋的习气:保守腐败的官场,庸俗屈从的市民,趋势傲慢的贵族,维特和周围的现实不断发生冲突,又陷入毫无希望的爱情之中,最后走上了自杀的道路。维特的形象充分表现了当时德国青年精神上受压抑,感情上受摧残,但又找不到出路的苦闷和消极等现象。通过维特的悲剧,小说批判了不合理的现实,表达了觉醒的德国青年一代的革命情绪。因此,它一发表就引起了强烈的反响,形成了一阵维特热,而且很快就流传到欧洲各国,成为第一部产生重大国际影响的文学作品。

《浮士德》是歌德的代表作。浮士德是德国传说中的人物,他通晓天文地理,懂得魔术,与魔鬼有过约定。歌德在此基础上,以长篇诗剧的形式深化了这一形象。浮士德自强不息、追求真理,经历了书斋生活、爱情生活、政治生活、追求古典美和建功立业五个阶段。浮士德走出阴暗的书斋,走向大自然和广阔的现实人生,体现了从文艺复兴、宗教改革直到"狂飙突进运动"这一过程中,资产阶级思想觉醒、否定宗教神学、批判黑暗现实的反封建精神。

浮士德的形象还有更高的哲学含义。这主要表现在著名的"浮士德难题"以及面对这种困境所表现出来的"浮士德精神"上。歌德以深刻的辩证法意识揭示了浮士德人格中的两种矛盾冲突的因素,即"肯定"和"善"的因素同"否定"和"恶"的因素之间的复杂关系及其发展历程。"浮士德难题"其实是人类共同的难题,它是每个人在追寻人生的价值和意义时都无法逃避的"灵"与"肉",自然欲求与道德灵境,个人幸福与社会责任之间的两难选择。《浮士德》在艺术上也很成功,它是现实主义和浪漫主义合二为一的杰作,诗剧广阔的背景、深刻的寓意、丰富多变的艺术表现,使它成为可以与《神曲》等媲美的伟大史诗性作品。

《浮士德》与《荷马史诗》《哈姆雷特》和《神曲》被并称为欧洲文学的四大古典名著。1922年,郭沫若翻译的《少年维特之烦恼》出版,之后郭沫若又翻译了《浮士德》。

(六) 19世纪浪漫主义文学

浪漫主义是18世纪90年代至19世纪30年代流行于欧美的一种文学思潮,它是法国大革命后,欧洲封建制度崩溃,资本主义制度逐步确立,"自由、平等、博爱"的思想深入人心,人们追求个性解放和抒发内心情感强烈愿望的体现。

1. 湖畔诗人

湖畔诗人是英国文学中最早出现的浪漫主义作家,分别是华兹华斯、柯勒律治和骚塞。他们喜欢歌颂大自然,描写农村生活,厌恶城市文明,隐居在远离城市的昆布兰湖区,因此得名湖畔诗人。华兹华斯和柯尔律治合著的《抒情歌谣集》是英国浪漫主义文学的奠基体。

2. 拜伦

拜伦(1788—1824)是英国杰出的浪漫主义诗人,他的一生与土耳其、意大利的民族解放运动相联系,诗歌中富有鲜明的反抗性,代表作品有《恰尔德·哈罗德游记》《唐璜》等。

这些诗歌塑造了一批"拜伦式英雄"。他们外表孤傲、狂热、浪漫,富有反抗精神,内心却充满了孤独与苦闷,甚至蔑视群小。恰尔德·哈罗德是拜伦诗歌中第一个"拜伦式英雄"。诗体长篇小说《唐璜》是拜伦艺术成熟期的作品,诗中描绘了西班牙贵族子弟唐璜的游历、恋爱及冒险等浪漫故事,描写了西班牙、希腊、土耳其、俄国、英国的社会现实,揭露了社会中黑暗、丑恶、虚伪的一面,奏响了为自由、幸福和解放而斗争的战歌。拜伦同情弱小国家的民族解放运动,中国晚清文坛中曾掀起一股"拜伦热"。

3. 雨果

雨果(1802—1885)是19世纪法国浪漫主义文学最杰出的代表,他的作品反映了法国拿破仑上台后的一系列重大事件,深刻地揭示了资本主义社会尖锐的阶级对立,充满人道主义精神。《巴黎圣母院》(1831)是雨果的代表作之一。巴黎圣母院副主教克洛德平时道貌岸然,在看到吉卜赛女郎爱斯梅拉尔达后,因内心的情欲难以抑制而企图不择手段占有她。他的企图失败后,卑鄙地将爱斯梅拉尔达送上绞刑架。敲钟人卡西莫多面目丑陋、心地善良,对吉卜赛女郎有着纯洁的感情,当他意识到克洛德的阴谋和无耻后,把他从教堂的高塔上推了下来。小说揭露了宗教的虚伪,宣告禁欲主义的破产,歌颂了下层劳动人民的善良、友爱、舍己为人,反映了雨果的人道主义思想。

《悲惨世界》是雨果最重要的长篇小说,也是世界文学宝库中的杰作。关于本书的写作,雨果说:"我写这本书确实是为了所有的人⋯⋯凡是男人愚昧无知、陷入绝望的地方,凡是女子为了一块面包而卖身,以及儿童因为没有学习的书籍与取暖的火焰而痛苦的地方,我的《悲惨世界》都会来敲门。"主人公冉·阿让是贫农出身的工人,因饥寒交迫,偷了块面包而被判苦役,多次越狱,又被加重处罚。出狱后,在米里哀主教的感化下,他立志从善,改名换姓,经营工业,促进小城的繁荣,赢得当地人的推崇,当上了市长。为了解救被误认的无辜者,他毅然自首,再度入狱。为了实践自己对被遗弃而死于贫困的女工芳汀的诺言,他逃离监狱,收养她的女儿珂赛特,隐居巴黎。最终,长期追捕冉·阿让的警长沙威面对冉·阿让多年舍己为人的人格力量,精神发生崩溃。整部小说突出了贫穷人民悲惨的命运和处境。作者通过冉·阿让、芳汀、珂赛特的不同经历真实地表现了劳动人民的苦难生活,而且把劳动人民的悲惨与不幸完全归咎于社会的压迫和资产阶级社会的"文明"。1903年,苏曼殊与陈独秀翻译了这部名著。

4. 普希金

普希金(1799—1837)是俄国浪漫主义文学的重要代表,也是俄国现实主义文学的奠基者,被誉为"俄国文学之父""俄国诗歌的太阳"。他的主要作品有诗体小说《叶甫盖尼·奥涅金》,塑造了俄罗斯文学中第一个"多余人"的形象。《驿站长》是俄罗斯短篇小说的典范,开启了塑造"小人物"的传统。此外,还有叙事长诗《青铜骑士》(1833),童话诗《渔夫和金鱼的故事》(1833),短篇小说《黑桃皇后》(1834)、《杜布洛夫斯基》(1832—1833)、《上尉的女儿》(1836),诗歌《假如生活欺骗了你》等。

《叶甫盖尼·奥涅金》是一部诗体小说,主人公贵族青年奥涅金有过和一般的贵族青年相似的奢靡生活,但是当时的时代气氛和进步的启蒙思想对他产生了影响,他开始厌倦上流社会空虚无聊的生活。抱着对新生活的渴望,奥涅金来到乡村,并试图从事农村改革。虽然他痛苦地寻找出路,但又找不到出路,看不到希望。他愤世嫉俗,却又无力摆脱社会惯例,只能无所作为,成为对什么事情都冷漠的"多余人"。奥涅金之所以为奥涅金,在于他产生了"多余感",这种"多余感"正是根植于其内心深处的怀疑主义,他失去了生命的热情和生存的勇气。

(七) 19世纪现实主义文学

现实主义文学是19世纪欧美主流的文学思潮,它揭露和批判社会的弊端,广泛地反映社会生活的矛盾,塑造了典型环境中的典型性格。由于具有强烈的批判性,高尔基称之为"批判现实主义"。

1. 福楼拜

福楼拜(1821—1880)是19世纪中叶法国现实主义作家。他的代表作《包法利夫人》描写了小资产阶级妇女爱玛因为不满足平庸的生活而逐渐堕落的过程。爱玛在修道院接受贵族教育,受到浪漫主义思潮的影响,充满着浪漫的幻想。成年后嫁给平庸的市镇医生包法利,成为包法利夫人后,幻想破灭。失望之余,为纨绔子弟罗道耳弗诱惑,成了他的情妇。但罗道耳弗只是逢场作戏,不久便对她心生厌倦,远离而去。爱玛遂又成了赖昂的情妇。她为了追求浪漫和优雅的生活而自甘堕落,最后荡尽家产,债台高筑,在绝望中服毒自杀。她一次次被骗,一次次遭遗弃,一次次经受幻灭的痛苦,只能以自杀告终。通过爱玛的人生历程,福楼拜批判了庸俗和浅薄的市民阶层的精神世界。爱玛追求自我幸福,又成了自己情欲的牺牲品。在艺术上,《包法利夫人》取得巨大的成功,小说非常重视描绘平庸的日常生活,在情节构造上出现一种日常化的趋势,最终导致了"淡化情节"这种现代主义创作手法的出现。

2. 勃朗特三姐妹

勃朗特三姐妹出生于爱尔兰穷牧师家庭,生活清苦凄凉,她们唯一的慰藉就是面对荒原,驰骋想象,编写心中的故事。夏洛蒂·勃朗特的代表作是《简·爱》。小说描写主人公简·爱的爱情经历,表现出她的女性意识和叛逆精神。她对罗切斯特说:"我的灵魂跟你一样,我的心也跟你的完全一样——我们站在上帝面前,是平等的。"简·爱是欧洲文学史上新女性形象的标志。

爱米莉·勃朗特的性格最为孤僻,常独自在荒原漫游。她的代表作是《呼啸山庄》。小说描写发生在呼啸山庄中三代人的爱恨情仇,狂热恐怖的哥特式风格,使这部小说显得格外与众不同。

安妮是勃朗特家最小的女孩,她的代表作是《艾格尼斯·格雷》和《怀尔德菲尔府的房客》。

3. 简·奥斯汀

简·奥斯汀(1775—1817),英国女小说家,主要作品有《傲慢与偏见》《理智与情感》等。

《傲慢与偏见》描写中产阶级男女的爱情与婚姻,被视为世界最伟大的爱情小说之一。小说在以小乡绅班纳特家五个待嫁闺中的小姐寻求婚姻为主题,其中主要描写了二女儿伊丽莎白和绅士达西之间因为傲慢和偏见而引起的恋爱波折。小说有女性主义思想,"告诉你女性有权过得更好,而不应认为女性理所当然就该怎样",是"第一次有人说女性的思想值得倾听"。这部小说在英国被多次拍成电影,是经典的电影题材之一。但美国作家马克·吐温却说:"一个图书馆只要没有奥斯汀的书就是好图书馆。"也许是一种戏谑。

4. 伍尔芙

艾德琳·弗吉尼亚·伍尔芙(1882—1941),英国女作家、文学批评家和文学理论家,意识流文学代表人物,被誉为20世纪现代主义与女性主义的先锋。她在文学上的成就和创造性至今仍然有很大的影响,代表作品有《到灯塔去》《岁月》《达洛卫夫人》《墙上的斑点》等。

伍尔芙说,作为一个女作家,至少需要两样东西:"一间属于自己的屋子","年1500英镑的收入"。有一间自己的屋子,女人就可以平静而客观地思考,然后用小说的形式写下自己这一性别所见到的像"蜘蛛一样轻的覆着在人身上的生活"。伍尔夫把这看作"精神自治",引导女性在面对世界诸多不平时,不断寻找一片属于自己的空间,然后在那里呼吸。

5. 斯丹达尔

斯丹达尔(1783—1842)是19世纪法国杰出的批判现实主义作家。他的《红与黑》是19世纪欧洲批判现实主义的奠基作品。小说围绕主人公于连个人奋斗的经历与最终失败,尤其是对他两次爱情的描写,广泛地展现了"19世纪初30年间压在法国人民头上的历届政府所带来的社会风气",强烈地抨击了复辟王朝时期贵族的反动、教会的黑暗和资产阶级新贵的卑鄙庸俗、利欲熏心。斯丹达尔善于从爱情中反映重大社会问题,于连的两次爱情都与时代风云紧密相连,这是当时阶级角逐的一种表现形式。于连是法国王朝复辟时期受压抑的小资产阶级青年的典型形象,他一生的遭遇,他的希望、追求、奋斗、失败都反映了特定出身者的命运。

6. 巴尔扎克

巴尔扎克(1799—1850)是19世纪法国伟大的批判现实主义作家,欧洲批判现实主义文学的奠基人和杰出代表。他在《〈人间喜剧〉前言》中宣称要做社会历史的"书记",他认为社会环境陶冶人,因此应着力于"人物和他们的思想的物质表现"。《人间喜剧》共有91部作品,包括长篇、中篇、短篇小说和随笔等,分为《风俗研究》《哲学研究》和《分析研究》三个部分。主要有长篇小说《欧也妮·葛朗台》(1833)、《高老头》(1834)、《幻灭》(1837—1843)、《农民》(1845)、《贝姨》(1846)等。通过《人间喜剧》,巴尔扎克"提供了一部法国'社会'特别是巴黎'上流社会'的卓越的现实主义历史"。他的作品"是对上流社会必然崩溃的一曲无尽的挽歌","他看到了他心爱的贵族们灭亡的必然性"(恩格斯),而与封建贵族没落的画面相对应而又交织的,是资产阶级暴发户的发迹图。他描写了封建贵族社会的最后残余怎样在庸俗的、满身铜臭的暴发户的逼攻之下逐渐屈服,或者被肢解。

《高老头》是巴尔扎克的优秀作品。高老头把女儿当成天使,乐于牺牲自己来满足她们的种种奢望。作者有意把高老头的父爱夸张到"荒谬的程度","任何东西都不足以破坏这种感情"。然而,这种"伟大的父爱"却为女儿所抛弃。高老头临死悟出:"钱可以买到一切,甚至能买到女儿。"小说深刻地揭露了资本主义世界中人与人之间的金钱关系。

7. 狄更斯

狄更斯(1812—1870)是英国 19 世纪伟大的批判现实主义作家,一生创作了大量作品,广泛描写了 19 世纪英国维多利亚时代的社会生活,揭露了资产阶级金钱世界的种种罪恶。他早期的作品把社会弊端的改造寄托在"仁慈"的富人身上,《匹克威克先生外传》(1837)、《老古玩店》(1841)是其代表作。《董贝父子》则表达了用"苦难教育"和"温情感化"的方式改造资产者的意图。《大卫·科波菲尔》(1850)是半自传体的小说,通过一个孤儿的不幸遭遇描绘了一幅广阔而五光十色的社会画面,作者还通过大卫·科波菲尔的最后成功,表明了道德是人的根本的人道主义思想。

《艰难时世》和《远大前程》是狄更斯晚期的作品,小说对社会的批判更为深刻。《艰难时世》描写了劳资矛盾,批判了当时的剥削理论、功利主义哲学和曼彻斯特经济学,但作者以改良主义思想塑造了苦大仇深却以德报怨的工人斯蒂芬的形象。《远大前程》写金钱的腐蚀和小人物理想的破灭。孤儿匹普奋斗为一个上等人,在金钱的作用下,他失去纯朴的天性。小说同时揭露了老小姐的变态心理和年轻人的扭曲心理。

《双城记》是狄更斯的代表作。它以 1789 年法国资产阶级大革命为题材,以巴黎和伦敦为背景,以法国贵族的荒淫残暴、人民群众的重重苦难和法国大革命的历史威力,来影射当时的英国社会现实,预示这场"可怕的大火"也将在英国重演。其创作动机在于借古讽今,以法国大革命的历史经验为借鉴,给英国统治阶级敲响警钟。

8. 果戈理

果戈理(1809—1852)是俄国 19 世纪前半叶最优秀的讽刺作家、讽刺文学流派的开拓者、批判现实主义文学的奠基人之一。《钦差大臣》标志着俄国现实主义戏剧创作的成熟。剧中,来自彼得堡的 12 等文官赫列斯达科夫,被外省某市的市长错当成了上级派来的钦差大臣,于是一错再错,闹出了无数的笑话,充分暴露出了官僚们溜须拍马、贪污受贿、营私舞弊的嘴脸。

《死魂灵》是果戈理的代表作。小说描写一个投机钻营的骗子、六等文官乞乞科夫买卖死魂灵(俄国的地主们将他们的农奴叫作"魂灵")的故事。乞乞科夫来到某市,先用一个多星期的时间打通了上至省长下至建筑技师的大小官员的关系,而后去市郊向地主们收买已经死去但尚未注销户口的农奴,准备把他们当作活的农奴抵押给监管委员会,骗取大笔押金。后来事情败露,他逃之夭夭。小说通过对乞乞科夫和他走访的五个农奴主形象的刻画,揭露了腐败不堪的农奴制。最典型的是最后一个农奴主泼留希金,他吝啬、贪婪、愚昧无知,换来的货币大量腐烂。这个形象充分表明农奴制度的灭亡趋势。《死魂灵》显著的艺术特点是含泪的讽刺。

9. 屠格涅夫

屠格涅夫(1818—1883)是俄国 19 世纪前半叶的诗人和剧作家,批判现实主义文学的奠基人之一。《父与子》是他的代表作。小说反映了代表不同社会阶级力量的"父与子"的关系,描写亲英派自由主义贵族代表基尔沙诺夫的"老朽",塑造了一代新人代表——平民知识分子巴札罗夫。但巴札罗夫身上也充满矛盾,他是旧制度的叛逆者,一个"虚无主义者",他宣称要战斗,却没有行动。

《猎人笔记》是屠格涅夫的成名作。《猎人笔记》是一部形式独特的特写集。作品以一个猎人的行猎为线索,刻画了地主、管家、磨坊主妇、城镇医生、贵族知识分子、农奴、农家孩子等众多的人物形象,真实地展现了农奴制背景下外省城乡各阶层人民的生活风貌。小说语言简练优美,是散文化小说、诗化小说的范例。他的长篇小说《罗亭》的主人公罗亭是19世纪40年代俄国贵族知识分子"多余人"的典型。

10. 陀思妥耶夫斯基

陀思妥耶夫斯基(1821—1881)是俄国文学史上最复杂、最矛盾的作家之一,"托尔斯泰代表了俄罗斯文学的广度,陀思妥耶夫斯基则代表了俄罗斯文学的深度"。《白痴》是陀思妥耶夫斯基的代表作之一。主人公梅什金公爵心地善良,又有仁爱精神,但他不谙世事,在当时人看来无疑是"白痴"。他为了拯救美丽而被人操纵利用的娜思泰谢而决定娶她。花花公子罗果静企图出10万卢布买下娜思泰谢被拒绝,因此,在梅什金与娜思泰谢订婚时疯狂地杀死了娜思泰谢。梅什金旧病复发,真的成了白痴。小说描写善与恶,良心情感与金钱权势的斗争。

《卡拉马佐夫兄弟》是作者哲学思考的总结。书中主要人物为旧俄外省地主卡拉马佐夫和他的儿子:德米特里、伊凡、阿辽沙及私生子斯麦尔佳科夫。老卡拉马佐夫在行将就木之年仍贪婪、好色,不仅霸占妻子留给儿子们的遗产,而且还与长子德米特里为一个女人争风吃醋。德米特里对父亲恨之入骨,一再扬言要杀死他,并且有一天夜晚真的闯到父亲的窗下,掏出了凶器……是夜老卡拉马佐夫被杀死了,德米特里因而被拘捕。可实际上,真正的弑父者并不是德米特里,而是斯麦尔佳科夫,而背后的主谋和教唆者是伊凡,他不信上帝,也无所谓灵魂不死,认为一切事情都是可以做的。他为发泄自己在长期卑屈处境下郁积起来的怨毒情绪,为取得金钱,冷酷地谋杀了自己的父亲,最后因受良心谴责而发疯。伊凡与魔鬼的对话是全书中最精彩的篇章之一。

《罪与罚》是他另一部代表作。小说写一个大学生杀死放高利贷者的故事。大学生拉斯柯尔尼科夫是一个典型的具有双重人格的形象:他心地善良、乐于助人,是一个有天赋、有正义感的青年,但同时他的性格阴郁、孤僻,"有时甚至冷漠无情、麻木不仁到了毫无人性的地步",为了证明自己是个"不平凡的人",竟然去行凶杀人,"在他身上似乎有两种截然不同的性格在交替变化"。陀思妥耶夫斯基是心理描写的专家,善于"刻画人的心灵深处的奥秘"。他强调直觉,醉心病态的心理描写,也擅长用内心独白来突出人物性格。陀思妥耶夫斯基的小说有一种"复调"结构,其人物善恶矛盾性格结合、深层心理活动描写都对后世作家产生深刻影响。

11. 车尔尼雪夫斯基

车尔尼雪夫斯基(1828—1889)是19世纪后期杰出的思想家、革命家和文学批评家。他的长篇小说《怎么办?》,是典型的"问题文学"。主人公拉赫美托夫的形象给"怎么办"作了完满的回答：为了促进祖国的解放和发展，应该有一种献身精神，为解除人民的痛苦，应该起来进行斗争。拉赫美托夫是俄国文学中第一个革命民主主义者的形象。

（八）19世纪其他文学流派及作家

1. 托尔斯泰

托尔斯泰（1828—1910）是19世纪俄国批判现实主义文学的杰出作家。托尔斯泰的创作主题严肃深沉，表现对道德、宗教、社会、人生归宿问题的思考。他信仰忏悔、灵魂拯救、禁欲主义，宣传"勿以暴力抗恶""道德自我修养"等，这被称为托尔斯泰主义。

《战争与和平》是托尔斯泰的三大代表作之一。小说以俄国的卫国战争为中心，全面反映了俄罗斯人民在战争中的表现，是一部新型的长篇史诗性小说。

《安娜·卡列尼娜》是一部对贵族生活深入思考的著作。女主人公安娜是一个追求个性解放的贵族妇女，她和循规蹈矩的丈夫生活了8年，直到英俊坦率的贵族军官渥伦斯基唤醒了她沉睡的爱情。但她最终遭到上流社会的抛弃，而渥伦斯基也冷淡了她。绝望的安娜卧轨自杀。她的悲剧首先源自个性的独特，她感情真挚而强烈，内心世界丰富，她的爱不顾一切，而渥伦斯基不能脱离贵族男子的本质，他不可能为爱情牺牲一切。安娜爱情的外在悲剧是上流社会的虚伪。临死前，她说"全是虚伪，全是谎话，全是欺骗，全是罪恶"，追求爱情的安娜最终承担了不幸的结局，令人无限感伤，而她也成为世界文学史上优美饱满的女性形象之一。

《复活》是托尔斯泰的另一部代表作。小说主要描写了"忏悔贵族"聂赫留朵夫的生命历程。聂赫留朵夫青年时期单纯善良，追求真挚的爱情，但由于贵族子弟放荡的作风，他诱奸了玛丝洛娃，随后又抛弃了她。十年后，他在法庭上再次看到作为被告的玛丝洛娃，意识到自己是造成她不幸的罪魁祸首。从此，他向玛丝洛娃赎罪，放弃贵族生活跟随玛丝洛娃去西伯利亚。作者认为聂赫留朵夫获得了精神上的"复活"。

2. 易卜生

易卜生（1828—1906）是挪威文学和"社会问题剧"的创作者、欧洲现代戏剧的创始人，有"现代戏剧之父"之称。他创作的一系列"社会问题剧"反映了当时社会的重大问题，主要作品有《社会支柱》《人民公敌》《玩偶之家》等。

《玩偶之家》是易卜生关于妇女问题的一部杰作。剧本通过对一个普通家庭夫妻关系的剖析，揭露了婚姻和家庭生活的虚伪，提出了妇女的地位和解放问题。主人公娜拉善良、纯洁而多情，易卜生着力表现娜拉精神上的觉醒与反叛，她开始对丈夫真诚信任，满怀深情，最终看出自己不过是丈夫的玩偶，她毅然离开了丈夫和家庭，出走了。这是世界舞台上经久不衰的名剧，剧本提出了许多深刻的社会问题。鲁迅曾以"娜拉出走之后"为题来分析中国近现代女性解放的问题，切中当时女性的典型生存状态,并引出了"人生最苦痛的是梦醒了却无路可走"的感慨。

3. 马克·吐温

马克·吐温(1835—1910)是小说家、作家与著名演说家,是19世纪后期美国现实主义文学的杰出代表。他的风格特点是幽默、诙谐、滑稽、风趣、讽刺现实。短篇小说《竞选州长》(1870)中,主人公马克·吐温作为独立党的候选人参加竞选,本来声望很好的他,一时间被栽赃了五花八门的罪名,无中生有,层出不穷,最后有9个肤色各异的孩子在一个集会上抱住他叫"爸爸",他名誉扫地,不得不退出竞选。作家以夸张和讽刺的手法批判了美国的选举制度。

《哈克·贝利费恩历险记》是他的代表作。主人公哈克·贝利是一个聪明、善良、勇敢的白人少年,他为了追求自由的生活,逃亡到密西西比河上,途中与黑奴吉姆相遇。小说描写他们顺流西下的逃亡故事,表达了反蓄奴制的思想和对民主自由的真诚向往。哈克是小说的中心人物,也是美国文学史上一个著名的富于正义感和叛逆精神的儿童形象。小说融幽默与讽刺于一体,既富于独特的个人机智与妙语,又不乏深刻的社会洞察与剖析,形成了独有的幽默讽刺风格。

4. 惠特曼

惠特曼是19世纪美国最杰出的浪漫主义诗人。他是土生土长的美国人,创造了一种新型诗体:自由体诗,不受格律、韵脚的限制和束缚,自由自在地表达思想,运用语言。他的诗作《草叶集》奠定了美国诗歌的基础。《草叶集》记录着诗人一生的思想和探索历程,也反映出时代和国家的面貌。诗集得名于其中诗:"哪里有土,哪里有水,哪里就长着草。"草叶是最普通、最有生命力的东西,象征着当时蓬勃发展的美国。诗集通过"自我"感受和"自我"形象,热情歌颂了资本主义上升时期的美国。《草叶集》中有对劳动和自然欢快的歌颂,也有深情的哀歌。林肯总统被刺后,他写下了《啊,船长!我的船长!》《今天的军营静悄悄》等诗篇,表达了对林肯的沉痛哀悼;诗歌《神秘的号手》则乐观地描绘了未来的自由世界。惠特曼的诗歌情感强烈,体现了美利坚民族的个性:单纯、自然、质朴。

5. 左拉

左拉(1840—1902)是法国作家,自然主义文学流派的领袖。他主张以科学实验的方法从事文学创作,按生物学定律描写人,无动于衷地记录现实生活的一切方面。1871年,左拉开始发表长篇连续性小说《卢贡-马卡尔家族——第二帝国时代一个家族的自然史和社会史》的第一部《卢贡-马卡尔家族的命运》。随后,每年出版一部。1877年,第七部研究酗酒后果的《小酒店》问世,左拉一举成名。接着,他又用16年时间写完余下的13部,其中重要的有《娜娜》《萌芽》《金钱》《崩溃》《巴斯卡医师》等。从某种意义上看,《卢贡-马卡尔家族》是拿破仑三世上台到1870年普法战争法国在色当失败这段时期法国生活各个方面的写照。左拉相信,人性完全取决于遗传,缺点和恶疾是家族中某一成员在功能上患有疾病的结果,这种疾病代代相传,一旦弄清楚了原因,便可以用医疗与教育相结合的办法予以克服和疗治,从而使人性臻于完善。这是贯穿于《卢贡-马卡尔家族》中的主要观点。

6. 哈代

哈代(1840—1928)是19世纪后期英国杰出的现实主义小说家和诗人。哈代一生在他的家乡多塞特郡度过,即其小说中的威塞克斯地区。哈代的小说反映了资本主义经济入侵农村后小农破产的悲惨命运,属于"性格和环境小说"一类。《德伯家的苔丝——一个纯洁的女人》(1891)塑造了一个被损害、被侮辱但始终不向命运屈服的纯洁少女苔丝的形象。苔丝的抗争以失败告终,哈代强调了一种人无力对抗环境的悲剧观。

7. 莫泊桑

莫泊桑(1850—1893)是19世纪后半期法国优秀的批判现实主义作家,一生创作了6部长篇小说和350多篇中短篇小说,尤其以短篇小说最为杰出,是与契诃夫和欧·亨利并列的世界三大短篇小说巨匠之一,被誉为"短篇小说之王"。莫泊桑短篇小说的主题大致可归纳为三个方面:第一是讽刺虚荣心和拜金主义,如《项链》《我的叔叔于勒》;第二是描写劳动人民的悲惨遭遇,赞颂其正直、淳朴、宽厚的品格,如《归来》;第三是描写普法战争,反映法国人民的爱国情绪,如《羊脂球》。莫泊桑短篇小说布局结构的精巧、典型细节的选用、叙事抒情的手法以及行云流水般的自然文笔,都成为后世作家创作的楷模。

《羊脂球》是莫泊桑的代表作。1870年普法战争期间,一辆法国马车在离开敌占区时被一名普鲁士军官扣留。军官一定要车上一个绰号叫羊脂球的妓女陪他过夜,否则马车就不能通过。羊脂球出于爱国心断然拒绝,可是和她同车的有身份的乘客逼她为了大家而牺牲自己,羊脂球出于无奈而做了让步。而第二天早上马车出发时,那些昨天还苦苦哀求她的乘客们却突然换了一副嘴脸,个个疏远她,不屑再与她讲话。莫泊桑用逃难旅行这样一件小事反映了普法战争时期法国上层人物的可耻嘴脸。

8. 契诃夫

契诃夫(1860—1904)是俄国小说家、戏剧家、19世纪末期俄国批判现实主义作家、短篇小说艺术大师。契诃夫善于截取平凡的日常生活片段,凭借精巧的艺术细节对人物和生活做真实描绘和刻画,从中展示重要的社会内容。他的小说,一类嘲笑当时普遍存在的奴性心理和庸俗作风,揭露造成这种畸形现象的畸形社会,如《小公务员之死》《变色龙》等;另一类描写下层人民痛苦悲惨的生活,揭示人与人之间的冷酷无情,如《苦恼》《万卡》等。他的中篇小说《第六病室》通过对格罗莫夫的病史和拉京被关进第六病室过程的描述,控诉监狱一般的沙皇俄国的阴森可怕,也批判了他自己不久前一度醉心的"勿以暴力抗恶"的托尔斯泰主义。第六病室就是库页岛的牢房和沙皇俄国的缩影。

剧本《樱桃园》是契诃夫的一部剧作。它通过一个破落地主拍卖祖传樱桃园的故事,展示了贵族无可避免的没落和新兴资产阶级的兴起,同时表现了毅然同过去告别和向往幸福未来的乐观情绪。契诃夫的剧本还有《万尼亚舅舅》《三姊妹》《海鸥》等。

（九）20世纪现实主义文学

1. 高尔基

高尔基（1868—1936）是杰出的无产阶级作家，列宁说他是"无产阶级艺术最伟大的代表者"，苏联社会主义现实主义文学的奠基人。他早期的作品《伊则吉尔老婆子》写英雄丹柯点燃自己的心照亮人们前进的路，富有浪漫色彩。他的代表作是自传三部曲《童年》《在人间》《我的大学》。《我的大学》反映了一代劳动者成长的曲折过程，表达了人的力量可以改变命运的信念。阿廖沙是全书的中心人物，他勤于学习，刻苦耐劳，严峻的生活使他锻炼成长为一个意志刚强、有理想有作为的新人。他的成长道路是俄国千百万劳动者走向革命、走向新生活之路。长篇小说《母亲》描绘了无产阶级波澜壮阔的革命斗争，塑造了共产党员工人巴维尔和革命母亲尼洛芙娜的感人形象，被公认为是世界文学史上崭新的、社会主义现实主义文学的奠基作品。《海燕》是高尔基的著名诗篇，作者以寓言的形式和象征手法，表现革命的激烈斗争，呼唤革命高潮的到来。

2. 肖洛霍夫

肖洛霍夫（1905—1984）是20世纪苏联文学的杰出代表。代表作《静静的顿河》展现了第一次世界大战、十月革命和国内革命战争时期顿河流域哥萨克各阶层的生活，通过主人公葛利高里、阿克西妮娅、娜塔莉娅等的悲剧性遭遇，揭示人民在这个伟大历史转折中的命运。小说描写了葛利高里一家的悲剧命运，也表现了哥萨克畸形社会从灭亡到新生的艰难历程。这部小说呈现了广阔的历史画面，有精巧的艺术结构，又有浓厚的民族特色。在《静静的顿河》中，肖洛霍夫还隐伏着人道主义的主题：一方面，葛利高里在痛苦地抗拒战争对他的人性的磨蚀和扭曲，另一方面，他在混乱的战争中一直在思考和寻找着战争的意义，具有超凡的人格魅力。他的悲剧浓缩了哥萨克民族的悲剧。值得一提的是小说对顿河大草原自然风光和人情风俗的描写，壮丽静谧，蕴涵着深沉的情怀。

3. 罗曼·罗兰

罗曼·罗兰（1886—1944）是法国思想家，批判现实主义作家。他的长篇小说《约翰·克利斯朵夫》被高尔基称为"长篇叙事诗"，是20世纪最伟大的小说之一。小说以主人公约翰·克利斯朵夫的生平为主线，描述了这位音乐天才的成长、奋斗和最终失败的过程，同时对德国、法国、瑞士、意大利等国家的社会现实做了不同程度的真实描述，控诉了资本主义社会对艺术的摧残。全书犹如一部庞大的交响乐，每卷都是一个有着不同乐思、情绪和节奏的乐章。约翰·克利斯朵夫是一个为追求真诚的艺术和健全的文明而顽强奋斗的平民艺术家的形象，他身上最突出的特点是强烈的反抗精神和为实现理想而不懈追求的英雄气概。小说叙述了一个真诚的音乐家是如何反抗虚伪轻浮的社会,从而在与社会反动势力的斗争中升华自己、完善自己的故事。它是主人公克利斯朵夫的历险记,又是一部音乐的史诗,作者用他对音乐精神的深刻理解,描述了病态堕落的艺术与健康奋进的音乐之间的斗争,歌颂了一种充满生命力的音乐理念。罗曼·罗兰还写了《贝多芬传》《米开朗琪罗传》和《托尔斯泰传》等,在传记写作上卓有贡献。

4. 海明威

海明威(1899—1961)是美国小说家,"新闻体"小说的创始人。他的作品主要有《太阳照常升起》《永别了,武器》《丧钟为谁而鸣》《老人与海》等。海明威是一个喜欢饮酒、狩猎、捕鱼、拳击和滑雪的硬汉。1961年,他在自己住宅的地下室饮弹自尽,以不平凡的方式结束了生命。他的作品以歌颂普通人的真诚和勇敢为主题,《老人与海》是其代表作。

《老人与海》是一部象征性小说。主人公圣地亚哥是一位老渔夫,他一连84天没有捕到鱼,由于"背运",同行都躲着他。他孤独地出海捕鱼,终于捕获了"一条不止一千五百磅重的大马林鱼",但这条大马林鱼比他的小船还大,它拖着小船往深海游去。当老人终于制服大鱼并准备返航时,鲨鱼群开始围攻马林鱼,经过与鲨鱼恶战,老人只拖回了一副鱼的骨架。"人可以被毁灭,却不可以被打败。"海明威在《老人与海》里所说的话,不仅打动了读者,也征服了评论者。老渔人圣地亚哥是海明威塑造的最后一位悲剧英雄,也是他一生塑造的硬汉性格的最后总结。

《乞力马扎罗的雪》是海明威最成功的短篇小说,小说用意识流的手法,写主人公哈利临死前一天的生活。死神夺走了他的肉体,但对精神和美好理想的追求胜利了,他的灵魂飞向了乞力马扎罗山的顶峰。

海明威早期的小说以第一次世界大战为主题,写战后部分美国年轻人对现实的绝望和迷惘,是美国"迷惘的一代"的代表。《太阳照常升起》和《永别了,武器》是这类题材的代表作。这些作品揭露战争的肮脏、残酷,而又弥漫着茫然、悲观的情绪,展示了一战后美国年轻一代的失落和绝望。

(十) 20世纪现代主义文学

现代主义是对19世纪80年代出现,20世纪20年代至70年代在欧美繁荣,而后遍及全球的众多文艺流派思潮的总称。它包括19世纪末的前期象征主义、唯美主义、印象主义和20世纪前期的后期象征主义、意识流小说、未来主义、表现主义、超现实主义和达达主义,二战以后的存在主义、黑色幽默、垮掉的一代、荒诞派戏剧、新小说、魔幻现实主义等流派。现代主义以后传统和非理性为主要标志,是现代世界文学中的重要现象。

1. 艾略特

艾略特(1888—1965)是英国现代派诗人和文艺评论家。代表作为长诗《荒原》,表达了西方一代人精神上的幻灭,被认为是西方现代文学中具有划时代意义的作品。

《荒原》集中表现了西方面对现代文明濒临崩溃、希望颇为渺茫的困境,人们精神极为空虚的生存状态,是现代英美诗歌的里程碑。

这首抒情长诗风格多样,表现手法不拘一格,糅合了象征主义、意象主义和玄学派的特点。作品典故很多,想象、联想和暗示都带有很大的随意性,诗歌生涩难解,艾略特自己曾加上 50 多条注解。艾略特常用怪诞的意象来表现惊世骇俗的主题。长诗第一句是"四月是最残忍的一个月",就给全诗定下反传统的基调。"去年你种在花园里的尸首,它发芽了吗?"被战争、死亡、残酷扭曲的意象令人毛骨悚然。《荒原》是把诗人对现代西方文化困境的感受上升到哲理的高度,经过主观意识尤其是下意识的融合所展示出的既有戏剧色彩又富于启示的内心独白。它以深刻的危机与超越意识去沉思西方文化的困境与出路,从而展示出一个失却神性之世界的本真状态。"荒原"成为西方现代文明的象征。

2. 卡夫卡

卡夫卡(1883—1924)生于捷克(当时属奥匈帝国)布拉格的一个犹太商人家庭,他生前只是一位默默无闻的业余作家,死后,人们发现他的作品是反映现代意识的杰作,将其视为表现主义小说的代表作家。卡夫卡的小说主要揭示现实世界的荒诞和非理性、现代人的异化现象,以及人们在现实世界中的困境和困惑。

《变形记》是卡夫卡的代表作。小说故事神秘离奇,主人公推销员格里高尔·萨姆莎一觉醒来发现自己变成一只大甲虫,尽管他还有人的情感与心理,但虫的外形使他逐渐化为异类,变形后被世界遗弃使他的心境极度悲凉。三次努力试图与亲人以及外界交流失败后,等待他的只有死亡。这预示着,由于沉重的肉体和精神上的压迫,人失去了自己的本质,异化为非人。小说描述了人与人之间的这种孤独感与陌生感,即人与人之间竞争激化、感情淡化、关系恶化,这种关系既荒谬又难以沟通。由此看来,主人公的变形折射了西方人当时真实的生存状态。

卡夫卡的《城堡》《美国》和《诉讼》被称为"孤独三部曲",贯穿着社会批判的主题。《城堡》表现了"卡夫卡式"小说的典型特征,它通过人与城堡的关系表现人在荒诞世界中的生存状态,揭示了一种荒诞的非理性的景象,其中弥漫着个人式的、忧郁的、孤独的情绪。后世的许多现代主义文学流派如"荒诞派戏剧"、法国的"新小说"等都把卡夫卡奉为自己的鼻祖。

3. 乔伊斯

乔伊斯(1882—1941)是爱尔兰作家、诗人,20 世纪最伟大的作家之一。他运用象征结构和"意识流"手法,创立了一种全新的小说文体。他的长篇小说《尤利西斯》与艾略特的《荒原》一起被认为是西方现代文学的经典作品。

《尤利西斯》以时间为顺序,描述了苦闷彷徨的都柏林小市民、广告推销员利奥波德·布卢姆在 1904 年 6 月 16 日一昼夜之内的种种经历。小说在写法和结构上模仿荷马史诗《奥德赛》,把布卢姆一天 18 个小时在都柏林的游荡比作希腊史诗英雄尤利西斯 10 年的海上漂泊,这使《尤利西斯》具有了现代史诗的概括性。小说中的主要人物除代表庸人主义的布卢姆外,还有他的妻子、代表肉欲主义的莫莉以及代表虚无主义的青年斯蒂芬·迪达勒斯。小说通过这三个人一天的生活,把他们的全部历史、全部精神生活和内心世界表现得淋漓尽致。

《尤利西斯》对传统的小说形式进行了最彻底的变革与创新,它摒弃以人物、情节和故事为主的叙述模式,开创了以内心独白为基本框架的新形式,是一部典型的意识流小说,小说所追踪的是人物意识活动的原始状态,探究人们对自身意识活动的深入探究。

4. 萨特

萨特(1905—1980)是法国当代著名哲学家、小说家,他是存在主义哲学的领袖人物,也是存在主义文学的主要作家。萨特的存在主义小说主要有《恶心》、短篇小说集《墙》《自由之路》。《恶心》采用日记体、自叙体,小说没有引人入胜的情节,只是一连串乏味的日常生活片段。主人公洛根丁完全生活在自我感觉中,深深体悟到世界的荒诞和无意义,千方百计避免与外界人事接触,但外界还是入侵他的意识,使他感到恶心。最后他力图通过创作新作品来确定自己的存在本质,完成从"自由存在"到"自在存在"的超越。

萨特还著有《苍蝇》《紧闭》《毕恭毕敬的妓女》等存在主义剧本。"他人就是地狱"是萨特揭示社会中人与人之间关系的名言,也是表达存在主义的名言。

5. 贝克特

贝克特(1906—1989)是爱尔兰人,以戏剧创作蜚声文坛。《等待戈多》是他的一部两幕剧。第一幕,流浪汉戈戈和狄狄,出现在一条村路上,四野空荡荡的,只有一棵光秃秃的树。他们自称要等待戈多,可是戈多是谁?他们相约何时见面?连他们自己也不清楚。但他们仍然苦苦地等待着。终于等来了一个男孩,他是戈多的使者,他告诉两个可怜的流浪汉,戈多今晚不来了,但明天晚上准来。第二幕的内容仍然是狄狄和戈戈等待戈多,在同一时间、同一地点,场景的变化只有那棵树上长出了四五片叶子。他们继续等待戈多,为了打发烦躁与寂寞,他们继续说些无聊的话,做些荒唐可笑的动作。最后又等来了那个男孩,他告诉狄狄和戈戈,今天戈多不会来了,但他明天准来。戏剧演奏了一首时代的失望之曲,反映了一代人的内心焦虑。它使人们看到,人作为社会存在的支柱,已经到了无法生存下去的地步。社会的灾难,人格的丧失,个性的毁灭,以及自身的无聊绝望,已经使生存和生命黯然失色,存在已不具备任何意义了。贝克特试图以振聋发聩的办法使人们觉察这个世界的状况和现实的可笑。

《等待戈多》是荒诞派戏剧的代表性作品。荒诞派戏剧兴起于20世纪50年代,到60年代达到了高峰。二战的噩梦刚刚过去,战争给整整一代人的心灵留下了难以治愈的创伤,上帝不复存在了,旧日的信仰坍塌了,美好的希望和理想破灭了。世界让人捉摸不透,社会令人心神不安。劫后余生的人们,抚摸着战争的伤疤,开始了痛苦的反思,对传统的价值观念和现存的秩序持否定的态度。往日的精神支柱瓦解了,新的信仰尚未找到,这种精神上的空虚反映到文学艺术上,自然形成了一个"没有意义、荒诞、无用的主题"。戈多是不幸的人对于未来生活的呼唤和向往,是当今社会人们对明天某种指望的代表,象征着"希望""憧憬"。

6. 海勒

海勒(1923—1999)是美国黑色幽默派及荒诞派代表作家,他的小说《第二十二条军规》被看作是黑色幽默派的代表性作品,成为后现代主义的经典之作。黑色幽默派出现于20世纪60年代,是当代美国文学中最重要的文学流派之一。这一流派的作家突出描写人物周围世界的荒谬和社会对个人的压迫,他们用放大镜与哈哈镜把这种荒谬和压迫加以放大、扭曲、变形,变得更加荒诞不经、滑稽可笑,更加反常无理、丑恶可憎,其中也寄托了他们无可奈何的悲观、痛苦的心情。

黑色幽默又被称为"绞刑架下的幽默"或"大难临头时的幽默"。如《第二十二条军规》中写道:"如果你能证明自己发疯,那就说明你没疯。"所谓"第二十二条军规",其实"并不存在,这一点可以肯定,但这也无济于事。问题是每个人都认为它存在。这就更加糟糕,因为这样就没有具体的对象和条文,可以任人对它嘲弄、驳斥、控告、批评、攻击、修正、憎恨、辱骂、唾弃、撕毁、践踏或者烧掉"。它只是无处不在、无所不能的残暴和专横的象征,是灭绝人性的官僚体制,是捉弄人和摧残人的乖戾力量。书中着重抨击"有组织的混乱"和"制度化了的疯狂"。

7. 马尔克斯

马尔克斯(1928—2014)是20世纪拉丁美洲魔幻现实主义文学的杰出代表。加西亚·马尔克斯作品的主要特色是幻想与现实巧妙结合,以此来反映社会现实生活,审视人生和世界。重要作品有长篇小说《百年孤独》,被誉为"再现拉丁美洲历史社会图景的鸿篇巨著",也是拉丁美洲魔幻现实主义文学作品的代表作。

《百年孤独》通过布恩地亚家族七代人充满神秘色彩的坎坷经历,以及加勒比海沿岸小镇马贡多的百年兴衰反映了哥伦比亚乃至拉丁美洲的历史演变和社会现实。作者意图使读者思考造成马贡多百年孤独的原因,从而去寻找摆脱命运捉弄的正确途径。在这个家族中,夫妻之间、父子之间、母女之间、兄弟姐妹之间,没有感情沟通,缺乏了解和信任。尽管很多人为打破孤独进行过种种艰苦的探索,但由于无法找到一种有效的办法把分散的力量聚集起来,最后均以失败告终。这种孤独不仅弥漫在布恩地亚家族和马贡多镇,而且渗入了狭隘思想,成为阻碍民族向上、国家进步的一大包袱。作家写出这一点,是希望拉丁美洲民众团结起来,共同努力摆脱孤独。所以,《百年孤独》中浸透着的孤独感,其主要内涵应该是对整个苦难的拉丁美洲被排斥于现代文明世界进程之外的愤懑和抗议,是作家在对拉丁美洲近百年的历史,以及这块大陆上人民独特的生命力、生存状态、想象力进行独特的研究之后形成的倔强的自信。

在艺术上,马尔克斯遵循"变现实为幻想而又不失其真"的魔幻现实主义创作原则,经过巧妙的构思和想象,把触目惊心的现实和源于神话、传说的幻想结合起来,形成色彩斑斓、风格独特的图画。马尔克斯常常谈起童年的记忆对他文学生涯的重要性,尤其是外祖父母给他讲的家族历史、传说和阿拉卡塔卡的神话故事,这些都奠定了他文学想象的基础。

四、东方文学

(一) 印度文学

1.《摩诃婆罗多》与《罗摩衍那》

《摩诃婆罗多》与《罗摩衍那》是古印度的两部著名史诗。"摩诃婆罗多"的意思是"伟大的婆罗多族的故事"。全诗以列国纷争时代的印度社会为背景,叙述婆罗多族后裔、古代勇武王的两个儿子持国和般度及其后代的故事。持国有百子,人称俱卢族;般度有五子,人称般度族。般度做了国王,他死后由持国掌管国家。般度五子长大后,请求继承父位,持国长子难敌不肯,遂发生一场内战。这不是一般的王族内争,而是显著对立的两类统治者的斗争,是弱小对强暴、受侮辱损害者对加侮辱损害者、遭遇流放迫害因而接近人民的贵族对高踞王位骄横残暴的贵族的斗争。全诗的基调是颂扬以坚战为代表的正义力量,谴责以难敌为代表的邪恶势力,坚战公正、谦恭、仁慈,而难敌贪婪、傲慢、残忍。

"罗摩衍那"的意思是罗摩传。罗摩是印度古代传说中的人物,后逐渐被神化。史诗以罗摩和妻子悉多的悲欢离合为故事主线,表现了印度古代宫廷和列国之间的斗争。《罗摩衍那》具有印度古代长篇叙事诗中必不可少的四种因素:政治(宫廷斗争或其他矛盾)、爱情(生离死别)、战斗(人人之间、人神之间、人魔之间)和风景(四季或六季的自然景色和山川、城堡、宫殿),而且作者对这些因素的描绘手法都达到了相当高的艺术水平。从印度文学史来看,《罗摩衍那》描绘自然景色,可以说是开辟了一个新天地,如对于印度的圣河——恒河的描绘,是脍炙人口的诗篇。

2. 迦梨陀娑

迦梨陀娑(350—472)是古代印度最杰出的宫廷诗人和剧作家。他的代表作有长篇抒情诗《云使》和戏剧集《沙恭达罗》。《云使》是印度文学史上最早的抒情长诗,它叙述一个叫药叉的小神托天空的云彩给爱妻传递思念之情的故事。诗篇分《前云》和《后云》两部分。小药叉因犯错被贬谪到远离家乡的罗摩山,被迫与新婚不久的妻子分离。在《前云》中,他表达了雨云能尽快传递消息的迫切心情;《后云》则是他向雨云讲述自己对妻子深切的思念。诗篇情感强烈,想象丰富,语言优美,是古代印度抒情诗的典范。

《沙恭达罗》讲述的是国王豆扇陀和净修女沙恭达罗之间幸福美好而曲折离奇

的爱情故事。沙恭达罗是剧作者着力刻画的理想人物,她集自然美、朴质美和青春美于一身,极具魅力,是理想妇女的形象。沙恭达罗是半人半神,一出生便遭到遗弃,被收养在远离凡尘、洁净安宁的净修林中。她秀色天成,洁质自生,整天与花草树木以及幼鹿孔雀为伴,与女友也保持纯洁真挚的感情。她对爱情专一而诚挚,温柔而痴情。豆扇陀也是一位理想化的英明君主,他既是英武善战、情操高尚的国王,又是风度翩翩、多情负责的男人,他勇于追求自己的爱情,也有勇气承担自己所犯的错误。剧本以抒情的笔调描绘出两人之间"没有喧嚣,没有浮荡,没有杀伐,没有骚动,而是一股清泉,一声黄鹂,一片花阴,一派仙境"的爱情体验。《沙恭达罗》是古印度梵文古典文学最重要的作品和世界古代文学最高的成就之一。

3. 泰戈尔

泰戈尔(1867—1941)是印度近代文学史上具有里程碑意义的作家。他多才多艺,既是杰出的诗人、小说家、戏剧家,又是著名的哲学家、音乐家、美术家、社会活动家。泰戈尔的作品立足传统,又有现代气息,兼收西方现代文化精髓,具有重要的国际影响。他一生留下五十多部诗集,12部中长篇小说,近百篇短篇小说,二十多部剧本,以及诸多回忆录、游记、随笔等作品。诗集主要有《吉檀迦利》《新月集》《园丁集》《飞鸟集》等;剧本主要有《摩克多塔拉》《邮局》《红夹竹桃》等。

最能代表泰戈尔创作成就的是《吉檀迦利》。这是一部英文写作的诗集,题目"吉檀迦利"的意思是"奉献",意即献给神的歌。主要有三个部分的内容:诗人日夜盼望与神相会,与神结合;诗人追求强烈而难以实现的痛苦;不懈追求后达到理想境界的欢乐。这里的神有象征意义,实际上是作者的人生理想。

4. 普列姆昌德

普列姆昌德(1880—1936)的作品积极配合印度的民族解放运动,在印度文学史上有重要地位。他的代表性作品有《热爱祖国》《进军》《圣湖》等。长篇小说《戈丹》是他最优秀的也是印度语最优秀的长篇小说。"戈丹"的意思是"献牛",小说主要描写贫苦农民何利一家的苦难史。何利一生的最大愿望就是拥有一头奶牛。为了这头奶牛,他承受了接踵而至的灾难,最后在做苦力时累倒了。按照印度教习俗,教徒临死时要行"戈丹"(献牛)仪式,即以一头母牛作祭礼,请祭司来净化灵魂。这样,何利卖命挣来的钱,又被祭司拿走了。何利承受一次次打击和一场场灾难,一直到死。普列姆昌德以敏锐的洞察力,创作了这部反映印度20世纪30年代农村生活的不朽史诗。

(二)日本文学

1.《源氏物语》

《源氏物语》的作者紫式部是日本平安时代的女作家。平安时代既是日本特别重视妇女修养、教育而才女辈出的时代,也是世界文学史上罕见的女性文学时代。《源氏物语》是日本及世界文学史上最早的长篇写实小说。"源氏"是小说前半部男主人公的姓,"物语"意为"讲述",是日本古典文学中的一种体裁。小说主要讲述了平安时代日本贵族的生活,以光源氏的故事为核心,带出了众多与之关系暧昧的女性。葵姬是他的正室,出身高贵、气质冷淡,光源氏冷落她,陆续有了藤壶、紫姬、明石姬等多位心爱的女子。相继和光源氏亲近的女人还包括胧月夜、夕颜、六条御息所等数十位贵族女性。她们或因偶遇生情,或有宿世之缘,书中大量写实的白描让贵族们糜烂而又出奇优雅美丽的生活跃然纸上。光源氏容貌俊美,风度翩翩,才华横溢,是一位绝世无双的风流才子,而其他女性也都优雅秀美,这些人物,无论是贵族统治者还是柔弱无助的女性,他们的命运都充满了抑郁和幻灭,充分体现出日本文学追求优美、崇尚"物哀"与"幽玄"的美学特色。《源氏物语》开启了日本"物哀"的时代,在这以后,日本的小说明显带有一种淡淡的悲伤。

2. 夏目漱石

夏目漱石(1867—1916),日本近代文学的杰出代表,1905年发表的第一部长篇小说《我是猫》是他的代表作,也是日本近代文学史上一部风格迥异的作品。小说采用幽默、讽刺、滑稽的手法,借助一只猫的视觉、听觉、感觉,以主人公中学教员珍野苦沙弥的日常起居为主线,穿插了邻居资本家金田嫁女不成、阴谋报复苦沙弥的矛盾冲突,嘲笑了明治时代知识分子空虚的精神生活,讥讽他们自命清高却无所事事,不满现实却无力反抗,平庸无聊却贬斥世俗的矛盾性格,鞭挞金田等资产阶级人物及帮凶的势利、粗鄙、凶残的本性。苦沙弥其貌不扬、平凡无奇,但正直、善良、蔑视权贵,作者对这类知识分子既有同情、可怜和赞赏,又为他们感到可悲,笔下饱含讽刺和批判。小说刻画了封建主义向资本主义过渡间的明治时代,处于传统与变革漩涡中知识分子的典型代表。夏目漱石对人物心理的精确细微的描写也是这部小说重要的特点。

3. 川端康成

川端康成(1899—1972)是日本新感觉派小说家,他主要作品有《伊豆的舞女》《雪国》《千只鹤》《古都》《水晶幻想》等。《伊豆的舞女》(1926)描写一位孤儿出身的大学预科生去伊豆旅行,途中与流浪艺人结伴而行,其间,对一位14岁的舞女产生了似恋非恋的爱慕之情。同时,这个青年学生还感受到了中风老人的病痛,被流感夺去父母生命的三个孤儿及失去儿子、儿媳的孤苦老奶奶的可怜,受人歧视的流浪艺人的奔波辛苦,这苦难、悲哀的印象,同"不堪令人窒息的忧郁而来伊豆旅行"的青年学生孤寂、忧郁的心灵,产生了强烈的共鸣。他们的举手投足、音容笑貌都在青年学生心灵的湖面上泛起了水花,使青年学生的灵魂得到了一次又一次的洗礼与升华,这种净化的崇文和爱之拯救使青年学生从苦难悲哀中开悟,他的"头脑变成一泓清澈的水,它一滴一滴溢了出来,最后什么也没有留下"。

名作《雪国》(1935—1937)描写了雪国底层女性形体和精神上的纯洁和美,以及作家深沉的虚无感。主人公岛村三次从东京到雪国,在那里与名叫驹子的艺妓交往。小说主要从日常生活表现和对待爱情的态度两方面描写驹子的性格,她坚持写日记,苦练三弦琴,有认真的态度和顽强的意志。她不顾一切地把爱情倾注在岛村身上,虽然有些不理性,但驹子对岛村无所要求,只是"无偿的爱",这也是她艺妓身份的无奈之举。《雪国》突出地表现了川端康成小说风格既美且悲、抒情浓郁的特点,对雪国的自然景色的描写也与这种风格水乳交融,使小说充满孤独感伤之情。

4. 大江健三郎

大江健三郎,1935年生,日本著名作家,1994年获得诺贝尔文学奖。瑞典文学院宣称,大江健三郎"以诗的力度构筑了一个幻想世界,浓缩了现实生活与寓言,刻画了当代人的困扰与怅惘"。大江健三郎在他后期的创作中,系统地表述了一种新的文化救赎的思想,即要在一个无神时代里,寻求灵魂的自我拯救。其具体表现为:他后期创作的中心已经从原先的"残疾儿"主题转变为"灵魂"主题;他形象地描绘出"无神时代"的基本特征,即一个"上帝缺席"的时代、一个"众神喧哗"的时代、一个可能诞生"新人"的时代。著有《广岛日记》(1965年)、《作为同时代的人》等多部作品。

(三) 阿拉伯地区文学

1. 《一千零一夜》

《一千零一夜》是阿拉伯地区的民间故事集。相传萨桑国国王每夜娶一个少女,翌晨杀掉。宰相的女儿山鲁佐德自愿嫁给国王,她用讲故事的方法吸引国王不杀她,这样一直讲了一千零一夜。故事背景广阔,涉及亚、非、欧几大洲,有神话传说、寓言童话、轶事掌故、战争历史、婚姻恋爱等,表现善与恶、美与丑之间的斗争。著名的如《阿拉丁和神灯的故事》《阿里巴巴和四十个强盗的故事》《巴索拉银匠哈桑的故事》等。

反映商人生活和海外冒险的故事是《一千零一夜》的重要内容,《辛伯达航海旅行的故事》最有代表性。辛伯达七次冒险远航,经历许多曲折、惊险的海上生活,虽然他每次冒险都发了大财,但强烈的财富欲望和对异域风光的向往,促使他一次又一次海外旅行。辛伯达身上体现了不息的探索精神与顽强进取的冒险精神。

《一千零一夜》充满了东方情调和浪漫色彩,创造了一个由魔戒指、神灯、飞毯、木马等组成的神奇世界,也反映了人类的情感和愿望,离奇多变的故事情节令人爱不释手。

2. 《蔷薇园》

《蔷薇园》是伊斯兰教劝谕性的故事诗集。作者是波斯著名诗人萨迪(1209—1290)。作者说:"我在这本书里写了各地奇闻、圣人训谕、故事诗歌、帝王言行,以及我本人部分宝贵的生活经验。这就是我写作《蔷薇园》的缘起。"

《蔷薇园》的主要内容为帝王言行,宗教学者言行,论知足常乐,论寡言,论青春与爱情,论老年昏愦,论交往之道,论教育的功效。该诗集着眼于当时的现实,揭示生活中的美与丑、善与恶、光明与黑暗,旨在规劝世人避恶从善以匡正时俗。作者以优美的文笔,凝练而精确的语言,栩栩如生地讲述了许多故事轶闻,表达出深刻的人生哲理，阐明了穆斯林的行为规范和道德信条，字里行间闪烁着智慧的光芒，同时饱含着作者对劳动人民的同情，对暴君和宗教伪善者的揭露和讽刺。书中名言佳句比比皆是。其中关于人道主义的名句"阿丹子孙皆兄弟"，已被联合国采录为阐述其宗旨的箴言。对暴君酷吏深恶痛绝，诗中严正警告："豺狼不能牧羊，暴君不能为王。"作者强调有道的明君必须"爱民"。在论述教育及知识的功能时说："学生没有恒心，如同情人没有金钱，旅人没有常识，飞鸟没有羽翼。"他认为实践最重要，博学的学者如果不去实践，如同树木不结果实；圣徒没有学问，如同房屋没有门户。全书文辞优美，作者称是"用绚丽的五彩缤纷的长线穿着的箴言的明珠"。

3. 马哈福慈

马哈福慈（1911—2006）是当代埃及乃至整个阿拉伯世界最伟大的作家。《宫间街》《思宫街》《甘露街》三部曲是他的代表作，是埃及第一部广泛反映一个时代伟大风貌的现实主义作品。小说讲述埃及商人艾哈迈德一家人的日常生活，通过他们一家三代生活的发展演变，展示了这一历史时期发生的各类主要历史事件及整个时代概貌。三部曲情节连贯，人物活动的舞台没有大的变化，各卷的主要人物完全按照自然规律承接、安排。艾哈迈德是具有双重人格的商人形象。他一方面精明能干，善于经商理财，一方面讲求享乐，穷奢极欲，一方面威严正派，一方面又放荡不羁。他的妻子温和、善良、宽厚、勤勉、贤惠、慈爱，具备埃及妇女的传统美德，她是最疼爱孩子的母亲，也是孩子们最敬重的人。三部曲没有直接描写埃及革命斗争的宏大画面，只是写了日常生活，却融会当代的政治、文化、宗教、思潮和风俗为一体，展示了历史除旧更新的演化。

语言文字

一、语言(汉语)的基本概念

语言是人类最重要的交际工具,也是思维工具,人们利用它来交流思想,达到互相了解的目的。

现代汉语是世界上使用人口最多的一种语言。在历史发展过程中,汉语对邻邦的语言产生过巨大的影响,受汉语影响最深的是日本、朝鲜、越南。随着我国经济的飞速发展和国际地位的日益提高,汉语在国际生活中的重要性越来越明显,学习和研究汉语的人也越来越多。1973年12月18日,联合国第28届全体会议一致通过,把汉语列为大会和安理会的工作语言之一(联合国现有五种法定的工作语言,除汉语外,还有英语、俄语、法语、西班牙语)。

汉语有悠久的历史,从甲骨文时期到现在,已有三千多年。汉语历史一般可以分为四个时期:公元3世纪以前(五胡乱华以前)为上古期,公元4世纪到12世纪(南宋前半)为中古期,公元12、13世纪为过渡时期,公元13世纪到19世纪(鸦片战争)为近代期(自1840年鸦片战争到1919年五四运动为过渡阶段),20世纪(五四运动以后)为现代期。第一时期、第二时期的汉语,称为"古代汉语",第三个时期的汉语,称为"近代汉语",第四个时期的汉语,称为"现代汉语"。这只是一个粗线条的划分,让人们了解汉语的大体轮廓。我们着重介绍并要求学习、掌握的是有关"古代汉语"和"现代汉语"的基础知识,以及重要的语文工具书常识。

汉语是汉族人民的交际工具,也是汉民族的重要特征之一。只有深刻地认识汉语的特点,才能了解和掌握汉语内部的发展规律。现代汉语具有整体性,它由语音、词汇、语法三个要素组成。它们相互协调、相互制约,合乎规律地共处在一个整体之中。语言三要素不仅彼此联系,而且相互作用。三要素的联系和发展,使得汉语日益丰富和完善。

1. 现代汉语和普通话

现代汉语即现代汉民族共同语,指以北京语音为标准音、以北方话为基础方言、以典范的现代白话文著作为语法规范的普通话。普通话的"普通",是普遍共同的意思。说明北方话已经完全取得了"共同语"的地位。它是现代汉语的标准语。

2. 文言文和白话文

古代汉语,指的是古代汉族的语言。它有两个系统:一个指先秦时期逐渐形成后来又为历代著名作家模仿、应用和发展、丰富起来的书面语,即通常所说的文言文;另一个是古代各个时期的白话文(书面记录下来的口语),如唐代变文、宗教语录、宋元话本、古代白话小说里保存的语言资料。

3. 北方话和"官话"

现代汉语是在古代汉语(特别是近代汉语)的基础上形成的。从近代汉语的发展历史可以看出,宋、元以后的汉语,有两种明显的趋势在北方话的基础上发生:一种是书面语方面,表现为白话文学的产生、发展;一种是口语方面,表现为"官话"逐渐渗入各个方言区域。用"白话"写的各种体裁的作品非常丰富,其中有《三国演义》《水浒传》《儒林外史》《红楼梦》等文学名著。这些作品的语言虽然或多或少地带有地方色彩,但基本上属于北方话。它们的广泛流传,促使非北方话区域的人也用"白话"来写作,大大促进了北方话的推广。在口语方面,大约在白话文学流传的同时,以北京话为代表的北方话也逐渐取得了各个方言区之间交际工具的地位。由于北京是元、明、清历代的政治中心,北京话也就成为各级官府的交际语言,习惯上称为"官话","官话"由于政治影响的推动而传播到全国各地。

到了20世纪初,特别到了五四时期,随着民族民主革命运动的高涨,现代汉民族共同语的发展进程进一步加速了。一方面,"白话文运动"彻底改变了书面语与口语严重脱节的现象,动摇了"文言文"的统治,使一向只用在通俗文学上的"白话"取得了文学语言的地位;另一方面,"国语运动"提升了以北京话为中心的北方话的民族共同语的影响。这两者结合起来,就形成书面形式和口头形式都有了统一规范的文学语言,初步改变了早先言文不一致的局面。至此,人们逐渐用"普通话"来代替"官话"这一旧称。

4. 方言和方言区

我国是一个多民族的统一国家,地域辽阔,方言复杂。作为汉语地域分支的方言,主要有北方方言区、吴方言区、湘方言区、赣方言区、客家方言区、闽北方言区、粤方言区等。其中北方方言区包括的地域最为广阔,长江以北汉族居住的大部分地区和长江以南的一部分地区,大体上都属于北方方言区。北方方言区的人口约占汉族总人口的70%。从东北的哈尔滨到西南的昆明,从东南的南京到西北的酒泉,其间各处的人通话都没有大的困难。这么多的人口,这么广的地域,语言这样一致,在世界上都是很少见的。其他方言区,如以上海话为代表的吴方言、以长沙话为代表的湘方言、以南昌话为代表的赣方言、以广东梅县话为代表的客家方言、以福建话为代表的闽方言、以广州话为代表的粤方言,其语音、词汇,甚至语法的差异就很大。为了国家经济建设的需要,为了充分发挥语言在社会生活中的特殊作用,必须积极提倡民族共同语,大力推广普通话,实现汉语规范化。

5. 记录现代汉语语音系统的符号是"汉语拼音方案"

汉语拼音方案是我国语言工作者总结我国注音字母和拼音字母运动的经验,集中广大群众的智慧,参考世界各国拼音文字的长处制定出来的。1958年2月11日,由第一届全国人民代表大会第五次会议批准推行。半个多世纪的实践证明,这一拼音方案,采用国际普遍使用的拉丁字母,又根据现代汉语语音系统特点进行调整和加工,准确、灵活、妥善地反映了现代汉语语音系统,是一个比较完善的现代汉语拼音方案。它在识字注音、学习推广普通话、汉字传输、译写外国人名地名及为我国少数民族创造和改革文字等许多方面,都发挥了巨大作用。随着国际化、现代化的进一步加快,汉语拼音方案的用途必将日益扩大。

6. 汉字是书写汉语的符号体系

汉字是汉族人民在长期的劳动实践中创造出来的,是世界上历史最悠久的文字之一。世界上通行的文字分为拼音文字和非拼音文字两大类。拼音文字是用字母把音素或音节表示出来,语言的音素或音节是有限的,所以字母的数目不多。只要掌握了字母和拼音规则,一般来说,听到一个词就可以写下来,看到一个字就可以念出来。汉字是表意文字,是用表意体系的符号来表示汉语的词或语素的。汉字是形、音、义的统一体,要掌握、使用汉字,必须了解它的形、音、义,必须了解它怎么写,怎么读,怎么解释。真正掌握汉字不是一件很容易的事。

二、现代汉语词汇和语法

1. 词和词汇

词是最小的能够独立运用的语言单位,是构成短语和句子的备用单位。词汇是语言的建筑材料,是许多词的集合体。

2. 单音词、复音词、单纯词、合成词

每一个词都有固定的语音形式,根据每一个词的不同的语音形式,可以把现代汉语的词分为单音词、复音词两类。单音词是由一个音节构成的词;复音词是由两个或两个以上音节构成的词。从词的内部结构分析,由一个语素单独构成的词叫单纯词,由几个语素组合构成的词叫合成词。单纯词、单音词、合成词、复音词,是根据不同标准划分的,它们的关系是:"天、地、人、牛、马、羊、走、吃、红"是单音词,"芙蓉、葡萄、托拉斯、布尔什维克"是复音词,而它们却同属单纯词;"意义、语言、胖子、桌子、拖拉机"和"逻辑学、法西斯主义"都是复音词,也是合成词。但同属复音词的"芙蓉、葡萄",又是单纯词。

3. 合成词的构成方式

合成词构成的两个(或两个以上)语素间的关系的不同组合,就构成不同类型的合成词。合成词的构成方式主要有两种:复合式、附加式。

复合式,是把两个或两个以上词根组合成词的方式,有陈述关系,如"头痛、心虚、年轻、面熟、地震、邦交"。支配关系,如"带头、革命、动员、理事、签名、示威";修饰关系,如"狂欢、热爱、铁路、国旗、笔谈";补充关系,如"说明、看透、提高、书本、船只",并列关系,又分同义并列,如"语言、学习、美丽、光明、斗争",反义并列,如"矛盾、东西、开关、得失、迟早、忘记、褒贬",偏义并列,如"国家、窗户、人物"。

附加式,是用词根和词缀组合成词的构词方式。或者是"前缀+词根",如"初一、第三、老师、阿姨";或者是"词根+后缀",如"桌子、花儿、石头、绿化、作家"等。

4. 单义词、多义词

每个词都有一定的意义,汉语中单义词包括两类:常见事物的名称和科学术语、专有名词。单义词在现代汉语词汇中相对比较少,大量存在的是多义词。词的多义性,是语言历史发展的必然结果。由于语言中的词同客观事物相比,数量总是有限的,用有限的词汇表达丰富多彩的客观事物,本来就捉襟见肘,加上人们对客观事物认识的深化,就不可避免地要用原有的一些词来表示相关的其他一些事物,造成词的多义现象。一般说来,语言中越是古老的基本词,其意义往往也就越多。一些新词,意义则常常是单一的。

5. 词的基本义、引申义、比喻义

在多义词中,几个意义并不是完全等同的,其中有一个意义是常用的、基本的,其他意义则由这个基本意义转化、衍生出来的。前者叫基本意义,后者叫引申意义。有的词的引申意义是通过词的比喻用法产生的,如"铁"的比喻意义是"坚硬",如"铁拳","香"的比喻义是"舒服""受欢迎","包袱"的比喻义是"负担"。

6. 学习词汇要注意的几个问题

① 单独地看,一个词经常是多义的,但在具体运用中,一般一次却只能采用词的一种意义,因此在具体的上下文中,每一个词都是单义的。② 汉语的丰富性还表现为同一事物、同一概念可以用不同的同义词来表达,如"看",向远处看、向上看、向下看、回头看、偷偷看、仔细看,每一种都可用许多同义词表达。丰富的同义词的存在,对增强语言表达能力的作用极大。③ 词的多义现象、同义现象、反义现象,在语言中是同时并存的。如"深"指由上到下的距离,它的同义词是"高",当它指由此及彼的距离远,同义词就是"远",当"深"指颜色,同义词是"浓",指当"深"感情深,同义词又是"厚";与此同时,它也可以在各种不同意义上与"浅、近、淡、薄"等构成反义词。④ 语言中运用古语词、方言词、外来词等,必须坚持的原则是:普遍的原则、需要的原则、意义明确的原则。一句话,要符合汉语规范化的原则。为了时髦,为了炫耀,乱用、滥用古语词、方言词和外来词的现象,应当加以纠正。⑤ 创造新词,是词汇丰富的重要途径。改革开放以来,随着社会生活的丰富多彩,出现许多新词。如"山寨"一词,曾席卷全国,从山寨手机、山寨游戏机、山寨笔记本、山寨液晶电视,到山寨明星、山寨春晚、山寨文化……似乎只要稍微有点名气的东西,都可以搞出一个山寨版。"山寨"一词源于广东话,其主要表现形式是仿造性、快速化、平民化。方言进入全民共同语,是新时期语言的特有现象。这从一个侧面说明,新词反映了社会生活的迅速发展。但是,新词的产生和成立必须做到:为一般人所普遍使用;反映社会实际的需要;能够明确表达意义,为一般人所懂得。违反以上三条原则,就是滥造新词。为了

维护祖国语言的纯洁和健康,必须反对滥造新词。

7. 现代汉语语法的五级语言单位

（1）语素,是最小的语音语义结合体,是最小的语言单位。

（2）词,是由语素构成的最小的造句单位。

（3）短语(词组),是由词构成的较大的造句单位。

（4）句子,是由词或者短语构成的语言使用单位。

（5）句群,是由前后衔接、表达中心语义的两个或两个以上句子组成的最大的语言使用单位。从"语素"到"词"、到"短语"、到"句子"、到"句群",一级比一级大,一级比一级表意丰富。语素、词、短语,一般是语言的备用单位,还没有用来交际;句子和句群,是语言的使用单位。

语素和汉字不是简单的一对一关系,单音节语素是一个汉字就是一个语素,双音节、多音节语素就是多个汉字才是一个语素。因为从语义独立性考察,可以将语素划分为三类:能够独立成词的语素(自由语素);不能独立成词,只能跟其他语素组合成词的语素(半自由语素);不能独立成词,而且跟其他语素组合成词时位置固定的语素(不自由语素)。

一个语素构成的词是单纯词,两个或两个以上语素构成的是合成词。合成词中语素与语素间的基本关系有并列关系(如"语言、山水")、陈述关系(如"心细、眼花")、支配关系(如"动员、带头")、修饰关系(如"红旗、冰冷")、补充关系(如"提高、放大")。

短语有的是实词与实词的组合;有的是实词借助虚词的组合。从短语功能看,以名词为主体者称为名词短语(如"美丽的春天、集体财产"),以动词为主体者称为动词短语(如"学文化、听明白"),以形容词为主体者称为形容词短语(如"很高兴、高兴得很")。从短语结构看,由两个实词组合成的短语同由两个语素构成的合成词,结构基本一致,有并列关系的是联合短语(如"工人农民、调查研究、机智勇敢"),有陈述关系的是主谓短语(如"你说、大家讨论"),有支配关系的是述宾短语(如"学文化、看热闹"),有修饰关系的是偏正短语(如"美丽的春天、集体财产、热烈欢迎"),有补充关系的是述补短语(如"听明白、走进去")。可见,短语根据功能分和根据结构分,各有所长,一般以功能分类为主,以结构分类为辅。

句子能够表达一个完整的意思,在口头表达上有一个较长的停顿,在书面上用句号、问号或感叹号表示。按照结构,句子有单句和复句。

8. 现代汉语语法特点

语法是人们约定俗成的语言组合规律和规则。现代汉语普通话语法的特点主要是:语序相对固定;虚词比较灵活;五级语言单位(语素、词、短语、句子、句群)结构关系基本一致,对应性很强;短语的组合原则同句子的组合原则基本相同;变换灵活,着重语义。

单句按结构分主谓句和非主谓句。主谓句是由主谓短语构成的句子,非主谓句是由单个词或非主谓短语构成的句子。

单句按语气分为四种：陈述句、疑问句、祈使句、感叹句。

叙述或说明事实的具有陈述语调的句子叫陈述句；具有疑问语调表示提问的句子叫疑问句；要求对方做或不要做某事的句子叫祈使句；带有浓厚感情的句子叫感叹句。

9. 句法的六大成分

汉语的句法成分主要有主语、谓语、宾语、补语、定语、状语。这六大成分是传统的成分分析法的名称。现在用层次分析法，认为句子的结构是一层套一层的，并把中心词改为中心语、把动词改为动语，合起来共有八种一般句法成分。在句子中，主语、谓语、宾语，是句子的主干部分，找出句子的主干，就是找出主语、谓语、宾语的中心语，它表述句子的主要意义。补语、定语、状语，是句子的枝叶部分，它使得句子所表达的意义更具体形象。

10. 汉语的特殊句式

与一般句式在结构上有很大不同、在表述上有特殊要求的句子叫特殊句式。现代汉语特殊句式有"把字句""被字句""连动句（连谓句）""兼语句""是字句"（判断句）"存现句"六种。

（1）"把字句"，是指在谓语动词前用介词"把"引出受事、对受事加以处置的一种主动句。如"我们一定要治好海河"是主动句，变成"我们一定要把海河治好"，就是"把字句"。

（2）"被字句"，是指在谓语动词前用介词"被（给、叫、让）"引出施事或单用"被"的被动句。如："衣服给雨浇湿了。""他的心灵第一次被震撼了。"

（3）"连谓句"，是连谓短语充当谓语或独立成句的句子。如："金生取了笔记本走了。"（表示先后发生的动作）"领导表扬先进树榜样。"（前后表示"方式"和"目的"关系）

（4）"兼语句"，由兼语短语充当谓语或独立成句的句子。如："老师鼓励学生学好功课。""他埋怨我没给他办成这件事。""他有个哥哥在北京工作。"

（5）"是字句"，专指由动词"是"构成的短句。"是"判断主语和宾语的关系。这种关系，或是同一关系，或是从属关系。如："晓俐是一名研究生。""《读者》是很受读者欢迎的杂志。"

（6）"存现句"，表示人或事物存在、产生、出现、消失的句子。如："台上坐着主席团。""山上开满了映山红。""门口站着两个保安。"

11. 常见的句法失误

常见的句法失误有以下几种：

（1）搭配不当。或者是主、谓搭配不当："它每年的发电量，除了供给杭州使用外，还向上海、南京等地输送。""今年这个县的水稻生产，由于合理密植、加强管理，一般长势良好。"或者动词和宾语搭配不当："《女神》的出现，像一阵狂飙卷起了一代新的诗风,开拓了新诗的领域,为新诗运动奠定了显著的实绩。"或者是定语、状语、补语和中心语搭配不当:"我们要注意团结跟自己合不来、看不惯的同志。"主语和宾语意义上不能搭配:"报晓的公鸡是集合的信号。"

(2)残缺和多余。成分残缺主要有主语残缺、谓语残缺、宾语残缺、定语缺少、状语缺少或不完整几种。如:"某同志是位犯过错误的好同志,错误改正后,安排他担任县银行办公室主任。""伟大思想家鲁迅在《祝福》中的祥林嫂是受封建礼教迫害的千百万妇女中的一个。""省委、省政府明确树立起依靠科学技术,加快解决这一突出矛盾。""当前和今后一个相当长时间内,每年进入劳动年龄的人口数很大,安排城镇青壮年劳动力就业是一项相当繁重的任务。"

成分多余主要有主语有多余成分、谓语有多余成分、宾语有多余成分、定语多余、状语多余、补语多余等。如:"马金龙的成长和发展,使他认识到平凡人也可做出不平凡的事情。""回到家乡已经四个多月过去了。""目前这一代中年高中级知识分子,大多是解放后成长起来的各条战线上的中坚和骨干,不少人担负着领导职务。""他参加工作后,坚持上业余夜校,刻苦钻研医务技术,补习文化。""目前财政困难,有些问题短期内不可能很快解决。""从此,原来这个平静的家庭里,就不时发生出使人不安的怪事来。"

(3)语序不当。主要表现为定语和中心语的位置颠倒、把定语错放在状语位置上、把状语错放在定语的位置上、多层定语语序不当或多层状语语序不当等。如:"里院北院上房,我们老两口住。""丰富的实践,使他广阔地接触了社会生活。""有些人把吸烟当作自己的精神寄托,沉醉于昏昏然的烟海迷雾中。""校长、副校长和其他学校领导出席了这届迎新会。""这期研究班是全国职工教育管理委员会和国家经委联合于今年月底举办的。"

(4)句式杂糅。如把施事、受事两种句式混在一起,或者把前后两句牵连在一起,形成语病。

三、现代汉语修辞

我们用语言交流思想、传达信息,要求表达清楚、准确,力求鲜明、生动,在内容、语境确定的前提下,为获取最理想的表达效果而进行语言加工的实践活动就是修辞。

修辞和语音、词汇、语法,都是语言学科的一个分支,但由于修辞属于纯粹研究语言的运用,它同语音、词汇、语法又存在复杂而密切的关系。

在信息时代,修辞的作用更为突出:它有助于提高说话和协作能力、阅读和欣赏能力;有助于提高语言修养和语言美的水平;有助于社会信息更准确畅通地传递。

词语的选择、锤炼，句式表达效果的选择，都是修辞的任务，而辞格的选择和使用，则是修辞中更为普遍、更为重要的任务。修辞格是各种修辞方式的总称。

1. 比喻

比喻，也叫譬喻，就是打比方，指用本质不同又有相似点的事物描绘事物或说明道理。基本类型有明喻、暗喻、借喻三种。如下面三个例句分别对应三种比喻类型："油光碧绿的树叶中间托出千百朵重瓣的大花，那样红艳，每朵花都像一团烧得正旺的火焰。""只要想想，天地是厂房，深谷是车间，幕天席地，群山环拱，世界上哪个地方哪个纺织厂有那样的规模呢？""鲁迅在一篇文章里主张打落水狗。他说，如果不打落水狗，它一旦跳起来，就要咬你，最低限度也要溅你一身的污泥。"

2. 比拟

根据想象把物当作人来写或把人当作物来写，或者把甲物当作乙来写，这种辞格叫比拟。被比拟的事物叫"本体"，用来比拟的事物叫"拟体"。比拟分为拟人、拟物两大类。

比拟、比喻虽然都是两事物相比，但两者又有不同：比喻重在"喻"，即以乙事物喻甲事物，甲乙两事物一主一从；比拟重在"拟"，即将甲事物当作乙事物来写，甲乙两事物彼此交融，浑然一体。

运用"比拟"这种修辞手法，必须是自己真情实感的流露，本体和拟体必须有相近、相似之处，才能收到生动、形象的表达效果。如"春风放胆来梳柳，夜雨瞒人去润花"和"时雨点红桃千树，春风吹绿柳万枝"，一个拟人，一个拟物，就十分贴切、生动。

3. 借代

借代，又叫"换名"，是用密切相关的名称代替人或事物的名称。如用"红领巾"代替少先队员，用"大团结"代替一定面额的人民币，用"诸葛亮"代替有智慧的人，用"乌纱帽"代替官职，等等。

4. 拈连

拈连是利用上下文的联系，把用于甲事物的词语巧妙地用于乙事物。甲事物一般是具体的，多数在前；乙事物一般是抽象的，多数在后。运用这种辞格，可以增强语言表达效果。如："铁窗和镣铐，坚壁和重门，锁得住自己的身，锁不住革命的精神。"又如宗璞的散文中有一句："我只是伫立凝望，觉得这一条紫藤萝瀑布不只在我眼前，也在我心上流过。"这也是拈连，只是省掉了甲事物中的拈连词"流过"，属于"略式拈连"一类。

5. 夸张

夸张是言过其实，对客观的人、事物作夸大或缩小的描述。因为合情合理，虽不真实，却胜似真实。下面的例句分别代表扩大夸张、缩小夸张、超前夸张三种类型："隔壁千家醉，开坛十里香"；"五岭逶迤腾细浪，乌蒙磅礴走泥丸"；"农民们都说，看见这样鲜绿的苗，就嗅出白面包的香味儿来了"。

6. 双关

利用语音或语义条件,有意使语句同时关顾表面和内里两种意思,言在此而意在彼,这种辞格叫双关。谐音双关例子如:"我失骄杨君失柳,杨柳直上重霄九。"语义双关的例子如:"新事物从头做起,旧现象一手推平。"表面上是讲理发,实际是寄托人们对除旧布新的愿望。

7. 仿词

仿词是更换现成词语中某个语素,临时仿造出新词语的一种辞格。一种是"音仿",如:"十一月,广州还是秋高气爽的季节,北国哈尔滨早已草木皆冰了。"一种是"义仿",如:"有一些特产丰富、名胜古迹多的地区,更是宾客盈门,高朋满座。一二把手有时变成了'内交家',自愿地或被迫地生活在彬彬有礼、客客气气的应酬活动之中。"

8. 反语

故意使用与本来意思相反的词语或句子来表达本意叫反语。反语的基本类型分为"以正当反"和"以反当正"两类。

前者如:"有几个'慈祥'的老板到菜场去收集一些菜叶,用盐一浸,这就是她们难得的佳肴。"

后者如:"几个女人有点失望,也有些伤心,各人在心里骂着自己的狠心贼。"

9. 婉曲

又称"婉转",是有意不直接说明某事物,而是借用一些与某事物相应的同义语句婉转曲折地表达出来。婉曲分婉言和曲语两种。

"婉言"如:"你的个人问题怎么处理呀?"

"曲语"如闻一多先生的《最后一次演讲》中的名句:"我们不怕死,我们有牺牲精神,我们随时像李先生一样,前脚跨出大门,后脚就不准备跨进大门。"

10. 对偶

结构相同或基本相同、字数相等、意义上密切相连的两个短语或句子,对称的排列,这种辞格叫对偶。对偶就上联和下联在意义上的联系,大致分正对、反对、串对三类。

"正对"如:"风声、雨声、读书声,声声入耳;家事、国事、天下事,事事关心。"

"反对"如:"理想,生活的旗帜;实干,成功的途径。"

"串对"也叫"流水对",如:"野火烧不尽,春风吹又生。"又如,王力先生的《龙虫并雕斋诗集》中名句:"漫道古稀加十岁,还将余勇写千篇。"

11. 排比

把结构相同或相似、语气一致、意思密切关联的句子成分排列起来,使内容和语势增强,这种辞格叫排比。

12. 顶真

也叫联珠。用上一句结尾词语做下一句的起头,使前后句子头尾蝉联,上递下接,议事说理更严谨、周密。如鲁迅在《鲁迅书简》里这样评价新诗:"没有节调,没有韵,它(指新诗)唱不来,唱不来就记不住,记不住就不能在人们的脑子里将旧诗挤出,占了它的地位。"

13. 对比

对比是把两种不同事物或同一事物的两个方面放在一起相互比较的一种辞格。"有的人活着,他已经死了;有的人死了,他还活着。"这是"两体对比"。"时间是勤奋者的财富,创造者的宝库;时间是懒惰者的包袱,浪费者的坟墓。"这是"一体两面对比"。

14. 反复

为了突出某个意思,强调某种感情,特意重复某个词语或句子,这种辞格叫反复。反复可分为连续反复和间隔反复两种。

前者如:"周总理,我们的好总理,你在哪里啊,你在哪里?"

后者如:"雪降落下来了,像柳絮一样的雪,像芦花一样的雪,像蒲公英的带绒毛的种子在风中飞,雪降落下来了。"

有时两种反复交错使用,反映感情的强烈变化。如鲁迅《纪念刘和珍君》中有这样的句子:"沉默啊,沉默啊。不在沉默中爆发,就在沉默中灭亡。"

15. 设问

无疑而问,自问自答,以引导读者注意和思考问题。设问也就是明知故问,让读者坚信作者的观点。如:"竺可桢去北海公园,单是为了观赏景物吗?不是。他是来观察物候,作科学研究的。"

16. 反问

也是无疑而问,明知故问,但只问不答,要表达的确定意思包含在问句里。这种辞格又叫"激问"。如:"在旧社会,多少从事科学文化事业的人们,向往着国家昌盛,民族复兴,科学文化繁荣。但是,在那黑暗的岁月里,哪里有科学的地位,又哪里有科学家的出路!"

四、古今汉语的比较

1. 汉字字体的演变

字体是文字的书写形体,跟文字的结构方式不同。一种文字可以有几种不同的字体,但结构方式却是比较固定的。字体和结构方式二者又有密切关系:表意文字的结构方式决定了汉字的字体,字体又在一定程度上影响到结构方式。汉字形体演变过程中的甲骨文、金文、篆书、隶书、楷书,是具有代表性的字体。

(1) 甲骨文

甲骨文是刻在龟甲兽骨上的文字,出土地是殷墟。发掘出来的甲骨文单字有 4500 个左右,已经认识的 1500 个左右。从字的数量和单字的结构方式看,甲骨文已经是一种经过长期发展的比较成熟的文字,其中以象形、会意为主,形声字占到五分之一,假借现象十分普遍。由于是用刀在坚硬的甲骨上刻写,所以甲骨文的笔画多为细瘦的直笔。

(2) 金文

金文是铸造在青铜器上的文字,钟、鼎是青铜器的代表,故金文又叫钟鼎文。时间跨越商周两代,一直延续到春秋战国。金文单字总数超过 3000 个,大部分已经考定。由于金文大部分是制作铜器时用模型浇铸,笔道比较肥粗,有弯曲,转折处多呈圆形。书写格式基本定为从右到左直行书写,奠定汉字几千年来书写的典型款式。

(3) 篆书

篆书是大篆、小篆的合称。大篆,又称"籀文""籀书",它上承西周金文,下至秦始皇统一文字时的小篆,是春秋到战国时通行的字体。与金文相比,大篆形体方正,结构整齐,笔画柔婉、匀称。秦统一后,在李斯主持下,以大篆为基础加以简化,用一套标准字体来统一全国文字。这个标准字体就是小篆。小篆的"小",是"简化"的意思,就是对大篆省略删改,笔画简洁明了。它的显著特点是,字形圆匀整齐、字体结构定型、异体字减少、合文(指把二字或二字以上的汉字合成一个汉字书写单位的文字形式)完全消失。小篆是中国历史上第一次有系统的文字规范化运动,影响深远,意义重大。

(4) 隶书

隶书相传是秦国狱吏程邈创造而得名。当时在比较正式场合使用小篆,而社会上广泛使用的则是隶书。秦代隶书又叫"古隶",古隶在战国已有了雏形,通行于秦末汉初,仍未完全摆脱篆文形式,是从草率的篆文变来的。汉代隶书又叫"今隶",通行于西汉到晋初。今隶是从古隶演变而来的。古隶唯求简易,今隶讲究波势、挑法,美观工整。一般所称隶书指的是今隶。隶书用平直方正的笔画取代了圆匀曲折的线条。汉字从篆书到隶书的演变,叫"隶变"。隶变是汉字书写体式中的重大转折。

(5) 楷书

楷书又叫"真书""正书"。楷书形体方正,笔画平直,是人们认为最理想、堪称楷模的字体。它从今隶演变而来,形成于汉末魏初,一直使用到现在,已有 1800 年的历史。

从甲骨文到楷书,汉字形体发生了很大变化。变化的总趋势是由图画性的象形文字逐渐向纯符号的方块字发展。由繁到简,由不便到方便,是汉字发展无法改变的大潮流。

2. 真草隶篆

汉字字体,通行还有"真草隶篆"的说法。这实际上概括了汉字字体的几次重大变化。一般来说,在一定的历史时期,总以某种字体占主要地位:商代用甲骨文,周代用金文(又称钟鼎文),秦代主要用小篆,而以隶书为日用字体,汉代主要用隶书,而草书、行书也已流行,魏晋到现代,主要用楷书(即真书),而以行书为辅助字体。字体的演变一般是缓慢的,渐进的。不是新字体一出现,旧字体就废除,而是有很长时期的新旧并存,即使旧字体基本不用,也不是就此消灭,而是在一些特殊场合仍在使用。如汉魏时期,小篆已经不通行了,但东汉许慎的《说文解字》仍用篆书,隋唐时期,楷书早已通行,但在石刻上仍有人写隶书。直到现在,在写对联、刻印章、绘画题款等场合,还有人把篆书、隶书作为艺术字体来使用。这说明新字体只是取代旧字体的通行地位,而不是说新字体一定要以消灭旧字体作为自己的存在条件。

这几种字体中,隶书是由古汉字演变为现代汉字的一种过渡字体。楷书是现代通行的字体,楷书是由隶书演变来的,是点、横、竖、撇、捺、钩等笔画进一步的发展。楷书出现后,汉字成为方块字就定型了。楷书萌芽于西汉,成熟于东汉末,魏晋以后广泛流行,直到现在,楷书仍然是汉字的标准字体。楷书的印刷体常用的有宋体、仿宋体、正楷体、黑体几种,又根据字体大小编号,如三号字、五号字等。通俗读物、小学课本及儿童读物,常用正楷体印刷。

草书是到了汉代才发展而成的一种具有特色的字体。草书有章草、今草、狂草之分。章草是从隶书发展起来的,今草、狂草是从楷书发展起来的。草书打破汉字的方块形体和结构系统,达到快写的目的,提高工作效率,有一定进步意义。我们使用的简化字中,有一些就是用草书加以楷化的,如"东""学""为"等。唐代兴起的狂草,有些字任意连写,南辕北辙,辨认很不容易,它就只有艺术价值而无实用价值了。行书是介于今草和楷书之间的一种字体,是楷书的草化或草书的楷化。行书的特点是:① 近于楷书而不拘谨,近于今草而不放纵;② 笔画连绵而各字独立,清晰易认,书写效率高。行书成为楷书的主要辅助字体,适用范围非常广泛。

从汉字字体演变的历史看,贯穿着一条主线,就是逐步简化、美化。简化包括两方面:一是精简字数,淘汰异体字,二是省简笔画,化繁为简。省简笔画是产生异体字的重要原因,而淘汰的异体字又往往是笔画较多的繁体字,这两方面是互相联系的。

3. 汉字的形体结构

传统有"六书"说。"六书"是前人分析汉字形体结构归纳出来的六种条例。"六书"名称的出现远远晚于汉字产生的历史,我们不要误以为先有了"六书"的条例,然后再依据这些条例去造字。两者的先后关系不能颠倒。

"六书"中的象形、指事、会意、形声、转注、假借,真正与汉字形体结构关系密切的是前四种,人们说它们是"造字之法",后两种"转注""假借",只是"用字之法",人们通常归纳的"四体二用",就是对"六书"从总体上分析的结果。

按照汉字结构成分的多寡,我们把汉字分为独体字和合体字两大类。一个汉字,如果不能分析出两个或两个以上单独成字的成分,就是独体字;如果能分析出两个或两个以上单独成字的成分,就是合体字。"六书"中,象形字、指事字,属于独体字;会意字、形声字,属于合体字。许慎的《说文解字·序》中说:"仓颉之初作书,盖依类象形,故谓之'文';其后形声相益,即谓之'字'。'字'者,言孳乳而浸多也。"宋代郑樵在《通志·六书略》中也说:"独体为文,合体为字。"意思是独体字称为文,合体字称为字。"文"和"字"合称为"文字"。

在"六书"中,象形、形声、假借这三种最重要,因为象形是造字的基础,形声产量最高,假借扩大了文字的使用范围。

"象形"的定义是"画成其物,随体诘诎",就是描绘事物的形状,把事物的轮廓或特征描绘出来,如"日、月、车、马、牛、虎、犬、止、人、女、行、鼎、皿、目、须、眉、瓜、果、页、牢、州",都是通过象形方法造的字。

"形声"的定义是"以事为名,取譬相成",就是取表示事物意义的字作为意符,取表示事物声音的字作为声符,合在一起,就构成形声字。《说文解字》对形声字的表述,用"从某,某声"。"从某"是说该字的意义范畴,"某声"是该字的表音部分。

形声字的结构形式大体有六种:

左形右声(如"江、河、梧、桐、快、慢")　右形左声(如"鸠、鸽、糊、猴、期、颈")

上形下声(如"草、藻、雾、露、箕、管")　下形上声(如"婆、挚、案、架、臂、臀")

外形内声(如"圃、阁、闺、圆、裹、襄")　内形外声(如"闻、闷、辩、辨、风、凤")

以上六种,1—4种比较常见,其中第1种是形声字的基本形式。

在形声字中,除了上述六种结构形式外,还有一些特殊的结构形式。如意符偏在一个角落(如"修、毂、滕、栽"),声符偏在一个角落(如"旗、施、旌、旆"),或意符、声符互相穿插(如"游"),或意符、声符构件移位(如"丧"),或声符被省略一部分,叫"省声"(如"券、融")。由于古今语音的变化,不少形声字的声符今天也不能准确表音了,如瞠目结舌的"瞠",不读 táng,而要读 chēng,所以要懂一点古音知识才能读准汉字。

"假借"的定义是"本无其字,依声托事"。就是说,语言中有些词,没有专门用来记录它们的"字"(本无其字),就根据这个词的声音,找个音同或音近的字来寄托其意义(依声托事)。如语言中有代词"其",但没有专门为它造字,就把声音相同的表示簸箕义的"其"借来记录这个词。这是"本无其字"的假借。还有一种"本有其字"的假借,有本字而不用,而用一个音同或音近的字来代替。这种假借,又叫"通假"或"古音通假"。因为它是以古音的相同或相近为前提的。在这类通假中,替用字叫"通假字",被替用字叫作"本字",又叫"正字"。这种情况,类似今天的写别字。与今天的写"别字"不同的是:古代的"通假",是相沿成习,具有社会合法性;今天的"别字"不具有合法性。古书中常见的通假字有(各组字中,前面为"通假字",后面为

"本字"）："无—毋、犹—由、详—佯、亡—无、蜚—飞、信—伸、溺—尿、雕—凋、趣—促、耦—偶"。

4. 现代汉语文字的结构系统

现代汉语文字的结构系统包括笔画系统、偏旁系统和部件系统三方面。

（1）汉字的笔画系统

汉字的笔画系统，指的是构成汉字的线条形状。笔画的基本形式是点和线。点和线在汉字里的位置不同，则有一些变体。把笔画的基本形式和变形加在一起，就有许多不同的形体，这叫作"笔形"。汉字的基本笔形有点（、）、横（一）、竖（丨）、撇（丿）、捺（乀）五种。以上五种基本笔形都有一些变形，主要变形有挑（提）、钩、折（曲）三种。点、横、竖、撇、捺、挑、钩、折，构成汉字的八种主要笔形。

（2）汉字的偏旁系统

把偏旁整理成一个系统，是从东汉许慎的《说文解字》开始的。这部书把所收的9353个篆字按照字形结构分为540部，每部用一个字做标目，叫"部首"。部首和偏旁的关系是：部首也是偏旁，但偏旁不一定是部首。这是因为部首表示同部的字所共有的词义类别，而偏旁则除了一部分表示词义的类别以外，更多的是字的表音成分。所以，偏旁的数目远比部首多，不能把两者等同起来。

（3）汉字的部件系统

汉字的部件系统，指汉字部件的组合方式。有单一部件、上下部件、左右部件、内外部件四种基本格式。它们均匀、和谐地分布在一个正方形或长方形中，组合方式丰富多彩，既为进一步分析汉字提供方便，也使书写整齐匀称，具有审美艺术价值。

5. 正确使用汉字

古今汉语都有正确使用汉字的问题，古代汉语的汉字使用，重点是辨别古今字、异体字、通假字；现代汉语文字改革的三大任务是推广普通话、推行《汉语拼音方案》、简化汉字。这是1958年周恩来总理在《当前文字改革的任务》的报告中提出的。近六十年过去了，三大任务并没有完成，有些甚至越发艰巨、复杂。以汉字简化为例，应当本着"约定俗成，稳步前进"的方针，进行汉字的整理和简化。推行正字法和汉字规范化，有许多工作要做。只有正确认识文字规范化的意义，才能自觉使用规范化的汉字，不乱造简体字，乱写简体字。同时，要从自己做起，带头消灭错别字。

错别字是与正字相对的，决定一个字是否是错别字，就是以规范正字为衡量的依据。所有错别字都不符合规范，但不能说所有不符合规范的字都是错别字（如异体字、繁体字还不能算错别字）。产生错别字的原因有主观、客观两方面，而且两方面互相影响，互为因果。主观原因是有人把写字当成是个人的事，马马虎虎，很不认真；客观原因是汉字结构复杂，字体多变。所以，消灭错别字的方法也有两方面。针对主观原因要端正学字用字的态度，重视文字的交际作用；针对客观原因必须牢固掌握汉字的结构系统和结构方式，从汉字形音义三个方面掌握每个汉字的认、读、写、用。

6. 词汇和词义的继承、发展

词汇的继承性主要表现为基本词汇的稳定性。现代汉语从古代汉语词汇中继承了大量基本词和一般词,它们是沟通古今汉语的重要因素。汉语词汇的发展主要体现为旧词的消亡和新词的产生。词汇的这种新陈代谢,同社会物质生产发展、科学技术进步、文化繁荣、习俗改变、制度变革以及人们认识的深化等因素密切相关。

汉语词义的继承发展主要表现为形义相同、形同义异。"形义相同"是词义的继承;"形同义异"是词义的发展。如"走",古代常用义是"跑",今天常用义是"步行";"去",古代常用义是"离开",今天常用义是"从所在地到别的地方";"捉",古代常用义是"握",今天常用义是"抓";"慢",古代常用义是"傲慢",今天常用义是"迟缓";"交通",古代常用义是"相互勾结",今天常用义是"运输手段";"丈夫",古代常用义是"男子",今天常用义是"男性配偶";等等。我们阅读古代书籍,更应重视的是词义的古今变化。杜甫《春望》"烽火连三月,家书抵万金"中的"书"是"书信",李商隐《晚晴》"天意怜幽草,人间重晚晴"中的"怜"是"爱",古今用法大不相同。

7. 词的构成

现代汉语对古代汉语的词的构成形式有继承,也有发展。古今都有单音词、复音词,这是今承古的一面;古代以单音词为主,现代以双音词为主,这是现代汉语在古代汉语基础上发展的一面。

古汉语以单音词为主,这在先秦两汉的作品中尤其明显。一般说来,古书中一个字就是一个词,所以古人往往字、词不分。

古汉语复音词虽远远少于单音词,但就一部作品而言,其数量还是很可观的。古汉语的复音词分为单纯复音词和合成复音词两大类。单纯复音词有叠音词和联绵词。联绵词是两个音节连缀表义的单纯词。根据联绵词的两个音节关系,可以把它们分成双声联绵词、叠韵联绵词、双声叠韵联绵词和非双声叠韵联绵词四种。对于联绵词,切忌望文生义或把两个字分开解释。《庄子·秋水》"望洋向若而叹",是说河伯面对海神,才感到自己盲目自满是多么渺小,其中"望洋",亦作"望羊""望阳",表示仰视的样子,是不能拆开解释的。有人据此引申为"望书而叹""望房而叹",都是不懂联绵词的用法的体现。

合成复音词主要有附加式、联合式、偏正式、动补式、动宾式、主谓式等。

附加式合成复音词,是由词干和表示附加意义的词组合而成。如"杂然""率尔""皇皇如""恢恢乎"等,"然""尔""如""乎"是表示附加意义的助词。

联合式合成复音词,是两个意义相同、相近或相反的词素并列起来构成的合成词。根据两个词素在词中的表意作用又可分为同义复词、变义复词、偏义复词。如"土地""宾客""言语""朋友""美丽"等属于同义复词;"骨肉""春秋""社稷""干戈""消息"等,在一定语境中用为该词的比喻义、引申义,属于变义复词;"是非""成败""寒暑""休戚"等,其中只有一个词素表示词义,另一个词素起陪衬作用,不表示意义,如《庄子》"摇唇鼓舌,擅生是非"中的"是非",只用"非"义,"是"为陪衬,这类词叫偏义复词。

偏正式合成复音词,是前一个词素修饰后一个词素,表义上以后一个词素为主的合成词。如"百姓""黎民""国君""朝廷""锦衣"等。

动补式合成复音词,是前一个词素表示动作行为,后一个词素表示动作行为产生的结果的合成的。如"平定""激怒""断绝""匡正""扑灭"等。

动宾式合成复音词,是前一个词素表示动作行为,后一个词素表示对象的合成词。如"伤心""摄政""将军""祭酒""执事"等。

主谓式合成复音词,是前一个词素表示人或事物,后一个词素表示人或事物的动作状态等的合成词。如"地动""人定""威震""天幸"等。

古代汉语的合成词,是由两个单音词组合而成的。在很长的时间里,它们既可以作为两个单音词连用,又可以作为一个合成复音词使用,我们阅读时,要根据上下文来确定它们是单音词连用还是一个合成词。

8. 词的本义、引申义、假借义

古今汉语中,大多数词是多义词。但不管有多少义项,归纳起来不外三类:本义、引申义、假借义。对于引申义、假借义来说,本义就是中心义项。本义和其他义项的关系,就是纲、目关系。所以,一个词,找到它的本义,就可以以简驭繁,纲举目张。

(1)本义

本义,是指词的原始意义,即造词之初所表示的意义。但由于文字产生前某词的原始意义已无从知道,所以,通常所说的词的本义是指词在文字产生时的意义,即文字形体结构所反映的并有文献史料证明的意义。如,"行"本义是道路,"益"本义是水漫出来,"字"本义是生孩子,"向"本义是朝北的窗子,"来"本义是麦子,"盥"本义是洗手,"立"本义是人站立,"顾"本义是回头看,"颠"本义是头顶。这些都是有古文字的形体构造和文献用例证明的。

东汉许慎的《说文解字》,是我国第一部根据字形分析其本义的专著。清代段玉裁的《说文解字注》、桂馥的《说文解字义证》、王筠的《说文释例》、朱骏声的《说文通训定声》,均对《说文解字》作了补充和诠释,都是研究词的本义的重要参考书。由于许慎的时代还无法掌握更早的古文字资料,所以我们分析词的本义还必须参考甲骨文和金文,并找到相关文献材料来佐证,以增加本义分析的可靠性。

(2)引申义

引申义,是由本义派生出来的意义。从引申义和本义的关系看,可以分为直接引申和间接引申两类:从本义直接引申出来的意义叫直接引申义;从引申义再进一步引申出来的意义叫间接引申义。

(3)假借义

假借义,是由文字假借而产生的意义。假借义与词的本义、引申义毫无关系。如:"信"本义为言语真实,假借为屈伸的"伸",《周易》"尺蠖之屈,以求信也";"胥"

本义为蟹酱,假借为表示等待意义的"须",《战国策》"太后盛气而胥之";"颁"本义为大头,假借为须发半白的"斑",《孟子》"颁白者不负戴于道路矣"。这些假借义和各自的本义,意义上都是没有关系的。之所以被借用,主要是古音的相同或相近。

9. 古今词义的异同

古今词义的异同有三种情况:古今词义基本相同、古今词义完全不同(迥别)、古今词义同中有异(微殊)。"相同"对阅读古代文献不会带来困难;"迥别",容易引起注意,查阅语文工具书可以解决;"微殊"是指在词义上有相同又有某种差异,而这种"异",是细微的差异,不仔细辨别就会产生误解。所以,这是学习的重点、难点。如:"币"古义:① 丝织品;② 礼物;③ 货币。今义:货币。"给"古义:① 供应;② 丰足。今义:给予。"恨"古义:① 怨恨;② 遗憾。今义:仇恨。

古今词义的差异,是词义发展演变的结果。新义和原义比较起来,或是词义扩大,或是词义缩小,或是词义转移,或是词义的感情色彩、程度深浅不同。

(1) 词义扩大

词义扩大,是由个别到一般的引申,即词义所反映的客观事物的范围扩大了。如,"睡",原义是坐着打瞌睡(《史记·商君列传》:"孝公既见商鞅,语事良久,孝公时时睡,弗听。"),扩大为任何睡眠方式。

词义缩小,指词义所反映的客观事物的外延缩小了,新义成为原义外延的一部分。如,"瓦",《说文解字》解释为"土器已烧之名"。段玉裁认为,制作陶器的材料叫"坯",坯烧制成器皿叫"瓦"。北京奥运会开幕式敲击的一种器皿,名称叫"缶",《说文解字》解释为:"缶,瓦器。"就是说,"缶"是陶器。今"瓦"的意思缩小为覆盖屋顶的瓦。

(2) 词义转移

词义转移,是指词义由甲范围转移到乙范围。转移的特点是舍弃本义而用引申义。词义之所以能够转移,是由于新旧词义间存在某种联系的缘故。如,"汤",本义是热水、开水。《孟子·告子上》"冬日则饮汤,夏日则饮水",就是用"汤"的本义。成语"赴汤蹈火",保存了这一古义。因为"开水"和"菜汤""米汤"在性质上都存在必须"烧开"的共同性,所以今天"汤"转移成作为食物的"菜汤"。

(3) 词义感情色彩变化

如,"谤",本义是议论、指责,中性词,今变化为贬义词"诽谤"。"祥"本来也是中性,今天变化为褒义,吉祥。"爪牙"本来表示勇猛的武臣,是褒义,今天变为贬义的帮凶、走狗。"辟"本义是君位,"复辟"就是帝王重新掌权,恢复王位,是褒义词,在现代汉语中也演变为贬义词了。

10. 同义词

意义相同或相近的词叫同义词。同义词是指一个多义词的几个义项中的某一个义项和另一个词的某个义项同义,而不是指它的所有义项均意思相同。如"盗"有"盗窃""逸侵之人"等义项,"贼"有"盗窃""杀害""败坏"等义项,它们只在"盗窃"

这个义项上是同义的。

同义词之间的差别是多样的,主要包括范围、对象、程度、形状、情态、质地、用途、褒贬、语法功能等方面。辨析同义词,就是要找出同义词的细微差别。如,"饥""饿"是同义词。但两者有程度深浅的不同:"饥"是暂时肚子空,表示程度浅;而"饿"是长时间肚子空空或根本没有东西吃,甚至受到死亡威胁,表示程度深。《韩非子·饰邪》"家有常业,虽饥不饿"和《淮南子》的"宁一月饥,无一句饿",就是它们用法不同的证明。又如,在有礼貌、待人谦逊方面,"恭""敬"是同义词,但二者又有细微差别,这个差别主要是侧重点不同。"恭",侧重于外貌,"敬"侧重于内心。《礼记》"宾客主恭,祭祀主敬",意思是,接待宾客,要恭敬有礼,举行祭祀,要内心肃敬虔诚,就区分得很清楚。

11. 古汉语词类活用

古代汉语有些词(主要是实词)经常可以按照一定的表达习惯而灵活运用,在句子中临时改变它的词性和基本功能,这种现象叫词类活用或实词活用。实词的活用,主要是名词、动词、形容词的活用。

名词的活用,包括名词用作一般动词、名词的使动用法、名词的意动用法、名词用作状语等类型。

动词的活用,包括不及物动词的使动用法、及物动词的使动用法。

形容词的活用,包括形容词用作一般动词、形容词的使动词用法、形容词的意动用法等。

名词用作状语,表示比喻、工具、行为根据等。如"天下云集而响应,赢粮而景从",其中"云集""响应""景(影)从",都是比喻"像……似的"。"箕畚运于渤海之尾"中的"箕畚"就是"用箕畚运"的意思。《史记·陈涉世家》"失期,法皆斩"中的"法"即按照当时秦国法律的意思。名词用作状语,有的已凝固成双音词或成语,保存在现代汉语里。如"席卷""鸟瞰""瓜分""鲸吞""蜂拥""响应""蚕食""土崩瓦解""星罗棋布""耳闻目睹""道听途说""风驰电掣""豕突狼奔""风起云涌""狼吞虎咽",等等。

特殊的动宾关系。在有些情况下,宾语不是动词支配的对象,动词和宾语的关系比较特殊,叫作特殊的动宾关系。

使动用法。主语使宾语所表示的人或事物成为这一动作行为的施事者。简单地说,就是主语使宾语产生某种行为,这叫使动用法。

就动词来说,有及物、不及物之分。

及物动词用如"使动"的例子,如《左传·晋灵公不君》"晋侯饮赵盾酒",就是晋侯让(使)赵盾饮酒。不及物动词用如"使动"的例子,如《史记·陈涉世家》"将尉醉,广故数言欲亡,忿恚尉,令辱之,以激怒其众"中的"忿恚尉",就是使将尉恼怒。"忿恚"是不及物动词,本来不带宾语,当它以使动用法出现在句中时,就能带宾语了。

形容词活用为动词后,使宾语所表示的人或事,具有这个形容词所表示的性质状态,叫形容词的使动用法。《论语》"工欲善其事,必先利其器"中"善""利"是形容词活用为动词的使动用法。"善其事""利其器",意思是要把自己的事情做好,必须把自己的斧凿之类器械磨得锋利。

名词的使动用法,表示主语使宾语所表示的人和事,成为这个名词所表示的人或事物。《史记·孙子吴起列传》"鲁欲将吴起"中的"将",是"任用"的意思。

使动用法和兼语式,在先秦是同时存在的。汉代以后,使动用法逐渐为兼语式所替代,因为兼语式的表达更加明确。

意动用法。主语主观上认为宾语所表示的人或事物怎么样,即主语认为宾语具有谓语所表示的内容,叫作意动用法。

形容词的意动用法,是把形容词放在及物动词位置上,让它带上宾语,主语认为宾语所表示的人或事物具有形容词谓语所表示的性质或状态。如《史记·李将军列传》"士卒亦多乐从李广而苦程不识"中"乐""苦"是形容词用为意动词,全句意思是,士兵都认为跟从李广快乐,而跟从程不识太苦。

名词的意动用法,是名词带上宾语、动宾之间不是支配关系,而是认为宾语所表示的内容就是名词谓语所表示的内容。如《左传》"不如吾闻而药之也",意思是把听到的逆耳之言,当作苦口良药,其中的"药"即"把……当作药"。

12. 古今汉语的判断句

判断句是谓语对主语做出判断,由名词或名词性词组做谓语的句子。它对事物的属性做出判断,即某事物是什么,或不是什么。

古代汉语和现代汉语判断句不同点是:现代汉语判断句主要用判断词"是"来表示,古代汉语判断句一般不用"是";现代汉语判断句形式比较单一,古代汉语判断句"者……也"式最常见,但形式比较多样。

13. 古汉语的语序

语序指的是语词在句子里的组合顺序。"语序"又叫"词序",是汉语的重要表达手段。古今汉语的语序基本是相同的:主语在前,谓语在后;动词谓语在前,宾语在后;定语在前,中心词在后;状语在前,谓语在后;谓语在前,补语在后。但是,古今汉语的语序也有一些不同之处,主要表现为以下几个方面。

谓语前置,主要出现在疑问句、感叹句和祈使句中。为了强调谓语,把谓语提到主语前,叫谓语前置。有人称之为"倒装句"。如《礼记·檀弓》:"谁与,哭者?"《孟子·许行》:"大哉,尧之为君。"

现代汉语中也有谓语前置,只是古汉语更多一些。另外,为了押韵或平仄需要,诗词中的谓语前置现象是比较常见的。如王维《山居秋暝》:"竹喧归浣女,莲动下渔舟。"

宾语前置,是指宾语提到动词谓语或介词前面的句式。

宾语前置主要有以下几种情况:在疑问句中,疑问代词作宾语要前置。如《论语》"吾谁欺？欺天乎？"否定句中，有否定词"不""莫""未""毋（无）"等，代词作宾语要前置。如《论语》"不患人之不己知，患不知人也"；依靠结构助词"之""是""焉""之为"等，把宾语提到前面。为了强调宾语的单一性、排他性，在前置宾语前还可加范围副词"唯"，构成"唯（惟）之（是）"的形式。如韩愈《答李翊书》"唯陈言之务去"，就是"务必要去掉陈词滥调"。现代汉语中"唯利是图""唯你是问""唯命是听"，都是古代汉语这种形式的遗存。

定语后置，是指为了强调定语，把定语放到中心词的后面。如《荀子》"蚓无爪牙之利，筋骨之强，上食埃土，下饮黄泉"，"利""强"作"爪牙""筋骨"的后置定语。《列子》"遂率子孙荷担者三夫"中"子孙荷担者三夫"，即"三个能挑担的子孙"。"荷担者"，是动词词组作为"子孙"的后置定语，"三夫"是数词词组作为"子孙"的后置定语。当动词词组、数词词组一起作后置定语时，动词词组定语在前，数词词组定语在后。

句子成分省略，是指句子或词组中某些成分的省略。省略的类型，有承前省、蒙后省、泛指省、语意自明省等。如《商君书·更法》"民，不可与（　）虑始，而可与（　）乐成"，括号中省略了"与"的宾语"之"。《列子·说符》"杨子之邻人亡羊，既率其党（　），又请杨子之竖追之"，括号中省略了"追之"，这是蒙后省。"赏必加于有功（　），而刑必断于有罪（　）"，括号中省略的"之人"，是语意自明省。

五、古代诗词曲常识

1. 律诗

律诗又叫近体诗、格律诗。格律诗的格律，包括五个要素：句数、字数、押韵、平仄、对仗。其中押韵、平仄是核心要素。

（1）律诗的平仄

平、上、去、入四声的名称，由南朝周颙、沈约等人正式提出来，并有意识地应用到文学作品之中。周颙是南朝齐国人，善识音韵，著有《四声切韵》。沈约是南朝著名文学家，吴兴武康（今浙江德清）人，仕宋、齐、梁三代，官尚书令兼太子少傅，著有《四声谱》。周、沈是中国历史上首先发现汉语四声规律的人。他们又共创"永明体"，开了汉语诗词格律的先河。讲究平仄，是汉语格律诗的基本特征。"平仄"就是把传统的四声分成两大类："平"是一类，包含平声；"仄"是一类，包含上、去、入三个声调。它们与现在普通话四个声调（阴平、阳平、上声、去声）的关系是：平声包括现代普通话的阴平、阳平；仄声包括现代普通话的上声、去声以及中古的入声。中古入声字演变到今天，散归到阴平、阳平、上声、去声之中。因此，今天要辨别平仄，关键就在于辨别四个声调中的古入声字。中国南方大部分地区还保留入声字,而中国北方的大部分地区和西南的大部分地区的口语里,入声已经消失,要辨别就困难些。入声字散归阴、阳、上、去四个声调,没有什么规律,如"屋、锡、帖""德、国、足""百、笔、铁""克、色、促"这12个字,都是古代入声字,今天普通话分别读成阴平、阳平、上声、去声四个声调。读成上声、去声的,仍属仄声,对辨别平仄没有影响。有影响的是原来属于仄声的入声字,而今天变成阴平、阳平的部分,要我们认真查记。据统计,在五百多个常用入声字中,从原属仄声而变为平声的,只有二百多个。这是识别汉语诗律"平仄"需要重点下工夫的地方。

(2) 律诗平仄的"对""黏"规则

在一句诗中,如果每个字全用平声,或全用仄声,就会显得呆板、平淡;如果平仄有规则地使用,互相交替,就可以形成抑扬顿挫,具有一种音乐美。律诗正是充分考虑汉语、汉字的特点,从内容和形式两方面,增强它的表达效果。在平仄的组合上,坚持两条原则:① 本句平仄交替,对句平仄对立。如"沉舟侧畔千帆过,病树前头万木春",出句的平仄格式是"平平仄仄平平仄",对句的平仄格式是"仄仄平平仄仄平"。就本例句来说,每两个字一个节奏,平仄交替,就对句来说,平平对仄仄,平仄对立。② 黏对的规则。"对",就是平对仄,仄对平。也就是说,在对句平仄是对立的。"黏"是"连"的意思。从平仄来说,就是平黏平,仄黏仄,也就是平仄相同。律诗一共八句,每两句为一联。一、二两句是第一联,也叫首联;三、四两句是第二联,也叫颔联;五、六两句是第三联,也叫颈联;七、八两句是第四联,也叫尾联。每一联的第一句叫出句,第二句叫对句。"黏"是下联出句头两个字的平仄要与上联对句的头两个字的平仄相同。因为第一字的平仄一般可以不拘,所以平仄相黏的重点就在于第二个字。具体讲,诗的第三句的第二个字和第二句的第二个字平仄应该"相黏"(即相同),第五句的第二个字和第四句的第二个字平仄"相黏",第七句的第二个字和第六句的第二个字的平仄"相黏"。如杜甫的《春望》:"国破山河在,城春草木深。感时花溅泪,恨别鸟惊心。烽火连三月,家书抵万金。白头搔更短,浑欲不胜簪。"这首诗按照"黏"的规则,第三句的"时"和第二句的"春"相黏(平黏平),第五句的"火"和第四句的"别"相黏(仄黏仄),第七句的"头"和第六句的"书"相黏(平黏平)。黏对的作用,使声调多样化。如果不"对",上下两句平仄就雷同;如果不"黏",上下两联的平仄又雷同。违反"对"的原则,叫"失对",违反"黏"的规则,叫"失黏"。"失对"和"失黏",都是律诗的大忌。明白和掌握"对"和"黏"的要求,一首律诗,只要知道第一句的平仄,全篇的平仄就能按这个规则推导出来。

律诗一般分五言、七言两种,五言律诗简称五律,七言律诗简称七律。

(3) 五律的平仄

五言律诗即五个字一句,每首八句,共40个字。五律的平仄分仄起、平起两种:仄起式如杜甫《春夜喜雨》:"好雨知时节,当春乃发生。随风潜入夜,润物细无声。野径云俱黑,江船火独明。晓看红湿处,花重锦官城。"如首句入韵,则为仄仄仄平平;平起式如王维《山居秋暝》:"空山新雨后,天气晚来秋。明月松间照,清泉石上流。竹喧归浣女,莲动下渔舟。随意春芳歇,王孙自可留。"如首句入韵,则为平平仄仄平。

(4) 七律的平仄

七言律诗,每句七字,每首八句,共 56 个字。分平起、仄起两种。平起式,如白居易《钱塘湖春行》:"孤山寺北贾亭西,水面初平云脚低。几处早莺争暖树,谁家新燕啄春泥。乱花渐欲迷人眼,浅草才能没马蹄。最爱湖东行不足,绿杨阴里白沙堤。"如首句不入韵,则为平平仄仄平平仄;仄起式如杜甫《登高》:"风急天高猿啸哀,渚清沙白鸟飞回。无边落木萧萧下,不尽长江滚滚来。万里悲秋常作客,百年多病独登台。艰难苦恨繁霜鬓,潦倒新停浊酒杯。"如首句不入韵,则为仄仄平平平仄仄。

2. 绝句

绝句是以四句为一首的诗体。它的来源较古,有古绝、律绝之分,五言、七言之别。古绝的平仄、押韵都不受近体诗格律的束缚,应归入古体诗一类;律绝在形式上等于半首律诗,也分仄起、平起两种,黏对规则也是一样。五绝如王之涣《登鹳雀楼》:"白日依山尽,黄河入海流。欲穷千里目,更上一层楼。"七绝如杜甫《江南逢李龟年》:"岐王宅里寻常见,崔九堂前几度闻。正是江南好风景,落花时节又逢君。"

3. 律诗的押韵

押韵是指诗在一部分句子的一定位置上必须用同一韵的字。所谓"一部分句子",说明并不是要求句句押韵。以律诗为例,二、四、六、八句句末一字,一定要用韵,所以习惯上又称律诗为"四韵诗"。无论五言或七言,第一句既可用韵,也可以不用韵。在通常情况下,五言律诗第一句多数不用韵,七言律诗第一句一般用韵,而且可以邻韵相押。所谓"一定的位置",是指诗词断句的末尾位置。押韵的字称为韵脚。

古人作诗是按"韵书"押韵的,"韵书"按韵分类,叫"韵部"。一首诗的韵脚字一般必须在同一韵部中选取。如《春望》的四个韵脚字都属于韵书平声"侵"韵里的字;《山居秋暝》四个韵脚字都属于韵书平声"尤"韵里的字;《钱塘湖春行》四个韵脚字都属于韵书平声"齐"韵里的字;《登鹳雀楼》是首五言律绝,两个韵脚字都属于韵书平声"尤"韵里的字。"侵""尤""齐"这些字,是韵目代表字。

(1) 诗韵和韵书

作诗押韵的依据是韵书,韵书是由朝廷颁布的。隋代陆法言等人所编著的《切韵》,分为 193 韵。193 韵分得太细,作诗的人感到韵窄(即每韵所包含的韵字少,选择的余地小),不便遵守和使用,同时也不符合当时的实际语音,所以唐代就规定相近的韵可以"同用"。北宋陈彭年等奉诏修订《切韵》,仍然沿用相近的韵可以互押的"同用"规定,全书分为 206 韵,比《切韵》还多,故取名《广韵》,就是"广大切韵"的意思。南宋时期,平水(地名)的刘渊在其《壬子新刊礼部韵略》中,把《广韵》里已经在实践中"同用"的韵加以合并,成为 107 韵,后人又减为 106 韵,编为《平水韵》。唐代诗人虽然不是依照《平水韵》作诗的,但他们依照"同用""独用"的规则,而这一规则又体现在《平水韵》中,因此,《平水韵》也就符合唐代诗人的用韵。所以,人们习惯把从《切韵》《广韵》音系的韵书简化、浓缩并比较适合于应用的《平水韵》叫作"诗韵"。《平水韵》有106韵,包括平声30韵,上声29韵,去声30韵,入声17韵。因为平声字多,分为上下两卷,收入上卷的称为上平声,收入下卷的称为下平声。上平声、下平声各15韵。既然律诗一般用平声韵,所以这30韵,就是律诗用韵的法定依据。

律诗(包括律绝)一般用平声韵,不用仄声韵。古绝可以用仄声韵,《春晓》《江雪》都是押仄声,也有古绝用平声韵的,如李白的《静夜思》:"床前明月光,疑是地上霜。举头望明月,低头思故乡。"虽然用了平声韵,但还不是律诗,因为平仄不符合律绝的格律。从唐代到近代,人们作格律诗的时候,都依照平水韵。如杜牧《江南春》:"千里莺啼绿映红,水村山郭酒旗风。南朝四百八十寺,多少楼台烟雨中。"因首句入韵,韵脚字为"红""风""中",都在一"东"韵中。一"东"韵,共收174字,这就是说,作诗以上平一东为韵,就只能在这174个字中选字。

(2)"出韵"是格律诗的大忌

一首诗中的韵脚不是同一韵中的字,叫"出韵"。"出韵"又叫"失韵""犯韵",这是律诗所不允许的。为了防止出韵,特别对于初学写作律诗的人,最好选择那些收字较多的韵作为韵脚,选择空间大些。人们按照韵部所辖字数的多寡,把韵分为宽韵、中韵、窄韵、险韵四类。韵部所辖字数多的叫宽韵,韵部所辖字数少的叫窄韵,更少的叫险韵,其余的叫中韵。

(3)词的格律

词是曲子词的简称,最初是配乐的歌词,有自己的乐谱。这种乐谱就是词调。作一首词,必须先选定或创制一个词调,按照词调对字句声韵的要求来填写,以求协音合律,便于歌唱。所以写词叫"填词",又叫"倚声"。每个词调都属于一定的宫调。宫调具有一定的声情,词调也都表达一定的感情。作词要选调,就是根据词的内容选择声情切合的宫调和词调,使声情相从、声情与文情相一致。如写豪情壮志,选用《满江红》《念奴娇》《贺新郎》《沁园春》等慷慨激昂一类词调,写缠绵悱恻的,可选用《满庭芳》《木兰花慢》一类和谐婉约的词调,使音乐形式和词的内容统一起来,声文并茂,增强艺术感染力。

4. 词

(1)词调

词调就是每一首词的歌谱。由于词和音乐关系密切,为了便于歌唱,形成"词有定句,句有定字,字有定声"的固定格式;同样由于音乐的乐谱失传,词与音乐逐渐脱节,词的内容与表示词调的词牌之间已经看不出什么联系。但是,从记录词的文字中,仍流传下来它为配合乐曲的节拍、旋律的许多痕迹:句子长短不齐,韵脚位置参差多变,文字选择注意平仄,说明词的格律、词的音乐性、词的内容是密不可分的。

(2) 词牌

词调的名称叫词牌。在唐代，词牌与词的内容是一致的，刘禹锡、白居易一共写了15首表现"浪淘风簸自天涯"的水乡生活，定了《浪淘沙》这一词牌。其他如咏渔父生活的《渔歌子》，咏夜间闺情的《更漏子》等。缘题生咏，内容、词牌、词调和谐统一。五代以后，词的内容与词牌名称逐渐脱节。为了点明词意，往往另外再标个题目。这样，词牌就仅仅代表词律的一定格式，如写几段、多少句、什么韵等。而且一个词牌有许多不同名称，也有的词牌名称相同而不是同一词调。这种"调同名异""调异名同"的状况，增加了许多麻烦，辨别方法是查阅词谱。

(3) 词谱

词谱是汇集词调的各种体式、分类编排、给填词者提供基本格式和范例的工具书。宋代已有"词谱"，现存最早词谱是明代张綖的《诗余图谱》。比较完备的词谱，有清代万树《词律》和清代陈廷敬、王奕清奉敕编纂的《钦定词谱》。《钦定词谱》简称《词谱》。大型词谱，对词调别体尽量收集。万树《词律》收别体508个，《词谱》收别体1478个。虽然词调的别体很多，但词谱一般会选择其中时代较早或作者较多的一体为正体，把其他各体作为别体，便于实用。

(4) 词韵

词人填词，只要符合乐曲要求，用韵大多根据口语乃至方言。词脱离音乐后，成为纯粹的一种文学形式，产生了对词韵的要求，关于词韵的韵书就应运而生。清代著词韵的学者很多，最著名的是戈载的《词林正韵》。这部著作是戈载总结、归纳唐宋词人用韵情况，参酌审订而撰写的。全书把平声、上声、去声三声分为14部，入声分为5部，共19部，成为词韵方面的代表作。《词林正韵》把平声、上声、去声合为一部，入声独立为一部，反映了唐宋时期的实际语音情况。

5. 词律和诗律比较

词律和诗律相比，在字数、句式、平仄、对仗、用韵方面，有许多明显不同。

(1) 字数多少不一

词不仅每句的字数不固定，还有所谓"添字""摊破""减字""偷声"等术语。"添字"是增字以引起句式变化，"摊破"是一句破成两句，"减字""偷声"与"添字"相反。一首词的字数多少不一，所以词又称为"长短句"。宋人顾从敬在《草堂诗余》中，把58字及其以下的词叫"小令"，59到90字的叫"中调"，91字及其以上的词叫"长调"。字数多少，是根据乐曲节拍的需要而定的。

(2) 各词句数也不一

最少的词只有两句，多的有四十多句。句数多少，是词谱规定的。一首词，一般要分段，每段有几句。词的段落叫"阕"，又叫"片"。阕的划分和音乐有关，指的是乐曲演奏一遍的暂时休止。按照分段情况，词调分为单调（仅有一阕）、双调（词有两阕）、三叠（词有三段）、四叠（词有四段）四种。"双调"是词的主要形式，"三叠"词很少，"四叠"更罕见。一首词的开头往往用一个字、两个字或三个字，作为

"领字"。语气稍作停顿但不点断,语意上有领起下文作用。在一句词中,为了节奏的需要,《词谱》也会标明"逗""豆"或"读"(音 dòu),因为当初词是配合乐曲歌唱的。

(3) 平仄更加多样化

词的平仄同近体诗也有不同。为了符合歌唱的声律节奏,要求词的声调平仄升降和乐曲旋律的高低紧密结合,所以词的平仄格式更为复杂多样化。词中可以出现拗字、拗句,甚至连用几个平声或仄声。有时还规定必须分清四声,《词谱》规定用某一声调的字,就不能用其他声调的字。

(4) 对仗比较灵活

在律诗中,颔联、颈联是必须用对仗的,词的对仗就没有具体规定。即使对仗,也不限平仄相对,也不避同字相对。

(5) 用韵无固定位置

词可以押平声韵,也可以押仄声韵,也可以中间换韵,具有不规则性。但就一个词调而言,押韵方式却有严格规定。词的用韵,是由词谱规定的,有平韵式、仄韵式。仄韵中,上、去可以通押,入声韵单用。韵有疏有密,有一句一韵、两句一韵、三句一韵等。有的一韵到底,有的中途换韵。韵字也不避同字。

6. 曲

广义之曲,泛指秦汉以来可以入乐的乐曲。一般指南宋、金元时期出现并兴盛于元代之北曲和南曲。

(1) 北曲和南曲

曲是继词以后而兴起的配乐歌唱的诗体,分南曲、北曲两种。南曲产生于宋代,兴盛于明代,以南方吴方言语音为标准,有平、上、去、入四声;乐器以箫笛为主,属管乐类,曲调柔缓婉转。北曲盛行于金元时期,以北方中原语音为用韵标准,没有入声;伴奏乐器以琵琶为主,属弦乐类,声调遒劲朴实。宋元时期的南戏、明清时期的传奇,以南曲为主;元杂剧都用北曲。文学史上的元曲,指的是北曲。

(2) 戏曲和散曲

曲有戏曲、散曲两类。戏曲是要表演的,所以有"科"(动作)、"白"(道白)、"唱"几个部分。散曲是戏曲的重要组成部分,可以离开戏曲而独立存在,而戏曲却不能离开散曲而存在。

元代杂剧分为四个段落,叫"四折",有时外加一个"楔子"。今天,我们仍把只表演全本中可以独立演出的一段情节的戏曲叫"折子戏",如演整本《牡丹亭》是本戏,只演《春香闹学》或《游园惊梦》,就称"折子戏"。

每折由同一宫调的多支曲子组成,称作"套数",四折,即四个套数。散曲包括小令、套数两种形式。小令比较短小,套数是同一宫调的若干支曲调、按照一定顺序组成的篇幅较长的诗歌。小令、套数都是配乐歌唱的,所使用的曲调有一定限制。有的曲调只适用于小令,有的曲调只适用于套数,有的曲调小令、套数都适用。

(3) 曲调

曲调是演奏"曲"的乐谱,每一曲调都属于一定的宫调。以七声配十二律,从理论上讲,可以有84宫调。但是,在唐宋时期,实际应用的只有21调,到了南宋,只有12调;元代,据《中原音韵》记载,又减少到11调,有的还没有曲调。实际运用的只有五宫四调。正宫、中吕宫、南吕宫、仙吕宫、黄钟宫,合称"五宫";大石调、双调、商调、越调,为"四调"。五宫四调,合称为"九宫"。作曲时,必须根据作品内容选择一定的宫调,使声情与文意相统一。

(4) 曲牌和曲谱

曲调的名称叫"曲牌"。曲调和曲牌的关系,同词调和词牌的关系基本一样,不同之处有两点:① 词一般不注明宫调,而曲则必须注明宫调;② 词在词牌之外,经常再写一个题目,曲却很少再有题目。

曲都是单调,词多是双调,所以,在许多情况下,曲调、词调名同而谱式并不同,如《捣练子》《调笑令》《减字木兰花》《满庭芳》《八声甘州》《齐天乐》《贺新郎》等。每一种曲调都属于一定的宫调,也有同一种曲调分属两种宫调的。

小令曲牌,有"么篇"和"带过曲"。所谓么篇,是表达的内容比较丰富,单支小令容纳不下,于是按原曲调再写一遍,称作么篇。

"带过曲",是把宫调相同、音律能衔接的小令联结起来。多数是两支曲子,或三支曲子,曲牌上标明"带过",或"带""过""兼"。元人用得最频繁的"带过曲"是[双调]《雁儿落带得胜令》,意思是,"雁儿落""得胜令"都属于双调中曲子,故能互相衔接。如张养浩[双调]《雁儿落带得胜令·退隐》:

[雁儿落] 云来山更佳,云去山如画。山因云晦明,云共山高下。

[得胜令] 倚杖立云沙,回首看山家。野鹿眠山草,山猿戏野花。

云霞,我爱山无价。看时行踏,云山也爱咱。

这是一带一,也有一带二的,如钟嗣成[南吕]《架玉郎带感皇恩采茶歌·四时佳兴·春》。

小令还有一种形式叫重(chóng)头,也叫联章,即同一曲牌重复多次,围绕同一中心而形成的组曲。如白朴的[越调]《天净沙》四首,分写春夏秋冬四时景色。

小令带过曲的容量,最多也只能使用三个曲牌,如果要写更多的内容,那就要用"套数"了。

套数又叫套曲大令,它由同一宫调的若干首曲牌连缀而成,各曲同押一个韵部,构成一个整体。如马致远[双调]《夜行船·秋思》,就选用了七个曲牌,表现了作者愤世嫉俗的放旷情怀:

百岁光阴、梦蝶、重回首、往事堪嗟。今日春来,明朝花谢,急罚盏夜阑灯灭。

[乔木查] 想秦宫汉阙,都做了衰草牛羊野,不恁么渔樵没话说。纵荒坟断碑,不辨龙蛇。

[庆宣和] 投至狐踪与兔穴,多少豪杰。鼎足虽坚半腰里折。魏耶? 晋耶?

[落梅风]天教你富,莫太奢,没多时好天良夜。富家儿更做道你心似铁,空辜负了锦堂风月。
　　[风入松]眼前红日又西斜,疾似下坡车。晓来镜里添白雪,上床与鞋履相别。莫笑鸠巢计拙,葫芦提一向装呆。
　　[拔不断]利名竭,是非绝,红尘不向门前惹,绿数偏宜尾角遮,青山正补墙头缺。更堪那竹篱茅舍。
　　[离亭宴煞]蛩吟罢一觉才宁贴,鸡鸣时万事无休歇,何年是彻?看密匝匝蚁排兵,乱纷纷蜂酿蜜,急攘攘蝇争血。裴公绿野堂,陶令白莲社,爱秋来那些:和露摘黄花,带霜烹紫蟹,煮酒烧红叶。想人生有限杯,浑几个重阳节?嘱你个顽童记者,便北海探吾来。道东篱醉了也。

　　散曲的三种主要形式,小令短小精悍,套数容量较大,带过曲则是两者的折衷。它们各具不同的表现功能。作者会根据内容的需要,做出合理的选择。
　　曲谱是汇集曲牌(曲牌都标示着规定的谱式:字数、句式、平仄、韵律和所属宫调)、供人按谱填词的工具书。现存最早的北曲曲谱是明朱权著《太和正音谱》(二卷),曲谱之集大成者,是清周祥钰等奉敕编撰的《九宫大成南北词宫谱》,收北曲581个曲牌,南曲1513个曲牌,计2094个曲牌,4464体,是学习研究南北曲格律的重要资料。今人唐圭璋先生的《元人小令格律》,收有112个曲牌,以元人小令参订,注明格律,简明扼要。

　　(5)曲韵和曲律
　　北曲作家当初作曲,是按照实际语音用韵的。元人周德清根据关汉卿、郑光祖、白朴、马致远等北曲大家的用韵,归纳成《中原音韵》一书。《中原音韵》反映了当时北方汉语的语音系统。分19个韵部,每一韵部内再分阴平、阳平、上声、去声四个声调。入声分别派到阴平、阳平、上声、去声中去。这种体制,突破了以平水韵为代表的官韵的束缚,和语音实际结合紧密。所以该书问世后,立刻被曲作家奉为准则。
　　曲律是作曲的谱式规范,主要体现为字、句、平仄、对仗、韵式等方面的基本要求。和诗、词相比较,它的主要特点是:① 字数上,可以用"衬字",即曲谱规定之外添加一些字,作用是使元曲句式显得自由而富于变化。衬字数量从1个到10个、20多个,没有明确规定。② 句式的特点是正字(相对于衬字而言)可以增减。能否增减字句,完全决定于曲谱,也无明文规定。③ 因为每个字平仄都有定式,所以比诗词的平仄要求要严。④ 对仗的要求比诗词宽。⑤ 曲的押韵是一韵到底,韵脚位置由曲谱规定。曲韵是四声通押。在该用韵的地方没用韵,叫"落韵",在不该用韵的地方用了韵,叫"赘韵"。"落韵""赘韵"都是不合曲韵的。

六、语文工具书简介

语文工具书是学习语文的良师益友,是提高语文水平和文化素质的不可或缺的顾问。两千多年来,历代先贤编制、著述数量众多的工具书。从编排方式看,以按意义编制的出现最早,其次是按形体编制的,再次是按声韵编制的。现分类做一些简要介绍。

1. 按意义分类编制的工具书

(1)《尔雅》

这是我国春秋战国时期关于名物释义的工具书。"尔"是"近"的意思,"雅"是雅言、通语。"尔雅"就是用近代大家熟悉的"通语"去解释经书中的词语。《尔雅》共19篇,前3篇为《释诂》《释言》《释训》,解释古籍中的一般词语,采用"同义类聚"的编排方法,相当于"同义词词典",如《释诂》:"初、哉、首、基、肇、祖、元、胎、俶、落、权舆,始也。"就是说,这11个词语都可以作"始"讲。"初"为裁衣之始,"哉"(才)为草木之始,"首"为人首,引申为人生之始,"基"为筑墙之始,"肇"为开户之始,"祖"为人之始,"元"为人首,引申为人生之始,"胎"为生之始,"俶"本义为善,《说文》"一曰始也","落"本义为陨落,反训为"始",今天的"落成典礼"中"落"就训"始"。被解释的是古代常用的名词、动词、形容词等。后16篇解释各种名物。《释亲》解释宗族、婚姻,以定名分;《释宫》解释宫室、户牖、台榭、道路之名,了解古今的变化;《释器》解释笾豆、鼎鬵、网罟、衣服、车舆、弓矢;《释乐》解释五音、琴瑟、钟磬、笙簧;《释天》解释四时、祥灾、日月、风雨、祭名、旌旗等;《释地》解释九州、十薮、八陵、九府、五方、郊野等;《释丘》《释山》《释水》《释鸟》《释兽》《释畜》《释虫》《释鱼》《释草》《释木》则分别解释丘、山、水、鸟、野兽、家畜、虫、鱼、草、木。各有特色,相当于一部百科词典。全书一万多字,把二千多词条分类逐一解释,条理分明,精义迭出,受到历代学者的高度评价。

《尔雅》的成就主要表现在:① 它是我国最早的一部训诂专著,为训诂学奠定了良好基础。《尔雅》把散见于典籍的零星训诂材料,进行全面系统的研究,对古今异言、方言俗语和各种名物进行归纳整理,形成有条理的分类词典。这是训诂学史上的重大贡献。② 它保存了汉语语词的许多故训,是研究古代词汇词义发展的宝贵资料。《尔雅·释鱼》:"蟛蟹,小者蟧。"是说"蟛蟹"是一种形状像蟹而比蟹小的生物,没有壳,寄居在空螺壳中。还有一种小蟹叫"蟧",又名螃蜞、螃蟹,穴居海边或江河岸边,能伤害禾苗,损害田埂堤岸。"蟛蟹"和"蟧"和"蟹"的区别,不用说今人已经说不清,早在1600年前,人们就分不清了。《世说新语·纰漏》中就记载东晋蔡谟误把"蠑螈"当蟹吃而呕吐的故事。但在《尔雅》时代,却留下这方面的珍贵材料。③《尔雅》首创我国辞书的编纂体例,后代以"雅"命名的专著大量出现(如《小尔雅》《广雅》之类),说明它对后代的影响是巨大而深远的。

(2)《方言》

这是西汉扬雄著的我国第一部关于方言学方面的著作。该书的编写方法受《尔雅》影响,也按意义编排,分类解释,所不同的是,《尔雅》专收儒家经典中的词语,《方言》则主要记录各地方言词语。全书共13卷,卷1—3,释语词;卷4,释衣服;卷5,释器皿、家具、农具等;卷6—7,释词语;卷8,释动物;卷9,释车、船、兵器等;卷10,释词语;卷11,释昆虫。解释词语时,说"某地谓之某",指各地方言;说"某地某地之间谓之某",指较大方言区;说"通语""凡语""凡通语""通名""四方之通语",指当时的书面普通话;说"古今语""古雅之别语",指古代不同的方言。

《方言》的主要成就是:① 它是我国语言学史上第一部方言学研究著作,也是第一部以人民中间活的语言为研究对象,并且以个人力量进行实际语言调查,然后整理归纳形成科学体系的专著,有很高的学术价值。②《方言》也是重要的训诂专书。它搜集词语的重点是方言词,而对词义的训释,则比《尔雅》更细致更明确,并且还保存了一些关于汉代典章制度的材料,为研究汉代社会的政治、经济、文化和社会习俗提供了条件。

(3)《释名》

东汉刘熙著,仿效《尔雅》体例,也是按意义分类的解释词义的专著。全书8卷,收录先秦两汉间词语一千五百多条,现存27篇。分类与《尔雅》大同小异。《释名》一书,采用以音求义的方法推断词语音义来源,即用音同、音近字训释词义。具体条例,从清代顾广圻的《释名略例》,到今人杨树达的《释名新略例》,都有详细论述。《释名》的学术价值主要表现为:①《释名》保留了古训古义。如在"释典艺"中,对"碑"的解释:"碑,被也。此本葬时所设也,施鹿卢,以绳被其上,引以下棺也,臣子追述君父之功美,以书其上。后人因焉。"对"碑"的考辨十分精辟。②《释名》以声音探求语源、说明事物命名的方法,是很有价值的。这在语言学史上具有特殊贡献。《释名》突破字形的束缚,以声训为主要手段,探求音义间的联系,以求会通,对后来的语言研究产生广泛影响。清人用"因声求义"解决许多训诂问题,其开创性工作,应该始于《释名》。③《释名》保存了大量语音材料,利用这些材料,不仅可以了解汉代语音系统的某些特点,而且可以了解语音的发展变化。如《释姿容》:"负,背也。置项背也。"《释州国》:"邦,封也。封有功于是也。"④《释名》保存了不少汉代方言材料。

(4)《广雅》

魏张揖著,性质、分类同于《尔雅》,也分《释诂》《释言》等19篇,释义方法也是以一词释多词。与《尔雅》相比较,张揖的原意是为了"广"《尔雅》之"未能悉备",一方面收集、整理、保存汉代训诂资料,一方面又补充了一些新字、新义。全书2345个条目,是《尔雅》以后"雅书"中最有价值的著作。清代训诂学家王念孙,用了十年时间为《广雅》作疏证,他通过古音探求古义,突破字形束缚,有较高学术价值。清焦循《读书三十二赞》说:"高邮王氏,郑许之亚。借张揖书,示人大路。"表明"疏证"在阐释《广雅》的基础上,有许多发明创造。

(5)《经典释文》

唐陆德明编撰。30卷,对儒、道两家所谓"经典"的注释和音读进行汇集,是一部在汇集古书训诂材料方面有代表性的学术著作。内容包括:《序录》1卷,《周易音义》1卷,《尚书音义》2卷,《毛诗音义》3卷,《周礼音义》2卷,《仪礼音义》1卷,《礼记音义》4卷,《春秋左氏(传)音义》6卷,《春秋公羊(传)音义》1卷,《春秋谷梁(传)音义》1卷,《孝经音义》1卷,《论语音义》1卷,《老子音义》1卷,《庄子音义》3卷,《尔雅音义》2卷。该书内容特点是:① 详细记载秦汉以来经学各家的传授源流;② 详细记载有关"经典"的注释和音读的书籍及其撰述人(实际是"书目提要");③ 解释字义,以引旧注或古书为主,有时作者也自加注释或按语;④ 注意辨别字体和版本的异同;⑤ 标注字音,包括直音和反切,而以反切为主。《经典释文》的主要价值在于:一是保存了唐代以前的训诂材料,其中包括部分已经亡佚的材料,给后世研究声韵、训诂提供了丰富资料;二是有助于对秦汉古籍的考证、校勘工作;三是对只有《经典释文》引到的古人佚说和陆德明本人对字义的解释,也有很高的学术价值。

(6)《一切经音义》

唐代佛教盛行,翻译佛经蔚为风气。佛教徒阅读佛经,也遇到音读和字义方面的问题。因此,初唐僧人玄应撰《一切经音义》(有叫《玄应音义》《众经音义》),僧人慧苑撰《华严音义》,都是给佛经中难读难解的字句标音释义的。玄应的书,征引了汉晋以来诸家对秦汉古书的注解,其中有些是失传的,很具学术价值。中唐时期,僧人慧琳又撰一部大书,叫《一切经音义》(一名《慧琳音义》《大藏音义》),共100卷,把玄应、慧苑的两部著作都网罗在内,并大为扩充。全书注释了佛经一千三百多部,五千七百余卷。书中征引唐以前著作和佛教经典共七百五十余种(其中唐以前著作二百五十余种),许多已亡佚的如东汉应劭的《通俗文》、晋吕忱的《字林》,都可从中检出佚文,为后世研究声韵、训诂之学提供了丰富资料。

(7)《诗词曲语辞汇释》

今人张相著。这是一部汇集解释唐宋金元明各个历史时期的诗、词、曲中特殊词语的专书。所谓"特殊词语",有两个含义:① 收录的大都是当时的方言俗语,古文里一般不用,而诗词曲中却广泛应用;② 这些词语的意义,在当时虽耳熟能详,但由于词义的演变,今天变得不好理解、不能理解。该书不仅采集丰富,而且进行全面系统的分析研究,提出每个词的确切含义,该词改变场合后词义所发生的变化。其推求词义方法,除运用声音通假外,尤其重视从上下文、同类词句比较中去推寻,因此结论精确、可靠。

2. 按形体分类编制的工具书

(1)《说文解字》

东汉许慎著。许慎写作《说文解字》的目的,是为了探求文字的本源,考查文字形、音、义之间的关系及其由来。按照许慎的说法,独体为"文",合体为"字","字"是由"文"孳乳相生的。"说"是考释,"解"是判别,所以对"独体"的"文",侧重释义,对"合体"的"字"则既释其义,又要分析其形体结构,并说明字音。"说文"和"解字"合而为一,就概括了这部书的内容。

《说文解字》共15卷,1—14卷为正文,第15卷为叙目。全书分540部,收字9353个,重文1163个,解说133441字。每一字,先列篆文,正篆之后是该字的说解,包括说解字义、字形、字音三部分。说解之后,再列与篆文不同的古文、籀文或一字兼有的或体、俗体、奇字等。《说文解字》是中国语言学史上具有划时代意义的一部著作。如果没有《说文解字》,不仅"五经",其他文化典籍也都难以读懂,所以它对中华文化的传承、贡献是卓越的。在字形方面,我们通过《说文解字》所保存的字体,才能了解汉字形体演变的过程,才能识读更古老的汉字,才能分析汉字所蕴涵的意义。在字义方面,《说文解字》根据汉字表意性的特点,运用分析字形的方法探求本义,本义明,诸引申义、假借义才有脉络可寻,才能建立汉语词汇系统。在字音方面,《说文解字》的"读若"和用形声系统说明造字之初的读音,都为后人提供了丰富的秦汉古音资料。如果没有《说文解字》所保存的古音资料,我们对古音的认识和研究,就不会达到现在的水平。《说文解字》是中国历史上第一次大规模的文字统一、规范成果,许慎用部首统率汉字,使汉字成为有组织的体系,使人们对汉字的认识更加深入、更加科学,他所发展和完善的"六书"理论,至今仍是我们认识和掌握汉字的重要方法和手段。总之,《说文解字》是我国传统语言学的瑰宝,是"功垂千古,泽被后世"的里程碑式著作,具有很高的实用价值和学术价值。

历代研究《说文解字》的著作很多,仅清代,最著名的就有所谓"《说文》四大家":段玉裁的《说文解字注》、桂馥的《说文解字义证》、王筠的《说文释例》和朱骏声的《说文通训定声》。

(2)《玉篇》

自《说文解字》以后,存世的文字学著作以《玉篇》为最重要,它是我国现存的第一部专释楷字的字书。作者顾野王,南朝陈吴郡吴县(今江苏苏州)人,于梁大同九年(543)撰成《玉篇》30卷,收字22561,比《说文解字》的9353字多出13208字。所收之字,主要是当时通行的楷体,也收录若干古文、籀文、篆文等,不少流行于民间的俗字也被收录。

该书基本采用《说文解字》部首,删去《说文解字》所列的"哭""眉"等10部,新增"父""云"等12部,总数为542部。部首排列的原则,或以字义,或以形体,考虑并不很周密。释字以音义为主,一般不分析形体,充分考虑实用。每字之下,先用反切注音,然后解释字义,有的引据书证,有的在书证中有所解释就不另加解释。文字中有古写和异体的,也列在后面。它所保存的音义训诂,对汉语语音史、汉语词汇史,都是非常宝贵的材料。

（3）《康熙字典》

清代张玉书、陈廷敬等主持编写,始作于康熙四十九年(1710),成书于康熙五十五年(1716)。该书最大特点是：① 收字多。该书收字 47035 个,加上重复的古文 1995 个,合计 49030 个,超过以往所有的字典。在很长一个时期内,它是我国收字量最多的一部字典,即使此后出版的字典的收字量也很少有超过它的。② 字义详尽。该书差不多将每个字的不同义项都列举出来了,而且每一义项多引用初见于某古籍的例句,旁证释义,信而有征,便于查考。③ 注音详尽。该书将每一个字的不同音切都列举出来,并标有"直音",对读者辨识读音很有帮助。

该书仿照明梅膺祚《字汇》、张自烈《正字通》的体例,全书分为子丑寅卯辰巳午未申酉戌亥十二集,正文前有等韵、检字、辨似,末附补遗、备考,收遗漏和无可考证的字。部首采用《字汇》的 214 部首,同部首的字都以笔画数为序排列。每字下先注音,后释义。注音用《唐韵》《集韵》《韵会》《正韵》的反切,这些韵书未收的字,采用其他韵书。释义则以《说文解字》为主,兼采其他字书、韵书,一般都引证古书用例。先列本音本义,后列别音、别义。别体、俗体、讹字,附列于注后。2002 年,中国档案出版社出版"现代检索、注音对照"本《康熙字典》,大大提升了它的使用价值。对于该书的缺点和错误,清王引之的《字典考证》,指出该书引书错误就有 2588 条,可供参阅。

（4）《中华大字典》

徐元浩、欧阳溥存主编,成书于 1915 年,时为中华民国四年,故称《中华大字典》。全书按部首编排,分 214 部。每字下,先列《集韵》反切,如果《集韵》中没有这个字,就参照《广韵》或其他韵书。每个词再分项列举字义,先释义,后列书证。书证中,用"—"代表被释字,一个义项用一个书证。各个义项的次序都用数字号码标出,其次序是先本义,再引申义,再假借义。如果书证训释不明确,就引该书的笺注,或编者附加按语说明。

《中华大字典》是在《康熙字典》的基础上编纂的,比起《康熙字典》,它的优点是：① 字义分条列举,眉目清楚,并且先列本义,次列引申、假借,条理清晰；② 引证简明扼要,易于理解掌握；③ 反切用《集韵》,不像《康熙字典》兼收各韵书的反切,使人无所适从；④ 比《康熙字典》收字多 1000 多字,大都是近代方言字和当时科学上用的新字,是当时我国收字最多的一部字典；⑤ 校正《康熙字典》错误 2000 多条。该书缺点是罗列义项过多,显得支离破碎,难以把握；引文中也有随意删节现象。

（5）《辞源》

商务印书馆编印,出版于 1915 年,1931 年出版《辞源》续编。1939 年,出版《辞源》正续编合订本。1949 年,出版《辞源》简编本。1958 年,开始《辞源》的修订工作,1983 年出齐四册修订本。是我国现代第一部较大规模的语文辞书。

《辞源》按部首排列,共 214 部。在字头下,先列汉语拼音字母和注音字母注音,标明反切;后列出单字义项及书证;单字后,列出以该字起头的词语,进行释义并佐以书证。修订后的《辞源》,删去了旧《辞源》中的现代自然科学、社会科学和应用技术的词语,专收古代汉语的词汇,成为一部新型的古汉语词典。

(6)《辞海》

最初由中华书局刊行于 1936 年,有甲、乙、丙、丁四种版式。1947 年出版合订本。1979 年,修订出版三卷本《辞海》,1989 年出版合订本。新版在增收词目、订正错误、补充缺漏、更新内容、精练文字、充实基本知识等方面,都有明显成效。

《辞海》全书收单字 14872 个,选收词目 106578 条,包括成语、典故、人物、著作、历史事件、古今地名、团体组织,以及各学科的名词术语,是一部百科性辞书。

新版《辞海》按部首排列,分 250 部。使用该书时,有几点必须注意:① 掌握所用"字体""字形"。该书以简化字排印,所用字体以中国文字改革委员会编印的《简化字总表》和文化部、文字改革委员会联合发布的《第一批异体字整理表》为准,字形以文化部、文字改革委员会印行的《印刷通用汉字字形表》为准。② 释文力求客观、公正,注意材料和观点的统一。对时间性较强或未能肯定的材料,避免在释文中引用。对学术问题,有定论介绍定论,尚无定论的,作客观介绍,避免误导。③ 单字用汉语拼音字母注音并标明声调;比较冷僻的字,加注直音;同义异读的,根据普通话审音委员会编的《普通话异读词三次审音总表》注音。

(7)《联绵字典》

符定一编,1943 年商务印书馆出版。该书内容大体与《辞通》相同。《辞通》,朱起凤编著,1934 年由开明书店出版,是一部专门收集双音词的词典。《辞通》之"通",表示有些读音相同、相近而写法不同的双音词,其意义是相通的。《辞通》重视因声求义,善于从声音通假上去探寻词义;而《联绵字典》则更加重视双声、叠韵和重叠的联绵词。与《辞通》相比,该书引证更为丰富,引文尽可能完整,义例分析较为细密,注意字词的发展变化。

该书所说双声、叠韵,以古声 19 纽、古韵 22 部为准。作者历时 30 年完成的这部 400 万字著作,对于我们正确理解古代文献中的联绵字有极大的帮助。

(8)《汉语大词典》

这是一部大型的、历史性的汉语语文词典。其特点是"古今兼收,源流并重",除了对单字本身的意义演变加以总结外,更侧重于收列一般词语。着重从词语的历史演变过程中全面阐述词语。在字音方面,每个字头下面依次标注现代音和古音。现代音用汉语拼音字母标注,古音用反切标注。在《广韵》《集韵》的反切后面依次列声调、韵部和声类。在词义方面,所收条目义项较为完整,释义较为确切,例句较为丰富。

(9)《汉语大字典》

这是一部以解释汉字的形、音、义为主要任务的大型语文工具书,是汉字楷书单字的汇编,共收列单字 56000 个左右。在继承前人成果的基础上,注意吸收今人的新成果。它注重形、音、义的密切配合,尽可能历史地、正确地反映汉字形、音、义的发展。在字形方面,于楷书单字条目下,收列了能反映形体演变关系的、有代表性的甲骨文、金文、小篆和隶书的形体,并简要说明其结构的演变。在字音方面,对所收列的楷书单字尽可能注出现代读音,并收列中古反切,标注上古韵部。在字义方面,不仅注重收列常用字的常用义,而且注意考释常用字的生僻义和生僻字的义项,还适当收录了复音词的词素义。

3. 按声韵分类的工具书

(1)《广韵》

全名《大宋重修广韵》,是在《切韵》《唐韵》的基础上,由陈彭年、邱雍奉诏重修,于宋大中祥符元年(1008)写成的。它是《切韵》系列韵书的集大成之作。《广韵》以四声为纲,以平上去入分卷次,平声字多,析为上下两卷,全书共五卷。所列韵目 206 个,其中平声 57,上声 55,去声 60,入声 34。全书收字 26194 个,说解用字 191692 个。

《广韵》韵目下注有"同用""独用",这是为礼部的科举考试而定的。所谓"同用",指作文应试时,注明"同用"的各韵可以通押;所谓"独用",指注明"独用"的韵不能与别的韵相通。如五"支"和六"脂"、七"之"下注"同用",说明作诗时,这三个韵的字可以通押;八"微"下注"独用",说明如果以"微"为韵的律诗,就只能在"微"这个韵目里的一百多字中选择用韵的字。"同用""独用"确定的原则,应该和当时的实际语音有直接关系。

《广韵》的价值,表现为两方面:一是适应封建社会"以诗赋取士"的要求,提供科举考试时的依据。《玉海》卷四十五云:"以举人用韵多异,诏殿中丞邱雍重订《切韵》。"《广韵》卷首引了宋真宗赵恒的话说,编撰《广韵》的目的是为了"设教崇文,悬科取士"的需要。二是《广韵》在音韵学史上具有不可替代的作用。人们通过《广韵》来归纳《切韵》的语音系统,考订中古语音,并以《广韵》为阶梯研究古音系统;《广韵》又是研究中古以后语音变化和现代方言分歧的重要根据。黄季刚先生在《与友人论治小学书》中云:"音韵之学必以《广韵》为宗,其与《说文》之在字书,轻重略等。"

(2)《集韵》

这是《广韵》问世 30 年后完成的一部著作,是不满意《广韵》的"多用旧文,繁略失当"和《韵略》的"多无训释,举人误用"而决定重修的。比较《集韵》和《广韵》,《集韵》有几个明显的长处:①《集韵》收字"务从该广",全书收字比《广韵》多了两万多,达到 53525 字。对原来《广韵》的注释,也有所增删修改,其"字训悉本许慎《说文》,慎所不载则引它书为解",并一一注明出处。不见经传者或口头流传者,注以"一曰",置于义训之后。收字多、释义详细,都为使用提供了方便。②韵目数,两书虽同为 206,但韵目用字、部分韵目的次序以及原注的"同用""独用",都有一些改动。如合并一些窄韵,改变了部分"同用""独用"例,既反映当时语音变化的实际,又符合韵文用韵的实际。如《广韵》"文""欣"分别独用,而在诗文中,"欣"与"真""淳"音近,是通用不分的,所以《集韵》注明"欣""文"同用。③《集韵》参考宋代语音,改动若干反切,最明显的是把《广韵》重唇音(今"双唇音")、轻唇音(今"唇齿音")混用的情况,一律改为重唇切重唇,轻唇切轻唇。这个改动说明当时轻、重唇音的分化已经完成。

《集韵》是研究文字训诂和宋代语音的重要资料,应该受到足够的重视。

(3)《中原音韵》

元代是戏曲创作繁荣昌盛的时代。戏曲创作必须讲究音律,曲韵韵书应运而生。曲韵韵书的创始之作是《中原音韵》。它彻底改变了传统韵书的体例和内容,在音韵学史上是一场革命。

《中原音韵》作者周德清,擅长音律,兼长北曲,对"泥古非今"状况极为不满,于是发愤写作一部符合当时实际语音的韵书。所以,《中原音韵》改变了传统韵书的撰写体例,也改变了《广韵》系列韵书分韵定音的标准,是一部富有革新精神的著作。这主要表现在以下几方面:①《中原音韵》反映实际语音的变化,分韵较《广韵》简单。《广韵》等传统韵书将声调不同而韵母相同的字分列为不同的韵,所以有206韵,而《中原音韵》则不论声调,只要韵母相同就归为一个韵部,共分19个韵部。《中原音韵》的韵部相当于《广韵》的一个"韵类"(《广韵》有61个韵类)。②《广韵》有独立的入声韵34部,《中原音韵》考虑到汉语北方话发展到元代的实际情况,入声不再独立,而分派到阴平、阳平、上声、去声中,即所谓的"入派三声",目的是"广其押韵,为作词而设耳"。③《中原音韵》是为戏曲"正音"而作,其审音标准是当时共同语的基础音系洛阳音,这是因为洛阳早就成为全国政治、经济、文化的中心。《中原音韵》的产生,不仅保存了丰富完整的近古时期北方话的实际语音材料,而且又归纳总结了元曲大家创作用韵的实际,直接为词曲创作服务,它在中国学术史的地位是不能动摇的。

(4)《佩文韵府》

清代张玉书等编,清康熙五十年(1711)编成,五十九年(1720)续编《韵府拾遗》,是一部按韵编排的词语汇集,是专供作诗文时选择辞藻、查明典故用的工具书。该书以单字统词语,单字按《平水韵》的106韵排列,每字下注反切和解释。使用方法:① 每个韵部中,排列同韵字。如上平声一东韵,排列东、同、铜、桐、童等字;六鱼韵下排列鱼、渔、初、书、舒、居等字。② 以字为单位,下列以这个单字为词尾的词汇。如"东"下列门东、河东、墙东、征东、江东、玉门东、五湖东等词汇。末字和字头相同的"韵藻"(词语),先列二字词汇,然后三字、四字词汇,依字数多少为序。同样字数的词汇的排列先后,则按经、史、子、集为序,同时照顾朝代的先后。③ 每个单字字头下面,标出反切,注明最原始、最简要的训诂和处处。④ 单字下面,罗列词汇。每条词汇下面注明出处,然后引用包含这个词汇在内的原文。词汇分两部分,第一部分标为"韵藻",第二部分标为"增"。因为该书是在元代阴时夫《韵府群玉》和明代凌稚隆《五车韵瑞》基础上增补而成的,所以两书原有词语列前,增补的列后,标以"增"字。对我们实用价值比较大的,正是这两部分。⑤"韵藻"和"增"的后面,还有"对语"(对仗的词语)、"摘句"(列举包括这个字的诗句)两栏。

(5)《经籍籑诂》

清代阮元等编纂,清嘉庆三年(1798)出版,是专门收集唐代及唐以前各种古书注解的词典。引用书有一百多种,汇集在一起,以单字、单词为条目,依照《佩文韵府》的106个韵部,分平、上、去、入编成,每韵一卷。每条先列字的本义,次及引申义、假借义。一字如有数音,则分别采入几个韵部,并因字义的不同而各加解释。今人武汉大学宗福邦等主编的《故训汇纂》,是《经籍籑诂》的继承和发展,是一部训诂资料齐全的大型语文工具书。所收资料从先秦到晚清,所引古籍达228种。编写体例是"以音为纲,以义为目",注音时,从现代音(用汉语拼音)到中古音(用反切)、上古音(只注韵部),一一标出。释义时,先标出其义项数目,然后再释义,再列书证。

(6)《助字辨略》

清代刘淇著,康熙五十年(1711)刊行,是一部重要的研究汉语虚词的专著。全书收虚词476个,分30类。取材丰富,从先秦到元代,从经史到诗词杂说,无不搜集。解释的方法有:① 正训,如"义者,宜也";② 反训,如"故,今也";③ 通训,如"本,犹根也";④ 借训,如"学之为言,效也","学"借为"效";⑤ 互训,如"安"释为"何","何"释为"安";⑥ 转训,如"容"有"许"义,所以可释为"可","转"即辗转引申。

该书所收虚词,按106韵排列,新版附笔画索引。

(7)《经传释词》

这是清代王引之著的一部解释古书虚词的训诂学专门著作。全书10卷,共收虚字160个,以36字母顺序排列。该书的特点是:① 收采和引证范围只限"九经""三传"及周秦西汉的古籍,虽然从纵向看,范围太窄,但从横向看,对这一历史时期的材料征引却很丰富。② 在解释虚词方面论断正确,富有独创性。一个词有多种用法,则分为若干条解释;每条解释都能博引例证,追根溯源,说明演变情况。如果所引例证有费解之处,再对所引原文进行解释。③ 排列方法是将词目按守温36字母排列,这在音序排列的著作中也很特别。中华书局新版的卷一至卷四,收影、喻、晓、匣等声纽的字;卷五,收见、溪、群、疑等声纽的字;卷六收端、透、定、泥、知、彻、澄、娘等声纽的字;卷七收日、来声纽的字;卷八收精、清、从、心、邪等声纽的字;卷九收照、穿、床、审、禅等声纽的字;卷十使收帮、滂、并、明、非、敷、奉、微等声纽的字。旧版未附索引,对不熟悉古代声纽的人,使用不大方便。

(8)《词诠》

今人杨树达著。该书收古书中常见虚词及部分代词、动词、副词,共500多个,是同类著作中收字最多的著作。《词诠》解释词义的体例比较完善严谨:先标明词类,其次说明义训,最后举例证明。所举例证,每条都详细注明原文书名、篇名。对于每条词目,不论是普通用法还是例外用法,都详引例证,分条解说。作者"意在便于初学"的宗旨,在内容和体例上体现得十分清楚。

《词诠》是在吸收刘淇、王引之等人对虚词研究成果的基础上,运用现代语言学方法,来阐明古汉语虚词的用法,其成绩超过前人。

《词诠》的全部词目按注音字母次序排列,书前另有部首、笔画索引可以查检。

(9)《辞通》

朱起凤编著,1934年开明书店出版,1982年上海古籍出版社重印。这是一部专门收集双音词的词典,用音同通假、义同通用的原则处理同词异形现象。作者运用"因声求义"的方法,把一些音义相关的词,也就是一个词的不同写法类聚在一起,把比较常见的一种写法放在最前面,其他排在后面,成为一组。在一组词中,只要检到一个,便能了解到一系列的词;某词使用于何时,见于何书,某词是某词的字形讹误等,都能一目了然。

全书仍按106韵排列,检索方法是按照双音词的下一字所从属的《平水韵》韵目排列。分上下两册,平声、上声15卷,为上册;去声、入声9卷,为下册。该书原名《读书通》,意思是,如果具备了必要的古音知识,掌握了因声求义的原则,便可扫除阅读中的文字障碍,达到"读书通"的目的。这种认识是建立在对汉字是形音义综合体系的基础之上的,是完全正确的。

(10)《文言虚字》

这是一本解释文言中虚字用法的普及读物,吕叔湘著,1944年由开明书店出版。中华人民共和国成立后,中国青年出版社、新知识出版社、上海教育出版社先后重印出版。该书最大特点是举例充分,分析详细,并尽可能和现代语比较,使读者易于学习又能深切领会。每篇后面都附有习题,使初学者加深印象,很便于使用。

江苏省首届理工科大学生人文社会科学知识竞赛试卷

说明：本试卷分为Ⅰ、Ⅱ卷。第Ⅰ卷（客观题）必须在"答题卡"上按规定要求填、涂；第Ⅱ卷（主观题）直接在试卷上按规定要求答题，不按规定答题的一律无效。主观题不计入总分。当客观题成绩进入获奖范围且分数相同时，主观题成绩作为选拔参考。

第Ⅰ卷 客观题（共200分）

一、判断题（每小题1分，共20分）

在下列每小题的两个备选答案中选出一个正确答案，并将答题卡上相应题号的正确答案的字母标号涂黑。

1. "吾爱吾师，吾尤爱真理"是亚里士多德的名句。
   A. 正确　　　　　　　　B. 错误

2. 市场经济是市场在资源配置中起主要作用的经济。
   A. 正确　　　　　　　　B. 错误

3. 公民具有完全民事行为能力始于16周岁。
   A. 正确　　　　　　　　B. 错误

4. "代表中国先进生产力的发展要求，代表中国先进文化的前进方向，代表中国最广大人民的根本利益"是对"三个代表"重要思想的集中概括，是"三个代表"重要思想这一科学理论的基点。
   A. 正确　　　　　　　　B. 错误

5. 人民法院行使独立的审判权，也就是人民法院独立审判不受任何机构的干预。
   A. 正确　　　　　　　　B. 错误

6. 1930年，进步作家在上海成立了"左翼作家联盟"。它由鲁迅、夏衍、冯雪峰、田汉等发起。
   A. 正确　　　　　　　　B. 错误

7. "一代风范著书立说崇尚师道圣洁；万世楷模呕心沥血致力民心陶冶"这副挽联说的是教育家李大钊。
   A. 正确　　　　　　　　B. 错误

8. 《人到中年》的作者是喜剧演员梁天的母亲谌容。
   A. 正确　　　　　　　　B. 错误

9. 《聊斋志异》借叙狐鬼妖魅故事，泄胸中孤愤。
   A. 正确　　　　　　　　B. 错误

10. 现在流行的120回《红楼梦》，前80回是曹雪芹写的。
    A. 正确　　　　　　　　B. 错误

11. 李贺和杜牧齐名,并称"小李杜"。
    A. 正确　　　　　　B. 错误
12. 《史通》是不属于二十四史的史书。
    A. 正确　　　　　　B. 错误
13. 出席1955年万隆会议的中国代表团团长是刘少奇。
    A. 正确　　　　　　B. 错误
14. 18世纪80年代,建立起世界上最大的殖民帝国的是荷兰。
    A. 正确　　　　　　B. 错误
15. 欧洲货物运输量最大的河流是多瑙河。
    A. 正确　　　　　　B. 错误
16. 发达国家向发展中国家转移污染严重的企业,违背了可持续发展的公平性原则。
    A. 正确　　　　　　B. 错误
17. 世界七大洲中跨经度最多的是亚洲。
    A. 正确　　　　　　B. 错误
18. 徐悲鸿、刘海粟不仅擅长中国画、书法,在美术史论方面也有独到建树。
    A. 正确　　　　　　B. 错误
19. 超级现实主义又称照相现实主义。它主要是20世纪70年代欧洲最流行的一种资产阶级美术流派。
    A. 正确　　　　　　B. 错误
20. 斯美塔那是捷克作曲家,一生大力推动捷克的民族音乐,《我的祖国》是其代表作之一。
    A. 正确　　　　　　B. 错误

二、单项选择题(每小题1分,共100分)

在下列每小题的四个备选答案中选出一个正确答案,并将答题卡上相应题号中正确答案的字母标号涂黑。

21. 苏格拉底是(　　)的哲学家。
    A. 古希腊　　　B. 古罗马　　　C. 古印度　　　D. 古埃及
22. 古希腊哲学是世界文化史上的璀璨明珠,《理想国》是希腊哲学众多作品中的卓越代表。《理想国》的作者是
    A. 泰勒斯　　　B. 毕达戈拉斯　　C. 柏拉图　　　D. 赫拉克利特
23. 儒家道德哲学强调圣贤人格,所谓"士希贤,贤希圣,圣希天"渴慕达到"天人合一"的崇高境界,为了培养这种理想人格,儒家学者在(　　)一书中把道德修养总括为"三纲领,八条目"。
    A.《孝经》　　　B.《大学》　　　C.《论语》　　　D.《春秋》
24. 亚里士多德是百科全书式的哲学家,他的足迹遍布各个研究领域,他为后人留下

很多作品,例如《物理学》《形而上学》等许多逻辑学、伦理学作品,(　　)也是亚里士多德的作品。

  A.《法律篇》 B.《理想国》 C.《工具论》 D.《忏悔录》

25. 有个年轻人说:"如果上帝发现院子里没有人,这棵果树依然存在,他一定会觉得极为荒唐。"回答:"亲爱的先生,您的惊讶才奇怪呢!我一直在院子里,这就是树一直在院子里的原因,因为观察他的是您忠诚的上帝。"这里表述了(　　)的哲学思想。

  A. 唯心主义 B. 唯物主义 C. 经验主义 D. 唯理主义

26. 下列属于义务论伦理学主要代表人物的是

  A. 穆尔 B. 马克思 C. 康德 D. 杜威

27. 道德哲学在人类思想史上曾经形成了很多流派,如快乐伦理和美德伦理,利己主义和利他主义,功利论和义务论,道德相对主义和道德绝对主义等等。(　　)是功利主义观点。

  A. "在世界之中,甚至在世界之外,除了善良意志,不可能设想再有什么东西可以称得上无条件的善。"

  B. 不存在普遍有效的和必不可少的道德价值,道德只是相对于特定的社会和民族才是有效的。

  C. 存在着普遍有效的和必不可少的道德价值。如果某个社会或民族不接受这些价值,那他们就是不道德的。

  D. "通往地狱的路是由善良的意愿铺成的",善只不过意味着最大多数人的最大利益。

28. 以朱熹为代表的一大批思想家建立了庞大的思想体系,历史上称之为"宋明理学","存天理,灭人欲"是宋明理学的著名口号。宋明理学是中国古代(　　)思想的进一步发展。

  A. 道家 B. 儒家 C. 墨家 D. 法家

29. 一般说来,空气不是商品,但是你到"氧吧"吸氧是要付费的。"氧吧"里的氧气之所以能成为商品,其根本原因是

  A. 它能满足人们呼吸新鲜空气的需要 B. 它激发了人们的新奇感

  C. 它耗费了人类劳动 D. 它用于交换

30. 近一年来,虚高药价不断受到挑战:先是大城市出现"平价大药房",现在又有"一元感冒药"推出。这种现象归根到底是因为

  A. 经营者抢占市场的结果 B. 价值规律作用的结果

  C. 国家强有力的宏观调控 D. 个别制药企业劳动生产率的提高

31. 公司和企业区别的是

  A. 都是以赢利为目的的企业法人

  B. 企业不一定以赢利为目的,公司一定以赢利为目的

C. 公司不一定以赢利为目的，企业一定以赢利为目的

D. 公司由法定数额的股东所组成，企业则不一定

32. 税收区别于其他财政收入的主要特征是
   A. 强制性、无偿性、固定性   B. 都是为实现国家职能服务
   C. 取之于民、用之于民   D. 与公民的关系最直接

33. 民工与用人单位订立劳动合同应遵循的最基本、最重要的原则是
   A. 协商一致   B. 平等自愿
   C. 诚实守信   D. 不得违反法律、行政法规规定

34. 犯罪的基本特征是
   A. 社会危害性   B. 违反刑法   C. 应受惩罚   D. 行为无意义

35. 法律规定的结婚年龄，男不得早于
   A. 18周岁   B. 20周岁   C. 22周岁   D. 24周岁

36. 公民是指
   A. 具有一国国籍的人   B. 享有一国选举权的人
   C. 居住在一国领域内的人   D. 出生在一国领域内的人

37. 国旗颜色为红色，象征着
   A. 团结   B. 革命
   C. 和平   D. 中国共产党领导

38. 凡年满（　　）的儿童，应当入学接受规定年限的义务教育。
   A. 5周岁   B. 6周岁   C. 7周岁   D. 8周岁

39. 邓小平理论是比较完备的科学体系，这个理论科学体系的主题是
   A. 什么是社会主义、怎样建设社会主义
   B. 我国处于社会主义的什么样的发展阶段
   C. 社会主义建设必须坚持四项基本原则
   D. 社会主义建设必须分三步走

40. 科学发展观的本质和核心是
   A. 全面发展
   B. 可持续发展
   C. 以人为本
   D. 物质文明、精神文明和政治文明协调发展

41. 社会主义政治文明的根本特点是
   A. 人民当家作主和依法治国的统一性
   B. 人民当家作主和坚持党的领导的统一性
   C. 依法治国和坚持党的领导的统一性
   D. 依法治国和以德治国的统一性

42. 公民的基本政治权利是

A. 选举权和被选举权 B. 言论自由权
C. 人身自由权 D. 自由参加集会的权利

43. 邓小平理论的精髓和哲学基础是
   A. 批评和自我批评 B. 理论联系实际
   C. 解放思想、实事求是 D. 实事求是,从实际出发

44. 一年一度的诺贝尔奖已经揭晓,2004年诺贝尔和平奖获得者是
   A. 伊朗 希林·伊巴迪 B. 奥地利 埃尔弗里德·耶利内克
   C. 肯尼亚 旺加里·马塔伊 D. 挪威 芬恩·基德里

45. 中国共产党第十六届四中全会通过的《中共中央关于加强党的执政能力建设的决定》强调加强党的执政能力的建设。加强党的执政能力建设的核心是
   A. 建设高素质的干部队伍
   B. 改革和完善党的领导体制和工作机制
   C. 加强党的基层组织党员队伍的建设
   D. 保持党和人民群众的血肉联系

46. 著名作家、学者林语堂的长篇小说代表作是
   A.《故都的秋》 B.《倪焕之》 C.《京华烟云》 D.《沉沦》

47. 鲁迅在《狂人日记》的结尾高呼
   A. 踩烂二十四史 B. 不要吃人 C. 打碎铁屋子 D. 救救孩子

48. 下列诗人中不属于新时期中国朦胧诗派的作家是
   A. 穆旦 B. 北岛 C. 顾城 D. 梁小斌

49. 下列最能代表郭沫若浪漫主义诗风标志的诗作是
   A.《虎符》 B.《恢复》 C.《女神》 D.《天狗》

50. "长亭外,古道边,芳草碧连天"这首《送别歌》是( )根据美国通俗歌曲填的词。
   A. 周作人 B. 李叔同 C. 吴伯箫 D. 朱自清

51. 谢婉莹是作家( )的原名。
   A. 冰心 B. 丁玲 C. 方方 D. 林徽因

52. 散文名篇《秋夜》是作家( )的作品。
   A. 瞿秋白 B. 鲁迅 C. 朱志清 D. 闻一多

53. 峻青写下了不少悲歌慷慨的短篇小说,如
   A.《七根火柴》 B.《党费》 C.《黎明的河边》 D.《秋夜》

54.《黄金时代》《白银时代》《青铜时代》是当代作家( )的作品。
   A. 王朔 B. 刘恒 C. 王小波 D. 余华

55.《边城》是现代作家( )的代表作。
   A. 茅盾 B. 巴金 C. 吴晗 D. 沈从文

56.《小巷深处》是江苏作家( )的作品。

A. 陆文夫　　　　B. 方之　　　　C. 叶至诚　　　　D. 高晓声

57. 下列作品中,不是孙犁写的是
    A.《白洋淀纪事》　B.《铁木前传》　C.《风云初记》　D.《运河的桨声》
58. 毛泽东《浪淘沙·北戴河》诗句"东临碣石有遗篇"中的遗篇是指
    A. 曹丕的《燕歌行》　　　　　　　B. 曹操的《观沧海》
    C. 曹操的《龟虽寿》　　　　　　　D. 曹植的《白马篇》
59. 成语"投桃报李"出自《诗经》中的
    A.《关雎》　　　B.《伐檀》　　　C.《木瓜》　　　D.《君子于役》
60. 鲁迅先生的小说《彷徨》扉页上有题诗两句:"路漫漫其修远兮,吾将上下而求索。"这两句诗的作者是
    A. 司马迁　　　　B. 屈原　　　　C. 曹操　　　　D. 鲁迅
61. "辗转反侧"出自《诗经》中的
    A.《关雎》　　　B.《氓》　　　C.《硕鼠》　　　D.《静女》
62. 中国文学史上第一个以田园生活为题材大量从事诗歌创作的诗人是
    A. 孟浩然　　　　B. 王维　　　　C. 陶渊明　　　　D. 谢灵运
63. 中国文学史上第一个以山水为题材大量从事诗歌创作的诗人是
    A. 谢朓　　　　B. 陶渊明　　　　C. 王维　　　　D. 谢灵运
64. 描写田园风光的名句"暧暧远人村,依依墟里烟"出自陶渊明的
    A.《归去来兮辞》　B.《归园田居》　C.《饮酒》　　　D.《读山海经》
65. "初唐四杰"是指王勃、卢照邻、骆宾王和
    A. 陈子昂　　　　B. 杨炯　　　　C. 杨敬之　　　　D. 王绩
66. 登上幽州台,发出"前不见古人,后不见来者"悲叹的诗人是
    A. 骆宾王　　　　B. 陈子昂　　　　C. 张九龄　　　　D. 王之涣
67. 田园山水诗派以"王孟"为杰出的代表,这里的"王孟"是指
    A. 王维、孟郊　　B. 王昌龄、孟浩然　C. 王维、孟浩然　D. 王昌龄、孟郊
68. 苏轼说:"味摩诘之诗,诗中有画;观摩诘之画,画中有诗。"这里的摩诘是
    A. 王维　　　　B. 王之涣　　　　C. 王昌龄　　　　D. 王梵志
69. 盛唐时期公认的边塞诗派的主将是
    A. 王昌龄、高适　B. 岑参、高适　　C. 王之涣、卢纶　D. 岑参、王昌龄
70. 谢朓擅长山水诗,他的《晚登三山还望京邑》中名句"余霞散成绮"的下句是
    A. 泪下如流霰　　B. 澄江静如练　　C. 杂英满芳甸　　D. 白日丽飞甍
71. "落霞与孤鹜齐飞,秋水共长天一色"的作者是
    A. 王勃　　　　B. 王绩　　　　C. 卢照邻　　　　D. 杨炯
72. 李白有诗云:"蓬莱文章建安骨,中间小谢又清发。"其中的小谢是指
    A. 谢灵运　　　　B. 谢朓　　　　C. 谢惠连　　　　D. 谢安
73. 在小说名著(　　)中可以找到女主人公有与杜十娘"怒沉百宝箱"的相似之举。

A.《娜娜》 B.《苔丝》 C.《羊脂球》 D.《白痴》
74. 美国小说《喧哗与骚动》(1929 年)的作者是
　　A. 威廉·福克纳　　　　　　　　B. 欧内斯特·海明威
　　C. 司各特·菲茨杰拉尔德　　　　D. 薇拉·凯瑟
75. 苏联著名作家肖洛霍夫的代表作是
　　A.《铁流》　　B.《静静的顿河》　　C.《苦难的历程》　　D.《毁灭》
76. 西汉初统治者实行宽舒政策的根本原因是
　　A. 吸取秦朝灭亡的教训　　　　B. 文武结合长治久安的需要
　　C. 经济极端贫困的状况　　　　D. 统治者出身贫寒的本质
77. 东汉时期在生产上使用"水排"的进步意义在于
　　A. 保证了农田的灌溉　　　　　B. 提高了冶铁的质量
　　C. 治理了黄河的泛滥　　　　　D. 制造出生铁农器
78. 道教是我国土生土长的宗教,它兴起于
　　A. 春秋时期　　B. 战国时期　　C. 西汉时期　　D. 东汉时期
79. "澶渊之盟"的议定地点澶州是今天的
　　A. 河南开封　　B. 河南濮阳　　C. 安徽合肥　　D. 安徽芜湖
80. 对宋应星及其所著《天工开物》的表述,错误的是
　　A.《天工开物》记述了中国传统手工业的工艺过程
　　B.《天工开物》反映了明朝手工工场的情况
　　C. 宋应星因科举落第而献身于科学研究
　　D. 宋应星的科学研究处于世界领先地位
81. 中法战争中,清军老将冯子材大败法军的战役是
　　A. 马尾海战　　B. 黄海战役　　C. 镇南关大捷　　D. 威海战役
82. 19 世纪末,把福建划为"势力范围"的帝国主义国家是
　　A. 德国　　　　B. 英国　　　　C. 法国　　　　D. 日本
83.《辛丑条约》对中国社会的影响是
　　A. 开始沦为半殖民地半封建社会　　B. 半殖民地化程度进一步加深
　　C. 半殖民地化程度大大加深　　　　D. 半殖民地半封建社会完全形成
84. 新文化运动中,首先提出"民主""科学"口号的是
　　A. 陈独秀　　　B. 李大钊　　　C. 蔡元培　　　D. 胡适
85. 1921 年,中国共产党诞生于
　　A. 北京　　　　B. 上海　　　　C. 汉口　　　　D. 广州
86.《共产党宣言》是马克思、恩格斯为(　　)组织起草的纲领。
　　A. 英国宪章组织　　　　　　　B. 共产主义者同盟
　　C. 国际工人协会　　　　　　　D. 共产国际
87. 世界近代无产阶级和资产阶级间的第一次伟大战斗是 1848 年欧洲革命的

A. 法国二月革命　　B. 法国六月起义　　C. 匈牙利起义　　D. 维也纳起义

88. 美国的(　　)总统领导了解放黑人奴隶,维护美国统一的功绩永载史册。
    A. 华盛顿　　　　B. 林肯　　　　　C. 罗斯福　　　　D. 杜鲁门

89. 19世纪中期,首先打开日本大门,强迫日本签订不平等条约的国家是
    A. 美国　　　　　B. 英国　　　　　C. 法国　　　　　D. 德国

90. 下列各项,属于日本明治维新内容的一项是
    A. 宣布农奴在法律上属"自由人"　　　B. 废藩置县
    C. 设立京师大学堂　　　　　　　　　D. 建立和扩大海军

91. 世界上面积最大的国家是
    A. 中国　　　　　B. 俄罗斯　　　　C. 美国　　　　　D. 巴西

92. 导致南极洲上空出现"臭氧层空洞"的主要污染物是
    A. 碳氧化合物　　B. 氟氯烃化合物　C. 硫氧化合物　　D. 氮氧化合物

93. 板块构造学说认为,地球表层可以划分为
    A. 五大板块　　　B. 六大板块　　　C. 七大板块　　　D. 八大板块

94. 我国著名的风景区黄山位于
    A. 山东省　　　　B. 江西省　　　　C. 安徽省　　　　D. 浙江省

95. 我国人口最多的少数民族是
    A. 满族　　　　　B. 维吾尔族　　　C. 回族　　　　　D. 壮族

96. 我国运输量居第二位的内河航线是
    A. 长江　　　　　B. 黄河　　　　　C. 珠江　　　　　D. 松花江

97. 目前世界最大宗的贸易商品是
    A. 煤炭　　　　　B. 粮食　　　　　C. 铁矿石　　　　D. 石油

98. 被日本称为"海上生命线"的航线经过
    A. 直布罗陀海峡　B. 马六甲海峡　　C. 白令海峡　　　D. 苏伊士运河

99. 城市化过程必然产生
    A. 环境严重污染　　　　　　　　　　B. 交通拥挤
    C. 绿化面积减少　　　　　　　　　　D. 非农业人口比重增加

100. 按照距离太阳由近及远的排列顺序,地球在太阳系的九大行星中是
    A. 第一颗　　　　B. 第三颗　　　　C. 第五颗　　　　D. 第七颗

101. "亚欧大陆桥"西端的港口——鹿特丹位于
    A. 德国　　　　　B. 法国　　　　　C. 荷兰　　　　　D. 比利时

102. 影响农业区位的最主要自然因素是
    A. 气候条件　　　B. 地形条件　　　C. 水源条件　　　D. 科技水平

103. 江苏省濒临
    A. 渤海　　　　　B. 黄海　　　　　C. 东海　　　　　D. 南海

104. 世界上面积最大的岛屿是

A. 大不列颠岛　　B. 马达加斯加岛　　C. 冰岛　　D. 格陵兰岛

105. 当北京时间是 9:00 时,英国伦敦时间是
    A. 1:00　　B. 3:00　　C. 15:00　　D. 17:00

106. 我国第一部绘画史指的是
    A.《历代名画记》　B.《图绘宝鉴》　C.《画继》　D.《图画见闻志》

107. "瘦金体"也称瘦金书,楷书的一种,运笔挺劲犀利,笔道瘦细峭硬而有腴润洒脱的风神,它是由(　　)书法家创造而成的。
    A. 赵孟頫　　B. 张旭　　C. 王羲之　　D. 赵佶

108. 被誉为"20 世纪最壮观的考古发现"的是
    A. 长沙马王堆汉代古墓帛画　　B. 秦始皇陵兵马俑
    C. 河南仰韶文化彩陶　　D. 河姆渡遗址

109. (　　)的漆器工艺的生产水平和艺术水平,都达到了古代漆器工艺的高峰。
    A. 战国　　B. 汉代　　C. 唐代　　D. 宋代

110. "浮世绘"在 18 世纪美术史上占有重要地位,它是由(　　)兴起的。
    A. 中国　　B. 朝鲜　　C. 韩国　　D. 日本

111. 巴黎圣母院是属于西方美术上(　　)风格的建筑。
    A. 罗马式　　B. 巴洛克式　　C. 哥特式　　D. 拜占庭式

112. 古埃及最大的金字塔叫(　　)金字塔。
    A. 哈佛拉　　B. 胡夫　　C. 恺撒　　D. 门卡乌拉

113. 点彩派的代表人物是
    A. 修拉　　B. 莫奈　　C. 凡·高　　D. 透纳

114. 交响音画《在中亚西亚草原上》是(　　)作的一首具有爱国主义内容的标题乐曲。
    A. 穆索尔斯基　　B. 鲍罗丁
    C. 柴可夫斯基　　D. 里姆斯基·科萨科夫

115. 喜歌剧《塞维利亚理发师》是罗西尼的著名作品,全曲幽默夸张,旋律流畅,以下哪个不是此剧中人物?
    A. 罗西娜　　B. 阿尔玛维瓦公爵
    C. 苏姗娜　　D. 费加罗

116. 三弦是我国普遍流行的(　　)乐器,日本的三味弦与此相似,但演奏方法不同。
    A. 打击　　B. 管乐　　C. 拉奏　　D. 弹拨

117. 《樱花》曲是在日本的民间"都节调式"基架上构筑的,民族风味浓郁。日本民歌有《森林水车》和(　　)。
    A.《荒城之月》　B.《病中吟》　C.《星星索》　D.《阿里郎》

118. 法国的埃菲尔铁塔是世界建筑史上具有纪念碑意义的伟大建筑。它的作者是
    A. 埃菲尔　　B. 亨利·摩乐　　C. 贝聿铭　　D. 伍重

119. 《伏尔加河上的纤夫》是俄罗斯画家(　　)的代表作。
　　A. 列宾　　　　B. 苏里柯夫　　　C. 列维坦　　　D. 希什金
120. 《姑苏行》是(　　)采用昆曲音调写就的一首甜美抒情的笛子独奏曲。
　　A. 闵惠芬　　　B. 江先渭　　　　C. 聂耳　　　　D. 刘天华

三、双项选择题(每小题1分,共40分)

在下列每小题的四个备选答案中选出二个正确答案,并将答题卡上相应题号中正确答案的字母标号涂黑。

121. 下列属于存在主义哲学代表人物的是
　　A. 狄尔泰　　　B. 李凯尔特　　　C. 加缪　　　　D. 萨特
122. 穆斯林反对偶像崇拜,所信仰的唯一至上神也没有形象,在清真寺里没有任何人和动物的图像,只有几何形状作为装饰图案。穆斯林用(　　)称呼其至上神。
　　A. 真主　　　　B. 安拉　　　　　C. 上帝　　　　D. 天主
123. 我国自行研制的(　　)载人飞船发射成功,标志着中国已成为世界上第(　　)个独立掌握载人航天技术的国家。
　　A. "神舟"四号　B. 四　　　　　　C. "神舟"五号　D. 三
124. 我国现阶段,公有制主体地位主要体现在
　　A. 就全国而言,国有资产在社会总资产中占有优势
　　B. 就全国而言,公有资产在社会总资产中占优势
　　C. 公有经济控制国民经济命脉,对经济发展起主导作用
　　D. 国有经济控制国民经济命脉,对经济发展起主导作用
125. 公民作为一个合格的消费者
　　A. 要依法采用各种手段保护自己的合法权益不受侵害
　　B. 要坚持"多一事不如少一事"的处事原则
　　C. 在增强自我保护意识的同时,维护他人的合法权益
　　D. 要牺牲自己的权益,维护经营者的正当利益
126. 下列权利中属于知识产权的是
　　A. 著作权　　　B. 财产权　　　　C. 专利权　　　D. 人身权
127. 关于未成年人通讯秘密,(　　)的说法符合法律规定。
　　A. 中小学校的老师可以开拆学生信件
　　B. 父母可以开拆子女信件
　　C. 追查犯罪的需要时由公安机关依照法律规定的程序进行检查
　　D. 无行为能力的未成年人的信件由其父母开拆
128. 我国处于社会主义初级阶段,社会主义初级阶段主要有两层含义,它们的指
　　A. 我国已经进入社会主义

B. 我国的社会主义是落后的不成熟的社会主义
C. 我国的社会主义还处于不发达的初级阶段
D. 是社会主义的低级阶段向高级阶段发展的中间环节

129. "没有民主就没有社会主义现代化",这是因为
    A. 社会主义民主建设是社会主义现代化建设的首要任务
    B. 社会主义民主建设是社会主义现代化建设的目标
    C. 民主建设是社会主义的本质要求
    D. 民主是社会主义现代化建设的重要保证

130. 国家性质是指社会各阶级在国家中的地位,判断一个国家性质的根本标志是
    A. 采取什么样的政权组织形式　　B. 实行为哪个阶级服务的政策
    C. 国家政权掌握在哪个阶级手中　　D. 哪个政党掌握国家政权

131. 发起组织"文学研究会"的作家是
    A. 叶圣陶　　B. 茅盾　　C. 鲁迅　　D. 郁达夫

132. 《围城》的作者是(　　),他的夫人写的小说的名字叫(　　)。
    A. 钱钟书　　B. 林洙　　C.《洗澡》　　D.《我们仨》

133. 以下不属于金庸作品的是
    A.《流星蝴蝶剑》　　B.《雪山飞狐》　　C.《侠客行》　　D.《欢乐英雄》

134. "小时候,乡愁是一枚小小的邮票,我在这头,母亲在那头"出自台湾著名现代诗人(　　)的(　　)。
    A. 郑愁予　　B. 余光中　　C.《邮票》　　D.《乡愁》

135. 选材与法国资产阶级大革命有关的著名小说有
    A.《九三年》　　B.《双城记》　　C.《苔丝》　　D.《复活》

136. 席勒和普希金的国籍是
    A. 美国　　B. 德国　　C. 俄国　　D. 西班牙

137. 古代印度两大史诗是
    A.《摩诃婆罗多》　　B.《吠陀》　　C.《罗摩衍那》　　D.《百喻经》

138. 《三国演义》中"煮酒论英雄"一段的主角分别是
    A. 曹操　　B. 诸葛亮　　C. 刘备　　D. 关羽

139. 文学史上以"元白"并称,元、白分别是指
    A. 元稹　　B. 元彪　　C. 白朴　　D. 白居易

140. 在下列各组句中属于指事字的两组是
    A. 组 成 部 分　　　　B. 你 在 吕 男
    C. 本 末 刃 二　　　　D. 上 下 三 寸

141. 古代文坛上有许多并称,如"李杜",下列四人中时常被人并称的两人是
    A. 沈佺期　　B. 宋之问　　C. 陶渊明　　D. 沈约

142. 下列诗中描写雪的两项是

A. 尽道丰年瑞,丰年事若何？长安有贫者,为瑞不易多。
B. 半年缘堤雪和雨,受他驱遣还复去。
C. 忽如一夜春风来,千树万树梨花开。
D. 关山正飞雪,烽火断无烟。

143. 下列原始人群源于今陕西省境内的是
    A. 元谋人　　　B. 蓝田人　　　C. 半坡人　　　D. 山顶洞人

144. 下列朝代中,都城在洛阳的是
    A. 西周　　　　B. 西汉　　　　C. 西晋　　　　D. 东汉

145. 下列属于反对袁世凯独裁专制、复辟帝制的斗争有
    A. 护法运动　　B. 二次革命　　C. 保路运动　　D. 护国运动

146. 新时期爱国统一战线高举的两面旗帜是
    A. 人文主义旗帜　B. 国际主义旗帜　C. 社会主义旗帜　D. 爱国主义旗帜

147. 下列学说属于卢梭提倡的有
    A. 三权分立学说　B. 社会契约论　　C. 人民主权说　　D. 君主立宪制

148. 下列条约中,涉及中国问题的有
    A.《凡尔赛条约》 B.《四国条约》　 C.《五国条约》　 D.《九国公约》

149. 京九铁路沿线的著名商品粮基地有
    A. 鄱阳湖平原　B. 洞庭湖平原　C. 珠江三角洲　D. 三江平原

150. 下列国家中跨两大洲的有
    A. 中国　　　　B. 俄罗斯　　　C. 印度　　　　D. 美国

151. 我国在流水沉积作用下形成的地貌有
    A. 黄淮海平原　B. 黄土高原　　C. 台湾岛　　　D. 崇明岛

152. 下列地区的气候受洋流影响较大的有
    A. 东亚季风气候　　　　　　　B. 西欧温带海洋性气候
    C. 南美热带草原气候　　　　　D. 西澳大利亚荒漠气候

153. 下列戏曲文化中,流传于江、浙、沪一带的有
    A. 黄梅戏　　　B. 昆曲　　　　C. 越剧　　　　D. 评剧

154. 当今世界环境问题产生的主要原因有
    A. 自然界的地质灾害、气象灾害频繁发生,影响人类的生产、生活
    B. 人类向环境索取资源的速度超过了资源的再生速度
    C. 人类向环境排放废弃物的数量超过了环境的自净能力
    D. 环境对人类生产、生活的排泄物失去了容纳与清除的能力

155. 现在我们常说的中国画分为三种主要门类,除了"人物画"之外,还有(　　)两个门类。
    A. 风景画　　　B. 花鸟画　　　C. 静物画　　　D. 山水画

156. 《昭陵六骏》是刻画唐太宗李世民打仗时骑过的六匹立过战功的骏马浮雕石像,

刻于贞观十一年。其中四件现藏陕西省博物馆,另两件于1914年被帝国主义分子盗走,现藏在美国费城大学博物馆。这两件是

　　A. 特勒骠　　　　B. 飒露紫　　　　C. 什伐赤　　　　D. 拳毛䯄

157. 下列画家中两个荷兰人是

　　A. 伦勃朗　　　　B. 毕加索　　　　C. 凡·高　　　　D. 丢勒

158. 中国民歌有着悠久的历史传统,从体裁形式可分为山歌和(　　)等。

　　A. 小调　　　　　B. 号子　　　　　C. 花儿　　　　　D. 散曲

159. 法国作曲家比才的歌剧《卡门》家喻户晓,以下是他的作品有

　　A.《采珠人》　　B.《黑桃皇后》　C.《阿莱城姑娘》　D.《绣花女》

160.《嘎达梅林》是一首流传很广的蒙古族长篇叙事歌,(　　)也是蒙古族民歌。

　　A.《阿拉木汗》　B.《森吉德玛》　C.《玛依拉》　　D.《牧歌》

四、不定项选择题(每小题1分,共40分)

从下列每小题的四或五个备选答案中选出正确答案,并将答题卡上相应题号中正确答案的字母标号涂黑。涂错、多涂或少涂均不得分。

161. 下列属于古希腊哲学史上重要流派的是

　　A. 米利都派　　　B. 学园派　　　　C. 逍遥派　　　　D. 埃利亚派

162. 下列属于现代法国重要哲学家的是

　　A. 保罗·利科　　B. 米歇尔·福柯　C. 西蒙·波瓦　　D. 罗兰·巴特

163. 道教尊奉"三清","三清"是指

　　A. 玉清元始天尊　B. 上清灵宝天尊　C. 太清太上老君　D. 真清东华帝君

164. 某企业积极推进科技进步,率先提高劳动生产率,会使该企业

　　A. 利润可能增加　　　　　　　　　B. 生产的个别商品价值量降低

　　C. 生产商品所耗的个别劳动时间减少　D. 同一时间创造的商品价值总量增加

　　E. 同一时间生产的商品数量增多

165. 当前,在我国生产资料所有制结构中,社会主义公有制和其他经济成分

　　A. 都分别与我国现阶段不同的生产力水平相适应

　　B. 二者统一于社会主义现代化的进程中

　　C. 都可以在市场中通过平等竞争发挥各自的作用

　　D. 都可以在自愿的基础上实行多种形式的联合经营

　　E. 都是社会主义市场经济的有机组成部分

166. 下列关于依法治国的表述正确的有

　　A. 依法治国是1999年写入宪法的

　　B. 依法治国的主体是各级国家机构及其工作人员

　　C. 依法治国必须坚持法律至上的原则

D. 依法治国的核心是依法行政

E. 依法治国和坚持党的领导是一致的

167. 行为人违反《治安管理处罚条例》,有( )情形之一的,可以从宽处理。
   A. 情节特别轻微的 B. 的确及时改正的 C. 主动承认错误的
   D. 由于他人诱骗的 E. 由于他人胁迫的

168. 国家机构的基本特征是
   A. 国家机构的阶级性   B. 国家机构的严密组织性
   C. 国家机构的法制性   D. 国家机构的平等性
   E. 国家机构的强制性

169. 中国共产党领导的多党合作和政治协商制度是我国的一项基本政治制度,是中国特色社会主义的重要内容。这一制度的职能主要是
   A. 政治协商   B. 政治监督   C. 民主监督   D. 参政议政
   E. 民主协商

170. 全面协调可持续发展是科学发展观的基本内容。全面协调可持续发展是
   A. 经济发展、社会发展和人的全面发展的统一
   B. 经济社会与人口、资源、环境的统一
   C. 物质文明、精神文明和政治文明建设的统一
   D. 过去发展、现在发展和将来发展的统一
   E. 社会各生产部门的统一

171. 巴金的"激流三部曲"包括
   A.《家》   B.《冬》   C.《春》   D.《秋》
   E.《雾》

172. 下列属于知青出身的作家是
   A. 虹影   B. 史铁生   C. 张承志   D. 安妮宝贝
   E. 郭敬明

173. 以下作品,与"石头"有关且有深刻寓意的是
   A.《补天》   B.《精卫填海》   C.《红楼梦》   D.《西游记》
   E.《铸剑》

174. 下列属于诗人郭小川的作品是
   A.《望星空》   B.《白雪的赞歌》   C.《将军三部曲》   D.《深深的山谷》
   E.《向困难进军》

175. "建安七子"除孔融、陈琳、王粲、徐干外还有
   A. 曹丕   B. 曹植   C. 阮瑀   D. 应玚
   E. 刘桢

176. 嵇康、山涛、向秀、阮咸、王戎等七人常结伴游于竹林之下,肆意妄为,世称"竹林七贤","七贤"中另外两位是

A. 阮籍　　　　B. 潘岳　　　　C. 左思　　　　D. 刘伶
E. 曹丕

177. 下列不属于的"唐宋八大家"的是
A. 韩愈　　　　B. 柳宗元　　　C. 黄庭坚　　　D. 秦观
E. 曾巩

178. 在《窦娥冤》中塑造了窦娥这一文学形象的关汉卿位居元曲四大家之首，与他并称元曲四大家的另外三位是
A. 白朴　　　　B. 张养浩　　　C. 马致远　　　D. 郑光祖
E. 张可久

179. 被称为"现代派文学鼻祖"的奥地利作家卡夫卡的主要文学成就是小说，下列小说中属于他作品的是
A.《变形记》　　B.《乡村医生》　　C.《海边的卡夫卡》
D.《城堡》　　　E.《审判》

180. 能充分显示明初白话小说成就的是"三言""两拍"，"三言"指的是
A.《喻世明言》　B.《醒世恒言》　C.《警世通言》　D.《警世明言》
E.《通世警言》

181. 两位四川诗人，一言既出，分别唱尽长江、黄河，传诵千古。他们是
A. 苏轼　　　　B. 苏洵　　　　C. 李白　　　　D. 苏辙
E. 苏舜钦

182. 下列属于晚清四大谴责小说的是
A.《官场现形记》　　　　　　B.《二十年目睹之怪现状》
C.《老残游记》　　　　　　　D.《孽海花》
E.《金瓶梅》

183. 唐代中日交通的重要港口城市是
A. 明州　　　　B. 泉州　　　　C. 扬州　　　　D. 广州
E. 连云港

184. 秦始皇与康熙帝的共同点有
A. 他们都对统一中国做出了贡献
B. 他们都对捍卫中华民族的利益做出了贡献
C. 他们都制定了顺应生产力发展的政策
D. 他们都采取了思想文化专制的措施
E. 他们都统一车轨、修驰道

185. 孙中山先生提出的"三民主义"包括
A. 民主　　　　B. 民生　　　　C. 民本　　　　D. 民权
E. 民族

186. 近代中国各派军阀的共同点有

A. 争夺土地和人口　　　　　　B. 利用中央政权排斥异己
C. 以分散性封建地主经济为基础　D. 以帝国主义列强为靠山
E. 是帝国主义"分而治之"政策的结果

187. 下列事件发生于19世纪60、70年代的是
   A. 日本明治维新　　　　　B. 德意志统一
   C. 美国独立　　　　　　　D. 俄国农奴制改革
   E. 戊戌变法

188. 下列各项中属于第三次科学技术革命的是
   A. 20世纪50年代,苏联、美国先后建成核电站
   B. 1945年底,第一台电子计算机在美国问世
   C. 1957年,苏联第一个把人造地球卫星送上太空
   D. 1903年,美国莱特兄弟研制出飞机
   E. 爱迪生发明一系列电器

189. 上海成为我国第一大港的有利因素是
   A. 上海有天然深水海湾
   B. 上海港有广阔的经济腹地
   C. 上海水陆交通方便,利于货物的集散
   D. 上海是我国最大的工业城市和外贸基地
   E. 上海有丰富的自然资源

190. 下列国家中与中国相邻的有
   A. 印度　　　B. 缅甸　　　C. 土库曼斯坦　　　D. 乌兹别克斯坦
   E. 泰国

191. 我国京杭大运河沟通的大河有
   A. 黄河　　　B. 辽河　　　C. 海河　　　D. 淮河
   E. 渭河

192. 下列城市中,与自然资源的开发利用以及工矿业发展密切联系的城市有
   A. 大庆　　　B. 大同　　　C. 广州　　　D. 郑州
   E. 拉萨

193. 我国下列名山中属于"五岳"的有
   A. 嵩山　　　B. 黄山　　　C. 泰山　　　D. 华山
   E. 庐山

194. 与江苏省相邻的省有
   A. 湖北省　　B. 福建省　　C. 浙江省　　D. 江西省
   E. 河南省

195. 清代著名的"四僧"画家是
   A. 八大山人　B. 石涛　　　C. 石溪　　　D. 贯休

E. 浙江
196. 17世纪欧洲三大油画家是
A. 郎世宁　　B. 伦勃朗　　C. 鲁本斯　　D. 委拉斯开兹
E. 毕沙罗
197. 古希腊美术在世界美术史上占有重要地位,其代表作有
A.《米洛斯的阿芙罗蒂德》　　B.《掷铁饼者》
C.《拉奥孔》　　D.《思想者》
E.《涅菲尔蒂像》
198. 京剧中著名的"四大名旦"有梅兰芳和(　)等。
A. 程砚秋　　B. 荀慧生　　C. 尚小云　　D. 马连良
E. 周信芳
199. 塞巴斯第安-巴赫是德国最伟大的古典作曲家之一,主要作品包括(　)等。
A.《平均律钢琴曲集》　　B.《焰火音乐》
C.《勃兰登堡协奏曲》　　D.《赋格的艺术》
E.《田园交响曲》
200. 美国作曲家福斯特的歌曲我们非常熟悉,结构简单,朗朗上口,如《故乡的亲人》《哦,苏娜娜》和(　)等。
A.《跳蚤之歌》　　B.《听听云雀》
C.《我的肯塔基故乡》　　D.《美丽的梦中人》
E.《绿袖人》

第 II 卷 主观题（每小题 20 分，共 100 分）

说明：主观题不计入总分。当客观题成绩进入获奖范围且分数相同时，主观题成绩作为选拔参考。

总分		一	二	三	四	五
		20	20	20	20	20
合分人						

一、为什么说对立统一规律是唯物辩证法的实质和核心？

二、请说出"硕鼠"一词的出处，并说明为什么人们常用这一词来比喻贪污腐败分子。

三、西汉与秦朝相比，既有继承，又有明显发展。于汉武帝时，西汉的政治政策发生了从"无为"向"有为"的转变，试述出现这种转变的主要原因及在政治、思想、军事、经济等方面的表现，并指出对历史发展的影响。

四、我国与西欧国家在饮食习惯上差异很大,试从地理环境的角度分析这种差异以及产生的原因。

五、你对"大雅""大俗""雅俗交融"有何看法?

[第Ⅰ卷参考答案]

一、判断题

1. A　2. B　3. B　4. A　5. B　6. A　7. B　8. A　9. B　10. A
11. B　12. A　13. B　14. B　15. B　16. A　17. B　18. A　19. B　20. A

二、单项选择题

21. A　22. C　23. B　24. C　25. B　26. C　27. B　28. C　29. D　30. B
31. D　32. A　33. D　34. B　35. C　36. A　37. B　38. B　39. A　40. C
41. D　42. A　43. C　44. C　45. D　46. C　47. D　48. A　49. C　50. B
51. A　52. B　53. C　54. C　55. D　56. A　57. D　58. B　59. C　60. B
61. A　62. C　63. C　64. B　65. B　66. B　67. C　68. A　69. B　70. B
71. A　72. B　73. C　74. A　75. B　76. C　77. B　78. B　79. B　80. B
81. C　82. D　83. D　84. A　85. B　86. B　87. B　88. B　89. B　90. B
91. A　92. B　93. B　94. C　95. B　96. B　97. C　98. B　99. D　100. B
101. C　102. A　103. C　104. D　105. A　106. A　107. D　108. B　109. A　110. D
111. C　112. B　113. A　114. C　115. C　116. B　117. A　118. A　119. A　120. B

三、双项选择题

121. CD　122. AB　123. CD　124. BD　125. AC
126. AC　127. CD　128. AC　129. BD　130. BC
131. AB　132. AC　133. AD　134. BD　135. AB
136. BC　137. AC　138. AC　139. AD　140. CD
141. AB　142. AC　143. BC　144. CD　145. BD
146. CD　147. BC　148. AD　149. AC　150. BD
151. AD　152. BD　153. AC　154. BC　155. BD
156. BD　157. AC　158. AB　159. AC　160. BD

四、不定项选择题

161. AD	162. AB	163. ABC	164. ACDE	165. ABCDE
166. ACE	167. ABCDE	168. ACE	169. ACD	170. ABC
171. ACD	172. BC	173. ABCD	174. ABCDE	175. CDE
176. AD	177. CD	178. ACD	179. ABDE	180. ABC
181. CE	182. ABCD	183. C	184. AB	185. ABD
186. CD	187. ABD	188. ABC	189. ABCDE	190. AB
191. ACD	192. ABD	193. ACD	194. CE	195. ABCE
196. BCD	197. ABC	198. ABC	199. ACD	200. CD

江苏省第二届理工科大学生人文社会科学知识竞赛试卷

说明：本试卷分为Ⅰ、Ⅱ卷。第Ⅰ卷（客观题），必须在"答题卡"上按规定要求填、涂；第Ⅱ卷（主观题），直接在试卷上按规定要求答题，不按规定要求答题一律无效。

主观题不计入总分。当客观题成绩进入获奖范围且分数相同时，主观题成绩作为选拔参考。

第Ⅰ卷 客观题（共200分）

一、判断题（每小题1分，共20分）

在下列每小题的两个备选答案中选出一个正确答案，并将答题卡上相应题号中所选答案的字母标号涂黑。

1. "我思故我所在"是笛卡尔的著名命题。
   A. 正确　　　　　B. 错误

2. 哲学上把未经人类改造的自然作为"第一自然"，把经过人类改造的自然称为"第二自然"。第一自然是物质的，第二自然部分是物质的、部分是意识的。
   A. 正确　　　　　B. 错误

3. 在现代刑法理念中，杀人偿命是天经地义的。
   A. 正确　　　　　B. 错误

4. 价格分析是微观经济学分析的核心，所以微观经济学也被称为价格理论。
   A. 正确　　　　　B. 错误

5. "三个有利于"标准是人们衡量一切工作是非得失的判断标准。
   A. 正确　　　　　B. 错误

6. 中国古代最早具有独特风格的作家是屈原。
   A. 正确　　　　　B. 错误

7. 中国第一部诗文总集《文选》的编者是昭明太子萧统。
   A. 正确　　　　　B. 错误

8. 陈奂生是著名作家叶兆言在小说中塑造的典型的农民形象。
   A. 正确　　　　　B. 错误

9. "黑暗给了我黑色的眼睛/我却用它寻找光明"是诗人顾城的名句。
   A. 正确　　　　　B. 错误

10. 《红与黑》是英国作家司汤达的一部名著。
    A. 正确　　　　　B. 错误

11. 世界文字分为表音和表意两大体系，汉字属于表意文字。
    A. 正确　　　　　B. 错误

12. 向汉武帝提出"罢黜百家,独尊儒术"的著名学者是主父偃。
    A. 正确　　　　　B. 错误
13. 《红楼梦》是我国古代最优秀的长篇小说。
    A. 正确　　　　　B. 错误
14. 中日甲午战争后,将山东划为其"势力范围"的帝国主义国家是英国。
    A. 正确　　　　　B. 错误
15. 1949年中华人民共和国成立,标志着社会主义制度在我国的建立。
    A. 正确　　　　　B. 错误
16. 我国人口最多的少数民族是回族。
    A. 正确　　　　　B. 错误
17. 俄罗斯是欧洲出口粮食最多的国家。
    A. 正确　　　　　B. 错误
18. 文房四宝是指笔、墨、纸、书。
    A. 正确　　　　　B. 错误
19. 徐悲鸿以画工笔马著称于世。
    A. 正确　　　　　B. 错误
20. 音是物体振动产生的,它有乐音和噪音之分。乐音有固定音高,和谐悦耳;噪音无固定音高,嘈杂刺耳。因此像钢琴、小提琴、琵琶、古筝等乐器发出的声音,都是乐音;锣鼓、三角铁等乐器发出的声音则是噪音。
    A. 正确　　　　　B. 错误

二、单项选择题(每小题1分,共100分)

在下列每小题的四个备选答案中选出一个正确答案,并将答题卡上相应题号中正确答案的字母标号涂黑。

21. 下列著作不属于儒家经典的是
    A.《论语》　　B.《中庸》　　C.《大学》　　D.《道德经》
22. 实证主义产生于19世纪30年代,它是西方一种强调感觉经验、排斥"形而上学"的哲学派别。被世人公认的实证主义的创始人是
    A. 穆勒　　　　B. 圣西门　　　C. 斯宾塞　　　D. 孔德
23. 古希腊阿波罗神殿的石柱上刻有这样一句话:"认识你自己"。提出这句话的是古希腊哲学家
    A. 柏拉图　　　B. 苏格拉底　　C. 亚里士多德　D. 德谟克里特
24. "沉舟侧畔千帆过,病树前头万木春""芳林新叶催陈叶,流水前波让后波",这两组诗句包含的哲学道理是
    A. 矛盾是事物发展的动力
    B. 事物是本质和现象的统一

C. 事物的发展是量变和质变的统一

D. 新事物代替旧事物是事物发展的总趋势

25. 我国国有经济的主导作用主要体现在

   A. 国有资产在整个社会总资产中占优势上

   B. 国有资产在公有资产中占优势上

   C. 国有经济的控制力上

   D. 国有经济的大发展上

26. 最早提出真正意义上的"三权分立"说的是

   A. 卢梭　　　B. 伏尔泰　　　C. 狄德罗　　　D. 孟德斯鸠

27. 实现可持续发展要求我们必须正确处理好

   A. 经济发展同人口、资源、环境的关系　　B. 农、轻、重之间的比例关系

   C. 发展速度与效益的关系　　D. 第一、二、三产业之间的关系

28. 下列收入属于国民收入初次分配的是

   A. 著名教授举办讲座获得的报酬　　B. 国家公务员的工资

   C. 著名歌星到基层举办演出的报酬　　D. 工业企业工人的工资

29. 在下列经济组织中,缩写为 APEC 的是

   A. 亚太经合组织　　B. 北美自由贸易协定

   C. 欧佩克(石油输出国组织)　　D. 国际货币基金组织

30. ISO9000 属于

   A. 产品质量检验制度　　B. 企业质量体系认证制度

   C. 产品质量抽查制度　　D. 产品质量监督制度

31. 我国现在实行的义务教育年限是

   A. 6 年　　　B. 5 年　　　C. 8 年　　　D. 9 年

32. 2006 年 3 月 21 日,在北京人民大会堂举行开幕式的是

   A. "俄罗斯年"　　B. "俄国年"　　C. "法国文化年"　　D. "巴黎年"

33. 中国特色社会主义的本质属性是

   A. 社会公平　　B. 社会发展　　C. 社会民主　　D. 社会和谐

34. 我们党执政为民的本质要求和根本途径是

   A. 坚持和发展人民民主　　B. 坚持四项基本原则

   C. 巩固党的领导　　D. 建设和谐社会

35. 假定一年期贷款的名义利率为 10%,而当年的通货膨胀率为 15%。如果在年初借出了 1 000 元,则

   A. 在年末时获得的实际收益是 100 元

   B. 在年末时获得的实际收益是 −100 元

   C. 在年末时获得的实际收益是 50 元

   D. 在年末时获得的实际收益是 −50 元

36. 5月11日，瑞士洛桑国际管理学院公布了《国际竞争力年度报告》。在2006年国际竞争力排名中，中国内地的竞争力水平由去年的第31位上升到
    A. 第19位   B. 第20位   C. 第18位   D. 第21位
37. 刘鹗的《老残游记》，鲁迅将它归之于
    A. 狭邪小说   B. 讽刺小说   C. 人情小说   D. 谴责小说
38. 2006年7月10日，在俄罗斯印古什共和国被俄罗斯军警消灭的车臣非法武装头目是
    A. 巴萨耶夫   B. 乌马罗夫   C. 萨杜拉耶夫 D. 马斯哈多夫
39. 2006年8月24日，国际天文学联合会大会通过决议,将地位备受争议的（ ）"开除"出太阳系行星行列。
    A. 海王星   B. 天王星   C. 土星   D. 冥王星
40. 中国新民主主义革命始于
    A. 中国无产阶级的产生   B. 鸦片战争之后
    C. 五四运动的爆发   D. 中国共产党的成立
41. 毛泽东《反对本本主义》一文所反对的错误倾向是
    A. 投降主义   B. 经验主义   C. 教条主义   D. 官僚主义
42. 程某平素好酒，一日与朋友喝得烂醉，迷糊间将饭店服务员王某认作是鬼，拔出随身携带的水果刀将王某刺成重伤。其行为
    A. 是犯罪,应当负刑事责任   B. 是犯罪,但可以从轻或减轻处罚
    C. 是犯罪,但应当从轻或减轻处罚 D. 不是犯罪,不负刑事责任
43. 在我国,享有选举权和被选举权的是
    A. 全体公民   B. 享有政治权利的公民
    C. 年满18周岁的公民   D. 年满18周岁享有政治权利的公民
44. 言论自由属于我国公民的
    A. 政治自由权 B. 人身自由权 C. 人格权   D. 文化教育权
45. 现行宪法颁布实施以来，全国人大对宪法进行了
    A. 二次修改   B. 三次修改   C. 四次修改   D. 五次修改
46. "关关雎鸠,在河之洲。窈窕淑女,君子好逑"见于
    A. 楚辞   B.《诗经》   C. 乐府   D. 汉赋
47. 下列作品属于道家学派的是
    A.《孟子》   B.《墨子》   C.《老子》   D.《韩非子》
48. 我国第一部纪传体通史是
    A.《汉书》   B.《后汉书》   C.《三国志》   D.《史记》
49. 以五柳先生自喻的东晋诗人是
    A. 左思   B. 陶渊明   C. 鲍照   D. 颜延之
50. 诗篇《春江花月夜》的作者是唐代诗人

A. 王勃　　　　B. 李白　　　　C. 张若虚　　　D. 陈子昂
51. 苏轼的词集题为
　　A.《东坡词》　B.《稼轩词》　C.《六一词》　D.《东山词》
52. "六月飞雪"的情节见于关汉卿的著名杂剧
　　A.《救风尘》　B.《窦娥冤》　C.《单刀会》　D.《望江亭》
53.《牡丹亭》的作者汤显祖生活在
　　A. 宋代　　　　B. 元代　　　　C. 明代　　　　D. 清代
54. 下列《儒林外史》中的人物，作者作为正面人物来写的是
　　A. 范进　　　　B. 周进　　　　C. 杜少卿　　　D. 牛布衣
55. 曾朴创作的《孽海花》属于
　　A. 古代文学　　B. 近代文学　　C. 现代文学　　D. 当代文学
56. 五四时期发表《文学改良刍议》的是
　　A. 鲁迅　　　　B. 李大钊　　　C. 胡适　　　　D. 刘半农
57. 下列作品中出现闰土这个人物的是
　　A.《药》　　　B.《故乡》　　　C.《阿Q正传》　D.《狂人日记》
58. 茅盾最著名的长篇小说是
　　A.《子夜》　　B.《林家铺子》　C.《春蚕》　　　D.《清明前后》
59. 鲁迅发起并领导的著名文学团体是
　　A. 创造社　　　B. 太阳社　　　C. 文学研究会　D. 左翼作家联盟
60. 著名历史剧《屈原》的作者是
　　A. 老舍　　　　B. 郭沫若　　　C. 洪深　　　　D. 田汉
61. 巴金晚年震撼人心的散文集是
　　A.《倾吐不尽的恩情》　　　　　B.《友谊集》
　　C.《新声集》　　　　　　　　　D.《随想录》
62. 徐迟刻画科学家周培源的著名作品是
　　A.《生命之树常绿》　　　　　　B.《在湍流的涡旋中》
　　C.《地质之光》　　　　　　　　D.《哥德巴赫猜想》
63. 以《乡愁》闻名于海峡两岸的著名诗人是
　　A. 余光中　　　B. 洛夫　　　　C. 三毛　　　　D. 席慕蓉
64. 民间叙事诗《嘎达梅林》属于
　　A. 藏族　　　　B. 蒙古族　　　C. 壮族　　　　D. 白族
65. 新近当选为中国作家协会主席的铁凝的著名长篇小说是
　　A.《玫瑰门》　　　　　　　　　B.《没有纽扣的红衬衫》
　　C.《哦,香雪》　　　　　　　　D.《六月的话题》
66. 文艺复兴的发源地是
　　A. 英国　　　　B. 意大利　　　C. 法国　　　　D. 德国

67. "潘多拉的盒子"出自
    A. 北欧神话   B. 巴比伦神话   C. 希腊神话   D. 俄罗斯神话
68. 《堂吉诃德》作者的国籍是
    A. 西班牙   B. 英国   C. 法国   D. 葡萄牙
69. "生存还是毁灭"的著名独白见于
    A. 《奥赛罗》   B. 《李尔王》   C. 《哈姆雷特》   D. 《麦克白》
70. 《包法利夫人》的作者是
    A. 福楼拜   B. 雨果   C. 左拉   D. 莫泊桑
71. 下列作品中,属于黑色幽默文学流派的代表作是
    A. 《百年孤独》   B. 《苍蝇》
    C. 《等待戈多》   D. 《第二十二条军规》
72. "押韵"是指在相同位置上的字有相同或相近的
    A. 声调   B. 韵母   C. 声母   D. 元音
73. 汉字作为方块字是由于出现了
    A. 隶书   B. 篆书   C. 草书   D. 楷书
74. "城门失火,殃及池鱼。"这里的"池"是指
    A. 池塘   B. 深渊   C. 护城河   D. 小河
75. 下列词语中有错别字的一项是
    A. 鸠占雀巢   B. 塞翁失马   C. 变本加厉   D. 剑拔弩张
76. "水旱从人,不知饥馑,时无荒年,天下谓之天府也",这是古人对哪项水利工程的赞美?
    A. 会通河   B. 通惠河   C. 都江堰   D. 郑国渠
77. 东汉班超派甘英出使大秦,甘英到达了
    A. 大秦   B. 阿拉伯   C. 红海   D. 波斯湾
78. 中国古代的三省六部制创立于
    A. 隋朝   B. 唐朝   C. 北宋   D. 明朝
79. 景德镇成为全国著名的制瓷中心,始于
    A. 隋朝   B. 唐朝   C. 北宋   D. 南宋
80. 历史上把唐太宗统治时期称为
    A. 贞观之治   B. 开元盛世   C. 开皇之治   D. 光武中兴
81. 元朝最大的对外贸易港口是
    A. 广州   B. 杭州   C. 明州   D. 泉州
82. 明末清初指出封建君主是"天下之大害"的思想家是
    A. 王夫之   B. 顾炎武   C. 黄宗羲   D. 宋应星
83. "诗界革命"的口号出现于
    A. 洋务运动时期   B. 戊戌变法时期
    C. 辛亥革命时期   D. 新文化运动前期

84. 中国半殖民地半封建社会的形成是在
    A. 鸦片战争以后   B. 中法战争以后
    C. 甲午中日战争以后   D. 八国联军侵华战争以后
85. 洋务运动中,洋务派创办了一批近代军事工业,其中由李鸿章创办的是
    A. 安庆军械所   B. 江南制造总局
    C. 福州船政局   D. 天津机器制造局
86. 中国第一个资产阶级革命团体是
    A. 兴中会   B. 华兴会   C. 光复会   D. 日知会
87. 台儿庄战役的总指挥是
    A. 李宗仁   B. 张自忠   C. 蒋介石   D. 白崇禧
88. 在抗日民主政权实行"三三制"时,"中间分子"指的是
    A. 资产阶级   B. 民族资产阶级和开明绅士
    C. 地主阶级   D. 小资产阶级
89. 在中共七大作《论联合政府》政治报告的是
    A. 周恩来   B. 刘少奇   C. 朱德   D. 毛泽东
90. 西藏获得和平解放是在
    A. 1949 年   B. 1950 年   C. 1951 年   D. 1952 年
91. 1813 年 10 月发生的标志着拿破仑法兰西第一帝国开始瓦解的著名战役是
    A. 莱克星顿战役 B. 莱比锡会战 C. 滑铁卢会战 D. 萨拉托加战役
92. 下列国家中,被称为"高利贷帝国主义"的国家是
    A. 美国   B. 法国   C. 英国   D. 德国
93. 日本建立法西斯统治的标志是
    A. 发动"九·一八"事变   B. 发动"二·二六"兵变
    C. 广田弘毅上台组阁   D. 发动"七七事变"
94. 二战以后,美国倡议成立"关贸总协定"的最主要目的是
    A. 扶植欧洲国家恢复经济
    B. 促进全球经济的发展
    C. 借此遏制社会主义国家
    D. 凭借自己的经济实力控制更广阔的世界市场
95. 苏联从成立到解体的时间是
    A. 1917—1991 年   B. 1921—1991 年
    C. 1922—1991 年   D. 1936—1991 年
96. 我国水能蕴藏量最丰富的河流是
    A. 雅鲁藏布江 B. 长江   C. 黄河   D. 珠江
97. "数字地球"进程的推进,将对社会经济发展与人民生活产生巨大的影响。下列哪一种数字信息不容易实现?

A. 数字江苏 B. 数字校园
C. 数字地震灾害预警 D. 数字农业

98. 下列做法,符合可持续发展原则的是
    A. 建立自然保护区、保护生物多样性
    B. 垦殖是解决粮食问题的一个重要途径
    C. 大量开采矿产资源
    D. 发达国家把重污染工业转移到发展中国家

99. 世界上的城市,特别是大城市主要分布在
    A. 气候干旱地区 B. 热带雨林地区
    C. 中低纬度沿海地区 D. 高纬度寒冷地区

100. 下列国家的首都只作为政治中心而新建的是
    A. 东京、伦敦 B. 柏林、曼谷
    C. 伊斯兰堡、巴黎 D. 巴西利亚、华盛顿

101. 我国有"聚宝盆"和"天府之国"美誉的地形区分别是
    A. 太湖平原、四川盆地 B. 三江平原、珠江三角洲
    C. 塔里木盆地、柴达木盆地 D. 柴达木盆地、四川盆地

102. 从大庆运输 5 万吨原油到上海,最合理的运输方式是
    A. 铁路、海运 B. 管道、铁路 C. 铁路、公路 D. 管道、海运

103. 农谚"白露早,寒露迟,秋分种麦正当时",反映了农业生产的
    A. 地域性 B. 季节性 C. 复杂性 D. 特色性

104. 修建青藏铁路所面临并必须克服的主要地貌障碍是
    A. 冰川纵横 B. 溶洞众多 C. 泥石流频发 D. 冻土广布

105. 杜甫"会当凌绝顶,一览众山小"写的是
    A. 庐山 B. 华山 C. 泰山 D. 黄山

106. 现存世最早的卷轴山水画作品是隋代展子虔的
    A.《洛神赋图卷》 B.《游春图卷》
    C.《江帆楼阁图轴》 D.《千里江山图卷》

107. 法国雕塑家罗丹的成名作为
    A.《青铜时代》 B.《母与子》 C.《思想者》 D.《巴尔扎克像》

108. "六分半书"是(　　)的代表书体。
    A. 苏轼 B. 颜真卿 C. 郑板桥 D. 郭沫若

109. 我国仅存最古、最高的楼阁式木塔在
    A. 山西应县 B. 福建泉州 C. 北京房山 D. 陕西西安

110. 中国园林可分为皇家园林和(　　)两大类。
    A. 欧式园林 B. 江南园林 C. 私家园林 D. 风光园林

111. 马蒂斯是(　　)的代表人物。

A. 印象派　　　B. 巡回画派　　　C. 立体派　　　D. 野兽派

112. 石刻《马踏匈奴》安置在（　　）墓前。
　　A. 汉景帝　　　B. 汉元帝　　　C. 霍光　　　D. 霍去病

113. 被誉为圆舞曲之王的是
　　A. 巴赫　　　　　　　　　　B. 门德尔松
　　C. 舒伯特　　　　　　　　　D. 约翰·施特劳斯

114. 《义勇军进行曲》是中华人民共和国国歌，《　　》是全世界无产阶级的歌曲。
　　A. 马赛曲　　　B. 国际歌　　　C. 歌唱祖国　　　D. 保卫黄河

115. 被誉为中国戏曲音乐中的"兰花"，2001年5月18日被联合国教科文组织授予"人类口头与非物质遗产代表作"的是
　　A. 京剧　　　B. 昆剧　　　C. 越剧　　　D. 豫剧

116. 管弦乐队泛指编制较大、以西洋管弦乐器为主的乐队。由弦乐、木管、铜管和（　　）乐器组成。
　　A. 弹拨　　　B. 打击　　　C. 吹管　　　D. 拉弦

117. 《天方夜谭》又名《一千零一夜》，是俄国作曲家（　　）根据人们熟知的阿拉伯民间故事所创作的标题交响组曲。
　　A. 里姆斯基·科萨科夫　　　　B. 穆索尔斯基
　　C. 柴可夫斯基　　　　　　　　D. 鲍罗丁

118. 《梁山伯与祝英台》是作曲家何占豪、陈钢为了探索交响音乐的民族化，选择了家喻户晓的民间传说为题材，吸取越剧中的曲调为素材，成功地创作了这部单乐章带标题的
　　A. 小提琴独奏曲　　B. 小提琴协奏曲　　C. 交响音诗　　D. 交响音画

119. 以姑娘的名字所作的歌舞曲《阿拉木汗》出自哪个少数民族？
　　A. 蒙古族　　　B. 哈萨克族　　　C. 藏族　　　D. 维吾尔族

120. 若干人同时演唱相同的曲调称为
　　A. 重唱　　　B. 齐唱　　　C. 合唱　　　D. 轮唱

三、双项选择题（每小题1分，共40分）

在下列每小题的四个备选答案中选出二个正确答案，并将答题卡上相应题号中正确答案的字母标号涂黑。

121. 以下属于法国启蒙思想家卢梭的作品有
　　A.《社会契约论》　B.《瓦尔登湖》　C.《忏悔录》　D.《人性论》

122. 马克思主义哲学的直接理论来源是
　　A. 黑格尔的辩证法　　　　　　B. 费尔巴哈的唯物主义
　　C. 英法空想社会主义　　　　　D. 17、18世纪英法唯物主义哲学

123. "竭泽而渔"的做法从哲学上看是

A. 忽视了意识能够反作用于客观事物

B. 否认了世界的物质性

C. 无视事物之间联系的客观性

D. 只顾眼前利益,不顾长远利益,没有正确把握事物的因果关系

124. 非歧视待遇原则是 WTO 的基本原则,它包括

　　A. 最惠国待遇　　　　　　　B. 国民待遇

　　C. 非关税壁垒　　　　　　　D. 发展中国家的特殊条例

125. 如果人们的工资增加,则增加的将是

　　A. 货币的交易需求　　　　　B. 货币的预防需求

　　C. 货币的投机需求　　　　　D. 上述三方面需求任何一种

126. 下列场所或机构所在地,应当每日升挂国旗的有

　　A. 北京天安门广场　　　　　B. 外交部

　　C. 高等学校　　　　　　　　D. 江苏省政府所在地

127. 已满14周岁未满16周岁的人应当负刑事责任的犯罪行为有

　　A. 盗窃　　B. 抢劫　　C. 强奸　　D. 妨碍公务

128. 毛泽东认为社会主义社会中存在着两类不同性质的社会矛盾,即

　　A. 基本矛盾　　　　　　　　B. 敌我矛盾

　　C. 人民内部矛盾　　　　　　D. 生产和需要的矛盾

129. 法定应当从轻处罚的情节有

　　A. 未满18周岁的人犯罪　　　B. 防卫过当

　　C. 教唆犯　　　　　　　　　D. 酒醉的人犯罪

130. 2006年1月9—11日,全国科学技术大会在京举行,2005年度国家最高科学技术奖获得者有

　　A. 叶笃正　　B. 叶顺正　　C. 吴启国　　D. 吴孟超

131. 下列名句,出之于《论语》的有

　　A. 知之为知之,不知为不知,是知也　　B. 桃李不言,下自成蹊

　　C. 君子坦荡荡,小人长戚戚　　　　　　D. 天行有常,不为尧存,不为桀亡

132. 盛唐时期两个著名的诗歌流派是

　　A. 王维、孟浩然的山水田园诗派　　　　B. 元稹、白居易的元白诗派

　　C. 韩愈、孟郊的韩孟诗派　　　　　　　D. 高适、岑参的边塞诗派

133. 下列词人中属于婉约派的有

　　A. 辛弃疾　　B. 李清照　　C. 陈亮　　D. 周邦彦

134. 清代两部著名的戏剧作品是

　　A.《桃花扇》　B.《长生殿》　C.《西厢记》　D.《琵琶记》

135. 下列作品中,为曹禺创作的有

　　A.《南冠草》　B.《胆剑篇》　C.《雷雨》　D.《赛金花》

136. 下列作家中,属于朦胧诗人的有
   A. 郭小川   B. 雷抒雁   C. 流沙河   D. 舒婷
137. 下列人物中见于电影《天云山传奇》的有
   A. 罗群   B. 小英子   C. 冯晴岚   D. 孙旺泉
138. 下列作品中,为白先勇创作的有
   A.《玉卿嫂》   B.《金大班的最后一夜》
   C.《夜行货车》   D.《香雪海》
139. 下列作家中,以创作短篇小说闻名于世的有
   A. 歌德   B. 契诃夫   C. 莫泊桑   D. 易卜生
140. 下列作品中,为高尔基创作的有
   A.《战争与和平》   B.《母亲》   C.《我的大学》   D.《罪与罚》
141. 下列作家中,曾经获得诺贝尔文学奖的有
   A. 大江健三郎   B. 川端康成   C. 村上春树   D. 森鸥外
142. 句子中的基本成分有
   A. 主语   B. 宾语   C. 谓语   D. 状语
143. 下列分布在今浙江境内的原始文化遗址有
   A. 河姆渡文化   B. 半坡文化   C. 良渚文化   D. 大汶口文化
144. 安史之乱爆发的原因有
   A. 藩镇间争战不断   B. 内地兵力空虚
   C. 唐玄宗不理政事   D. 两税法使农民受到的剥削很重
145. 生活于南宋时期的理学家是
   A. 程颐   B. 朱熹   C. 陆九渊   D. 王守仁
146. 由李鸿章单独代表清政府签订的不平等条约有
   A.《中日马关条约》   B.《中法新约》
   C.《中俄伊犁条约》   D.《辛丑条约》
147. 辛亥革命的历史功绩包括
   A. 推翻了两千多年的君主制度   B. 建立了资产阶级民主共和国
   C. 结束了封建军阀割据的局面   D. 废除了封建土地所有制
148. 18世纪,法国启蒙思想家人才辈出,其代表人物有
   A. 霍布斯   B. 伏尔泰   C. 洛克   D. 卢梭
149. 中外历史上促使社会性质发生变化的改革有
   A. 中国王安石变法   B. 俄国1861年改革
   C. 日本明治维新   D. 美国罗斯福新政
150. 为了摆脱1929—1933年空前严重的经济危机,资本主义国家选择的出路有
   A. 德国建立法西斯政权   B. 意大利法西斯上台
   C. 日本提出灭亡中国的"二十一条"   D. 美国实行"新政"

151. 我国语言的地理差异表现为南繁北齐,即南方语言繁杂,北方比较单一。产生这种地域差异的原因可能有
    A. 南方多丘陵、山地,交通比较闭塞   B. 北方民族比较单一
    C. 南方历史文化悠久   D. 北方多平原、高原,交通联系方便

152. 下列关于撒哈拉以南非洲的叙述,正确的有
    A. 是世界黑种人的故乡   B. 是阿拉伯世界的一部分
    C. 最南端是地中海气候   D. 黄金和茶叶产量居世界第一位

153. 下列因果关系叙述不正确的有
    A. 全球变暖——森林枯死   B. 植树造林——温室气体增加
    C. 温室气体增多——全球变暖   D. 经济发达——温室气体减少

154. 所谓"湖广熟,天下足",表明长江中游地区是我国重要的产粮区,其主要原因有
    A. 雨热条件好,土壤肥沃   B. 地形平坦,自然灾害少
    C. 河流众多,交通便利   D. 粮食种植历史悠久,劳动力资源充足

155. 在已发现的原始洞穴壁画中,最著名的是西班牙的(   )洞和法国的(   )洞。
    A. 阿尔塔米拉   B. 底格里斯   C. 拉斯科   D. 克里特

156. 天津杨柳青与(   )和(   )并称为我国三大民间年画产地
    A. 潍县杨家埠   B. 苏州桃花坞
    C. 北京荣宝斋   D. 南京夫子庙

157. 下列选项中不属于"岁寒三友"的有
    A. 松   B. 梅   C. 菊   D. 兰

158. 奥地利作曲家舒伯特一生创作了六百余首歌曲,代表作有《小夜曲》《摇篮曲》《圣母颂》以及声乐套曲《   》《   》等。
    A. 美丽的磨坊女 B. 死神与少女   C. 冬天的旅行   D. 春天的信念

159. 汉族民歌从体裁形式来看大致分为号子、山歌和小调三类,小调则是民歌中流传最为广泛、最普通的一种,下列民歌属于民间小调的有
    A. 《杨柳青》   B. 《小河淌水》 C. 《槐花几时开》 D. 《茉莉花》

160. 俄国五位有着创立俄罗斯民族乐派共同志向的作曲家在1862年左右形成的艺术小组,后被人称为"五人强力集团"。他们分别是作曲家巴拉基列夫、穆索尔斯基、里姆斯基·科萨科夫以及(   )和(   )。
    A. 格林卡   B. 居伊   C. 鲍罗丁   D. 柴可夫斯基

四、不定项选择题(每小题1分,共40分)

从下列每小题的备选答案中选出所有正确答案,并将答题卡上相应题号中正确答案的字母标号涂黑。涂错、多涂或少涂均不得分。

161. 下列各项正确反映感性认识与理性认识关系的有

A. 理性认识依赖于感性认识
B. 感性认识有待于发展到理性认识
C. 理性认识中包含着感性认识
D. 感性认识中包含着理性认识
E. 感性认识和理性认识是绝对对立的

162. 康德的代表作有
A.《纯粹理性批判》　　　B.《论法的精神》
C.《实践理性批判》　　　D.《判断力批判》
E.《英国书简》

163. 以下观点属于主观唯心主义的有
A. 存在就是被感知　　　B. 物是现象的集合
C. 理在事先　　　　　　D. 心外无事,心外无理
E. 吾心即宇宙

164. "奥卡姆剃刀"原理是由14世纪英国奥康的威廉提出的,它告诫人们:"切勿浪费较多东西去做用较少的东西同样可以做好的事情。"下列哪些思想与该原理吻合?
A. 自然界选择最短的道路
B. 如果某一原因既真又足以解释自然事物的特性,则我们不应当接受比这更多的原因
C. 不可观测事物的同一性原理
D. 天地之大,比你所能梦想到的多出更多
E. 如无必要,勿增实体

165. 下列经济学术语对应的英文简写正确的有
A. 国民生产总值(GNP)　　B. 国内生产总值(GDP)
C. 居民消费价格指数(CPI)　D. 国内生产总值(GNP)
E. 国民生产总值(GDP)

166. 物质生产之所以从根本上决定了人口生产的发展方向和基本趋势,是因为
A. 生产力的发展水平制约着人口的数量、质量、密度、构成和增长速度
B. 物质生产的发展规模和速度制约着人口生产的规模和速度
C. 物质资料的生产方式决定人口生产的社会形式
D. 物质生产决定人口生产具有客观性
E. 物质生产决定人口生产始终在家庭范围内进行

167. 2006年3月5日,温家宝在十届全国人大四次会议上所作的政府工作报告中提出,2006年要抓紧解决的群众最关心、最直接、最现实的利益问题有
A. 大力推动九年义务教育的普及
B. 要继续实施积极的就业政策,千方百计扩大就业

C. 加快推进社会保障体系建设
D. 突出抓好医疗卫生工作
E. 切实加强安全生产工作

168. 2006年3月27日,新华社受权发布《国务院关于解决农民工问题的若干意见》。意见指出,国务院关于解决农民工问题的基本原则有
    A. 公平对待,一视同仁   B. 强化服务,完善管理
    C. 统筹规划,合理引导   D. 因地制宜,分类指导
    E. 立足当前,着眼长远

169. 治安管理处罚的种类有
    A. 警告   B. 罚款
    C. 行政拘留   D. 吊销公安机关发放的许可证
    E. 记过

170. 我国选举法规定的采用直接选举方式产生的人民代表大会有
    A. 全国人民代表大会   B. 省级人民代表大会
    C. 市级人民代表大会   D. 县级人民代表大会
    E. 乡级人民代表大会

171. "四书五经"中的四书有
    A. 《论语》   B. 《中庸》   C. 《大学》   D. 《尚书》
    E. 《孟子》

172. 下列成语出自《战国策》的有
    A. 狡兔三窟   B. 狐假虎威   C. 刎颈之交   D. 守株待兔
    E. 缘木求鱼

173. 下列名句出于唐代诗人笔下的有
    A. 停车坐爱枫林晚,霜叶红于二月花
    B. 山重水复疑无路,柳暗花明又一村
    C. 身无彩凤双飞翼,心有灵犀一点通
    D. 无边落木萧萧下,不尽长江滚滚来
    E. 飞流直下三千尺,疑是银河落九天

174. 下列作品中,以家庭生活为描写对象的有
    A. 《红楼梦》   B. 《金瓶梅》   C. 《醒世姻缘》   D. 《浮生六记》
    E. 《镜花缘》

175. 鲁迅的小说集有
    A. 《华盖集》   B. 《彷徨》   C. 《呐喊》   D. 《坟》
    E. 《故事新编》

176. 老舍的戏剧作品有
    A. 《四世同堂》   B. 《茶馆》   C. 《西望长安》   D. 《龙须沟》

E. 《月牙儿》

177. 下列作家中,为我国著名诗人的有
    A. 艾青　　　　B. 郭小川　　　　C. 汪曾祺　　　　D. 臧克家
    E. 公刘

178. 以红军长征为题材的著名作品有
    A. 魏巍的《地球上的红飘带》　　B. 陈其通的《万水千山》
    C. 徐怀中的《我们播种爱情》　　D. 肖华的《长征组歌》
    E. 陆定一的《老山界》

179. 文艺复兴时期在自然科学方面做出贡献的意大利人有
    A. 哥白尼　　　B. 开普勒　　　C. 达·芬奇　　　D. 伽利略
    E. 蒙田

180. 下列人物中,出自雨果《巴黎圣母院》的有
    A. 爱斯梅拉尔达　B. 卡西莫多　　C. 克洛德　　　D. 冉阿让
    E. 米里哀

181. 下列作家中,属于俄国浪漫主义诗人的有
    A. 普希金　　　B. 莱蒙托夫　　C. 屠格涅夫　　D. 茹科夫斯基
    E. 陀思妥耶夫斯基

182. 现代汉语构成的三要素有
    A. 文字　　　　B. 语言　　　　C. 词汇　　　　D. 语法
    E. 修辞

183. 下列历史人物属于东周时期的有
    A. 周厉王　　　B. 管仲　　　　C. 商鞅　　　　D. 姜尚
    E. 孔子

184. 下列关于军机处的陈述,不正确的有
    A. 康熙帝开始设置军机处　　　B. 军机处专门处理全国军政
    C. 雍正时期设置军机处　　　　D. 军机大臣由皇帝选派
    E. 乾隆时期设置军机处

185. 在第二次鸦片战争中,法国迫使清政府签订的不平等条约有
    A. 《黄埔条约》　B. 《天津条约》　C. 《北京条约》　D. 《中法新约》
    E. 《烟台条约》

186. 洋务派创办的企业有
    A. 京师大学堂　B. 轮船招商局　C. 汉阳铁厂　　D. 开平煤矿
    E. 继昌隆缫丝厂

187. 辛亥革命前,著名的民主革命思想家和宣传家有
    A. 章炳麟　　　B. 梁启超　　　C. 邹容　　　　D. 陈天华
    E. 严复

188. 支持维新变法运动的清政府官员有
     A. 翁同龢　　　B. 文廷式　　　C. 袁世凯　　　D. 陈宝箴
     E. 荣禄
189. 17世纪早期的荷兰是世界上最强大的海上贸易和殖民国家,其在海外的殖民地包括
     A. 巴西　　　　B. 印尼爪哇岛　C. 非洲好望角　D. 菲律宾
     E. 新尼德兰
190. 组成欧洲共同体的机构有
     A. 统一的欧洲货币和欧洲议会　　　B. 欧洲煤钢联营
     C. 欧洲原子能联营　　　　　　　　D. 欧洲经济共同体
     E. 欧洲理事会
191. 飓风带来的灾害主要有
     A. 海啸　　　　B. 风暴潮　　　C. 地震　　　　D. 狂风
     E. 暴雨
192. 民谣说:"一年开草场,二年打点粮,三年五年变沙梁。"人类活动容易导致土地荒漠化的有
     A. 以粮为纲　　　　　　　　　　　B. 退耕还林还草
     C. 大力发展畜牧业　　　　　　　　D. 营造防护林
     E. 大打机井,开采地下水
193. 旅游观赏位置的选择主要考虑
     A. 距离　　　　B. 时间　　　　C. 俯仰　　　　D. 角度
     E. 季节
194. 世界上能源的生产量大于消费量,向外输出能源的地区有
     A. 中东　　　　B. 拉美　　　　C. 西欧　　　　D. 北美
     E. 非洲
195. 不属于清初画家"四王"的有
     A. 王冕　　　　B. 王原祁　　　C. 王履　　　　D. 王鉴
196. "封泥"的流行时期有
     A. 秦　　　　　B. 汉　　　　　C. 南北朝　　　D. 隋
197. 南齐谢赫在《画品》中提出了"六法",下列说法中不属于"六法"的有
     A. 气韵生动　　B. 身正掌虚　　C. 计白当黑　　D. 随类赋彩
198. "月光"奏鸣曲是德国作曲家贝多芬所作的三十二首钢琴奏鸣曲之一。下列哪几首也属三十二首之列?
     A. 告别　　　　B. 悲怆　　　　C. 黎明　　　　D. 热情
     E. 英雄
199. 下列乐器中属铜管乐器的有

A. 小号   B. 长笛   C. 圆号   D. 大管
E. 长号

200. 下列民歌中,流行于江苏的有
A. 《拔根芦柴花》   B. 《杨柳青》
C. 《思想起》   D. 《月儿弯弯照九州》
E. 《六月茉莉》

第 Ⅱ 卷 主观题（每小题 20 分，共 100 分）

说明：主观题不计入总分，当客观题成绩进入获奖范围且分数相同时，主观题成绩作为选拔参考。

总分	题号	一	二	三	四	五
	题分	20	20	20	20	20
合分人	得分					

1. 胡锦涛在庆祝中国共产党成立 85 周年暨总结保持共产党员先进性教育活动大会上的讲话中，指出了我们党之所以能够成为领导中国革命、建设、改革事业的核心力量，之所以能够承担起中国人民和中华民族的历史重托，之所以能够在剧烈变动的国际国内环境中始终立于不败之地的根本原因，请问这个根本原因是什么？

2. 如何理解科学技术的双刃剑效应？

3. 庄子在《逍遥游》中提出了不受时间、空间和任何条件制约的"遨游于天地之间"的理念，请从不同侧面作解析。

4. 简述如何欣赏下列景观以达到最好效果。
（1）黄山石猴观海　（2）庐山瀑布　（3）香山红叶　（4）桂林山水

5. 在近代中国历史上,为了实现国家的富强和现代化,不同的阶级和阶层曾经进行过哪些探索?其结果如何?1978 年以来,中国共产党为建设社会主义现代化做出过哪些重大决策?分析我国现代化建设取得举世瞩目成就的原因。

[第Ⅰ卷参考答案]

一、判断题

1. A   2. B   3. B   4. A   5. A   6. A   7. A   8. B   9. A   10. B
11. A 12. B 13. A 14. B 15. B 16. B 17. B 18. B 19. A 20. A

二、单项选择题

21. D 22. D 23. B 24. D 25. A 26. D 27. A 28. D 29. A 30. B
31. D 32. A 33. C 34. B 35. D 36. D 37. D 38. D 39. D 40. D
41. C 42. B 43. D 44. C 45. C 46. B 47. D 48. D 49. B 50. C
51. A 52. B 53. C 54. C 55. B 56. C 57. B 58. D 59. D 60. B
61. D 62. B 63. D 64. B 65. D 66. D 67. C 68. D 69. D 70. A
71. C 72. B 73. B 74. C 75. D 76. C 77. D 78. D 79. C 80. C
81. D 82. C 83. B 84. A 85. B 86. A 87. A 88. B 89. D 90. C
91. B 92. C 93. D 94. D 95. D 96. B 97. C 98. A 99. C 100. D
101. D 102. D 103. B 104. D 105. C 106. B 107. A 108. C 109. A 110. C
111. D 112. D 113. C 114. D 115. B 116. D 117. A 118. B 119. D 120. B

三、双项选择题

121. AC 122. AB 123. CD 124. AB 125. AC 126. AB 127. BC 128. CD 129. AB 130. AD
131. AC 132. AD 133. BD 134. AB 135. BC 136. CD 137. BC 138. AB 139. BC 140. BC
141. AB 142. AC 143. AC 144. AB 145. BC 146. AB 147. AB 148. BD 149. BC 150. AD
151. AD 152. AC 153. BD 154. AC 155. AC 156. AB 157. CD 158. AC 159. BD 160. BC

四、不定项选择题

161. ABCD   162. ACD   163. ADE   164. ABCE   165. CDE
166. AB   167. BCDE   168. ABCDE 169. ABCD   170. CDE
171. ABCE   172. AB   173. ACDE   174. ABC   175. BCE
176. BD   177. ABDE   178. ABDE   179. ABCD   180. ABC
181. ABD   182. BCD   183. BCD   184. AE   185. BC
186. BCD   187. ACD   188. D   189. BE   190. BCD
191. BDE   192. ACE   193. ACD   194. AE   195. AC
196. AB   197. BC   198. ABCD   199. ACE   200. ABD

江苏省第三届理工科大学生人文社会科学知识竞赛试卷

说明：本试卷均为客观题(共 200 题,200 分),请在答题卡上按规定要求填涂,不按规定要求答题一律无效。

一、判断题(每小题 1 分,共 20 分,选对得分,选错不扣分)

在下列每小题的两个备选答案中选出一个正确答案,并将答题卡上相应题号的字母标号涂黑。

1. 《九歌》《九章》均是屈原的作品,各有九篇,其中著名的有《湘君》《湘夫人》《哀郢》《涉江》等。
   A. 正确　　　　　　　　　　　　B. 错误

2. 杜甫《春夜喜雨》:"好雨知时节,当春乃发生。随风潜入夜,润物细无声。"作为咏物诗,意在言外,还赞美了一种美好品格。
   A. 正确　　　　　　　　　　　　B. 错误

3. "为什么我的眼里常含泪水,因为我对这土地爱得深沉。"这出自艾青的作品《我爱这土地》。
   A. 正确　　　　　　　　　　　　B. 错误

4. 徐迟在报告文学作品中刻画了许多科学家的形象,如《哥德巴赫猜想》写数学家陈景润,《在湍流的涡旋中》写物理学家周培源。
   A. 正确　　　　　　　　　　　　B. 错误

5. 希腊悲剧大多取材于神话,如埃斯库罗斯的《被缚的普罗米修斯》,而希腊喜剧大半以揭露社会矛盾、讽刺现实为主题,如阿里斯托芬的《阿卡奈人》。
   A. 正确　　　　　　　　　　　　B. 错误

6. 古代的"通假字"相当于今天的"别字",所以不具有合法性。
   A. 正确　　　　　　　　　　　　B. 错误

7. 我国最早建立军队、制定刑法、设置监狱是在夏朝。
   A. 正确　　　　　　　　　　　　B. 错误

8. 五四运动是一次彻底的反帝反封建运动,青年学生是运动的主力军。
   A. 正确　　　　　　　　　　　　B. 错误

9. 启蒙运动时期孟德斯鸠反对君主专制,提出了"三权分立"学说。
   A. 正确　　　　　　　　　　　　B. 错误

10. 1929—1933 年的世界资本主义经济危机,是从美国的证券交易危机开始的。
    A. 正确　　　　　　　　　　　　B. 错误

11. 艺术的根本特征在于形象性。
    A. 正确　　　　　　　　　　　　B. 错误

12. 顾恺之是唐代的大画家。

A. 正确 B. 错误

13. 法国巴黎圣母院是典型的哥特式建筑。
A. 正确 B. 错误

14. 音乐是通过有组织的声音来塑造艺术形象、表达人们的理想和思想感情的时间艺术。
A. 正确 B. 错误

15. 我国太阳能资源最丰富的地区是青藏高原。
A. 正确 B. 错误

16. 相当于我国盛夏期间,澳大利亚热带草原呈现一片枯黄的景象。
A. 正确 B. 错误

17. 一切以往的道德理论归根到底都是当时社会经济状况的产物。
A. 正确 B. 错误

18. 明清之际的黄宗羲,对中国古代朴素唯物主义哲学作了最高的总结和发展。
A. 正确 B. 错误

19. 根据刑法规定,凡在中华人民共和国领域内犯罪的,都适用《中华人民共和国刑法》。
A. 正确 B. 错误

20. 货币在执行流通手段职能时,必须用现实的货币,不能用观念上的货币。
A. 正确 B. 错误

二、单项选择题(每小题1分,共100分)

在下列每小题的四个备选答案中选出一个正确答案,并将答题卡上相应题号中正确答案的字母标号涂黑。涂错或多涂均不得分。

21. 我国文学史上开创了古代文学中悲秋主题的作品是
A.《秋声赋》 B.《秋兴》 C.《九辩》 D.《七发》

22. 才高八斗,七步成诗"煮豆燃豆萁,豆在釜中泣。本是同根生,相煎何太急"。他是
A. 曹丕 B. 曹植 C. 刘桢 D. 王粲

23. 成语"洛阳纸贵"比喻作品风行一时,广为传抄,这出自
A. 司马相如《子虚赋》 B. 班固《两都赋》
C. 江淹《别赋》 D. 左思《三都赋》

24. 下列陶渊明的诗篇中,用来表达壮志情怀而被称为"金刚怒目式"的是
A.《读山海经》 B.《归园田居》 C.《饮酒》 D.《咏贫士》

25. 我国第一篇文学理论批评专论是
A. 钟嵘《诗品序》 B. 萧统《文选序》
C. 萧绎《金楼子·立言》 D. 曹丕《典论·论文》

26. 后来被谱成《阳关三叠》的唐代诗篇是
    A. 张若虚《春江花月夜》　　　　B. 王之涣《凉州词》
    C. 李白《黄鹤楼送孟浩然之广陵》　D. 王维《渭城曲》

27. 我国唐代诗人孟浩然长于山水田园诗,下列名句属于他的是
    A. 大漠孤烟直,长河落日圆。　　B. 日暮苍山远,天寒白屋贫。
    C. 暧暧远人村,依依墟里烟。　　D. 绿树村边合,青山郭外斜。

28. 辛弃疾《永遇乐·京口北固亭怀古》:"斜阳草树,寻常巷陌,人道寄奴曾住。""寄奴"指
    A. 孙权　　　B. 刘备　　　C. 刘裕　　　D. 孙策

29. 元代散曲中被王国维称为"深得唐人绝句妙境"的是
    A. 张可久《卖花声·怀古》
    B. 马致远《天净沙·秋思》
    C. 张养浩《山坡羊·潼关怀古》
    D. 睢景臣《般涉调·哨遍·高祖还乡》

30. 下列喻愁名句中,出自王实甫笔下的是
    A. 问君能有几多愁,恰似一江春水向东流。
    B. 遍人间烦恼填胸臆,量这些大小车儿如何载得起。
    C. 只恐双溪舴艋舟,载不动许多愁。
    D. 休问离愁轻重,向个马儿驮也驮不动。

31. 鲁迅称为"虽云长篇,颇同短制"的古代长篇小说是
    A.《老残游记》　B.《镜花缘》　C.《水浒传》　D.《儒林外史》

32.《红楼梦》中判词:"子系中山狼,得志便猖狂。金闺花柳质,一载赴黄粱。"指的是
    A. 元春　　　B. 探春　　　C. 迎春　　　D. 惜春

33. 五四新文学运动中成立的第一个文学团体是
    A. 文学研究会　B. 创造社　C. 新月诗社　D. 雨丝社

34. 在为王国维撰写的纪念碑铭中,提出"独立之精神,自由之思想"的是
    A. 陈寅恪　　B. 范文澜　　C. 罗振玉　　D. 梁启超

35. 在结尾处喊出了"救救孩子"的鲁迅作品是
    A.《阿Q正传》　B.《祝福》　C.《狂人日记》　D.《故乡》

36.《七子之歌》的作者是
    A. 闻一多　　B. 徐志摩　　C. 朱湘　　　D. 冰心

37. 因为创作了《龙须沟》而被授予"人民艺术家"称号的作家是
    A. 曹禺　　　B. 老舍　　　C. 夏衍　　　D. 阿英

38. 下列诗作中,全部采用陕北民歌"信天游"形式写成的是
    A. 艾青《大堰河——我的保姆》　B. 郭小川《甘蔗林——青纱帐》

C. 李季《王贵与李香香》　　　　　D. 贺敬之《中国的十月》

39. 下列作品中，与《在烈火中永生》有密切关联的是
　　A.《红岩》　　B.《红旗谱》　　C.《保卫延安》　　D.《青春之歌》

40. 我国当代"伤痕文学"发端之作——《班主任》的作者是
　　A. 卢新华　　B. 刘心武　　C. 丛维熙　　D. 蒋子龙

41. 苏童以"文革"为背景，塑造了主人公库东亮的新作是
　　A.《平原》　　　　　　　　　　B.《一句顶一万句》
　　C.《四面八方》　　　　　　　　D.《河岸》

42. 文艺复兴是欧洲由封建社会向资本主义社会过渡时期产生的新兴资产阶级的思想文化运动，它起源于
　　A. 德国　　B. 法国　　C. 意大利　　D. 荷兰

43. 笛福是英国现实主义小说的奠基者，他的代表作是
　　A.《新爱洛伊斯》　　　　　　　B.《鲁宾孙漂流记》
　　C.《阴谋与爱情》　　　　　　　D.《格列佛游记》

44. 俄国文学中第一个"多余人"形象是
　　A. 罗亭　　B. 乞乞科夫　　C. 聂赫留朵夫　　D. 奥涅金

45. 海明威的名言"人可以被毁灭，却不可以被打败"，出于他的作品
　　A.《太阳照常升起》　　　　　　B.《永别了，武器》
　　C.《丧钟为谁而鸣》　　　　　　D.《老人与海》

46. 马尔克斯"再现拉丁美洲历史社会图景的鸿篇巨制"《百年孤独》，属于
　　A. 魔幻现实主义　　　　　　　　B. 黑色幽默
　　C. 荒诞派　　　　　　　　　　　D. 存在主义

47. 夏目漱石是日本近代文学的杰出代表，他的第一部长篇小说是
　　A.《古都》　　B.《雪国》　　C.《我是猫》　　D.《千只鹤》

48. 契诃夫不仅是批判现实主义作家、短篇小说艺术大师，而且还是一位杰出的剧作家，他的最后一部剧作是
　　A.《万尼亚舅舅》　　B.《樱桃园》　　C.《三姊妹》　　D.《海鸥》

49. 下列各项中，均为形声字的一项是
　　A. 鼎眉胡闺　　B. 页冈牢风　　C. 快期裹券　　D. 草河案晶

50. 我国第一部根据字形分析本义的专著《说文解字》出现于
　　A. 东吴　　B. 西周　　C. 东汉　　D. 西晋

51. 刘禹锡《乌衣巷》"朱雀桥边野草花，乌衣巷口夕阳斜。旧时王谢堂前燕，飞入寻常百姓家"押韵的字是
　　A. 花,斜,燕　　B. 斜,燕,家　　C. 花,斜,家　　D. 花,燕,家

52. 清代康熙年间除了编成《康熙字典》外，还编了专供写作时选辞藻、查典故用的工具书是

A.《佩文韵府》　　B.《经籍纂诂》　　C.《中原音韵》　　D.《经传释词》

53. "一醒惊天下"的三星堆遗址是在
　　A. 云南元谋　　B. 四川广汉　　C. 贵州贵阳　　D. 河南安阳

54. 铁制农具和牛耕的使用开始于
　　A. 夏朝　　B. 商朝　　C. 西周　　D. 春秋战国

55. 春秋时期通过城濮之战成为霸主的诸侯是
　　A. 齐桓公　　B. 晋文公　　C. 秦穆公　　D. 楚庄王

56. 秦朝统一后,作为标准文字推行全国的是
　　A. 小篆　　B. 大篆　　C. 隶书　　D. 楷书

57. 秦灭六国后,开通联系长江和珠江两大水系的水利工程是
　　A. 都江堰　　B. 郑国渠　　C. 白渠　　D. 灵渠

58. 曹操以弱胜强、战胜袁绍的关键一战是
　　A. 巨鹿之战　　B. 官渡之战　　C. 赤壁之战　　D. 淝水之战

59. 唐玄宗统治前期,吏治清明,政局稳定,成为唐王朝的鼎盛时期,史称
　　A. 光武中兴　　B. 文景之治　　C. 贞观之治　　D. 开元之治

60. 人们常用"一人之下,万人之上"来形容宰相的地位。我国古代宰相制度废除于
　　A. 宋朝　　B. 元朝　　C. 明朝　　D. 清朝

61. 清朝专门管理边疆少数民族地区事务的中央机构是
　　A. 理藩院　　B. 宣慰司　　C. 军机处　　D. 南书房

62. 清代洋务派兴办了一批民用企业,其中之一是
　　A. 轮船招商局　　B. 福州船政局　　C. 江南制造总局　　D. 金陵制造局

63. 我国五四新文化运动开始的标志性事件是
　　A. 辛亥革命的爆发　　B.《青年杂志》创刊
　　C. 研究马克思主义社团的出现　　D. 中国共产党的诞生

64. 抗战初期国民政府组织的会战中,有八路军参加的是
　　A. 淞沪会战　　B. 太原会战　　C. 徐州会战　　D. 武汉会战

65. 春联是我国特有的一种文学样式,往往折射出历史的变迁,具有很强的时代性。因此,以下农家百姓春联出现的先后顺序应是
　　① 食堂巧煮千家饭,公社饱暖万人心
　　② 改革开放同添异彩,经济建设共展宏图
　　③ 万里山河归人民,五亿群众庆新生
　　A. ①②③　　B. ③①②　　C. ①③②　　D. ②①③

66. 伊拉克所在的两河流域是古代人类文明的发源地之一,下列文明成果中出自该地区的是
　　A. 胡夫金字塔　　B. 佛教　　C.《汉谟拉比法典》　　D. 太阳历

67. 现代的"马拉松长跑",源于纪念战争中的英雄,这场战争是

A. 特洛伊战争　　　　　　　　　B. 伯罗奔尼撒战争
   C. 希波战争　　　　　　　　　　D. 罗马扩张战争
68. 古代印度等级制度森严,国王所出等级一般为
   A. 婆罗门　　　B. 刹帝利　　　C. 吠舍　　　D. 首陀罗
69. 在法国受到英国人入侵的危急时刻,圣女贞德挺身而出,号召人民英勇参战,赶走英国人,这一壮举促进了法兰西民族意识的形成。英法之间的这场战争是
   A. 十字军东征　　B. 玫瑰战争　　C. 百年战争　　D. 三十年战争
70. 文艺复兴和启蒙运动为近代欧洲的发展奠定了思想基础,二者共同点的正确表述是
   A. 反对宗教神权,强调三权分立　　B. 反对封建制度,倡导人民主权
   C. 反对蒙昧迷信,推崇人的理性　　D. 反对君主专制,主张君主立宪
71. 中国古代的重大发明传入欧洲,加快了西方迈入近代社会的步伐,其中"替宗教改革开路"的发明是
   A. 指南针　　　B. 火药　　　C. 针灸疗法　　　D. 印刷术
72. 从1662年康熙皇帝即位至1795年乾隆皇帝退位的133年中,西方社会发生了一连串的变化,其中不包括
   A. 蒸汽机的使用　　　　　　　　B. 哥伦布发现美洲
   C. 英国确立君主立宪政体　　　　D. 美利坚合众国成立
73. 第一次工业革命中首先进行技术革命的部门是
   A. 棉纺织业　　B. 交通运输业　　C. 化学工业　　D. 采矿业
74. 第二次工业革命使人类跨入
   A. 蒸汽时代　　B. 电气时代　　C. 信息时代　　D. 电脑时代
75. 第二次世界大战后建立的新的国际关系格局被称为
   A. 维也纳体系　　B. 华盛顿体系　　C. 凡尔赛体系　　D. 雅尔塔体系
76. 20世纪90年代以来,世界多极化趋势的加强表现为
   A. 苏联解体导致全世界独立国家数量增多
   B. 由两极对峙到美、欧、日、中、俄势均力敌
   C. 美国日益受到欧、日、中、俄等力量的制约
   D. 区域集团化使世界分成几个相对独立的地区
77. 法国著名的人体艺术作品《泉》的作者是
   A. 普桑　　　B. 布歇　　　C. 大卫特　　　D. 安格尔
78. 提出"搜尽奇峰打草稿"的绘画名言者是
   A. 唐代李思训　　B. 宋代范宽　　C. 元代黄公望　　D. 清代石涛
79. 古希腊名雕《掷铁饼者》属于
   A. 荷马时代作品　　　　　　　　B. 古风时期作品
   C. 古典时期作品　　　　　　　　D. 希腊化时期作品

80. 意大利文艺复兴美术首先发生发展于
    A. 罗马　　　　　B. 威尼斯　　　　C. 佛罗伦萨　　　D. 米兰
81. 欧洲最著名的人体艺术《沉睡的维纳斯》的作者是
    A. 达·芬奇　　　B. 拉斐尔　　　　C. 乔尔乔内　　　D. 提香
82. 《将军令》属于乐器演奏形式中的
    A. 独奏　　　　　B. 齐奏　　　　　C. 重奏　　　　　D. 合奏
83. 最早出现的乐器是
    A. 弹拨乐器　　　B. 键盘乐器　　　C. 打击乐器　　　D. 吹奏乐器
84. 集巴洛克音乐之大成者,被今人称为"音乐之父"的是
    A. 巴赫　　　　　B. 韦伯　　　　　C. 舒曼　　　　　D. 肖邦
85. 被誉为"旋律之王"的柴可夫斯基的国籍是
    A. 法国　　　　　B. 意大利　　　　C. 德国　　　　　D. 俄国
86. 西方古典主义时期的音乐家,被誉为"交响乐之父"的是
    A. 莫扎特　　　　B. 斯卡拉蒂　　　C. 海顿　　　　　D. 格林卡
87. 1895年,"活动电影机"首次公开放映的地点是
    A. 伦敦　　　　　B. 巴黎　　　　　C. 柏林　　　　　D. 维也纳
88. 20世纪上半期世界上最著名的电影喜剧大师是
    A. 大卫·格里菲斯　　　　　　　　B. 查理·卓别林
    C. 谢尔盖·爱森斯坦　　　　　　　D. 弗谢沃洛德·普多夫金
89. 以我国古典舞蹈为主的著名舞剧是
    A.《小刀会》　　B.《白毛女》　　C.《红色娘子军》　D.《魂》
90. 下列国家中,地跨两大洲,首都在西半球的是
    A. 埃及　　　　　B. 俄罗斯　　　　C. 美国　　　　　D. 土耳其
91. 我国面积最大的自然保护区是
    A. 可可西里自然保护区　　　　　　D. 三江源自然保护区
    C. 九寨沟自然保护区　　　　　　　D. 长白山自然保护区
92. 水热等气候条件影响作物的分布,苹果主要生长在
    A. 暖温带　　　　B. 寒带　　　　　C. 热带　　　　　D. 亚热带
93. 下列各组名胜按纬度由高到低依次排列的是
    A. 岳阳楼、日月潭、秦兵马俑、悬空寺　　B. 秦兵马俑、岳阳楼、日月潭、悬空寺
    C. 日月潭、悬空寺、岳阳楼、秦兵马俑　　D. 悬空寺、秦兵马俑、岳阳楼、日月潭
94. 我国生活在牧区又主要从事畜牧业的少数民族是
    A. 蒙古族、朝鲜族、布依族　　　　B. 藏族、蒙古族、哈萨克族
    C. 维吾尔族、回族、哈尼族　　　　D. 藏族、壮族、塔吉克族
95. 美国的"阳光地带"是指
    A. 北部的五大湖区　　　　　　　　B. 东北部工业发达区

C. 东西沿海平原区　　　　　　　　D. 南部和西部地区

96. 在夏季风较弱的年份,我国南方和北方出现的旱涝灾情可能是
    A. 南方涝,北方旱　　　　　　　B. 南方旱,北方涝
    C. 南北方皆旱　　　　　　　　　D. 南北方皆涝

97. 下列山地中,自然带垂直带谱最丰富的是
    A. 珠穆朗玛峰　　B. 勃朗峰　　C. 乞力马扎罗山　　D. 阿尔卑斯山

98. 北京时间2009年7月22日上午9时左右,千年一遇的日全食在我国长江流域发生,下列城市中最先观测到的是
    A. 杭州　　　　　B. 苏州　　　　C. 铜陵　　　　　　D. 重庆

99. 泥石流常常造成山区严重灾害。在设计泥石流预警系统中,可以作为预警主要根据的气象要素是
    A. 气压　　　　　B. 风速　　　　C. 雨量　　　　　　D. 温度

100. 爱因斯坦说过,哲学可以被认为是全部科学之母。这强调了哲学对自然科学的
    A. 基础作用　　　B. 概括作用　　C. 依赖作用　　　　D. 指导作用

101. 不断推动社会主义经济、政治、文化和社会这四者的协调发展,体现了唯物辩证法关于事物的
    A. 联系与发展的原理　　　　　　B. 量变与质变的原理
    C. 肯定与否定的原理　　　　　　D. 对立与统一的原理

102. 当今互联网技术的发展,既对经济社会发展有巨大的推动作用,也造成了一些负面效应。从哲学上看,这体现了
    A. 矛盾的普遍性　　　　　　　　B. 矛盾双方的相互转化
    C. 事物普遍联系　　　　　　　　D. 两点论与重点论统一

103. 实际工作中要注意掌握分寸,防止"过"或"不及",这在哲学上属于
    A. 抓事物的主要矛盾　　　　　　B. 确定事物的质
    C. 把握事物的度　　　　　　　　D. 认识事物的量

104. 陆游的"纸上得来终觉浅,绝知此事要躬行",所体现的哲理是
    A. 读书不能获得真知　　　　　　B. 实践是认识的来源
    C. 实践是认识的目的　　　　　　D. 实践是认识的动力

105. 既承认事物之间的"非此即彼",又承认事物之间的"亦此亦彼",这种观点是
    A. 辩证法　　　　B. 形而上学　　C. 诡辩论　　　　　D. 不可知论

106. 世界上第一部成文宪法是
    A. 1787年美国制定的联邦宪法　　B. 1918年制定的苏俄宪法
    C. 1215年的英王大宪章　　　　　D. 1891年的法国《宪法》

107. 新中国第一部宪法颁布于
    A. 1954年　　　　B. 1955年　　　C. 1953年　　　　　D. 1949年

108. 在我国,解释宪法权力的行使机关是

A. 全国人民代表大会 B. 国务院
C. 全国人大常委会 D. 最高人民法院

109. 根据我国有关法律规定,赔偿义务机关给予赔偿的时间为收到赔偿请求的
A. 6个月以内 B. 3个月以内 C. 2个月以内 D. 1个月以内

110. 经济学从性质上来讲可以划分为微观经济学和宏观经济学,下列属于宏观经济学理论的是
A. 消费者行为理论 B. 收入分配理论
C. 一般均衡理论 D. 通货膨胀理论

111. 下列属于隐性成本的是
A. 购买原材料的费用 B. 厂房的租金
C. 贷款的利息 D. 固定资产的折旧

112. 在经济学中把食品支出占家庭总支出的比重称为
A. 基尼系数 B. 恩格尔系数
C. 生产者价格指数 D. 消费者价格指数

113. 下列资产中,流动性最强的是
A. 股票 B. 债券 C. 活期存款 D. 定期存款

114. 我国最基本的国情是
A. 人口多、底子薄、资源少
B. 农业基础薄弱,工业水平落后
C. 正处于并将长期处于社会主义初级阶段
D. 正处于并将长期处于发展中国家水平

115. 江苏省正式建制始于
A. 明代 B. 清代 C. 太平天国 D. 中华民国

116. 在2010年第21届冬奥会上,我国运动员取得了较好的成绩,获得金牌数为
A. 8枚 B. 7枚 C. 6枚 D. 5枚

117. 第十一届全国人大代表中首次出现了农民工代表。这说明
A. 我国公民都有被选举权 B. 农民工应享有特殊政治权利
C. 我国公民都享有选举权 D. 我国民主政治建设进一步发展

118. 科学发展观的核心是
A. GDP增长 B. 低碳经济 C. 统筹兼顾 D. 以人为本

119. 发展基层民主,保障人民享有更多更切实的民主权利,是我国发展社会主义民主政治的重要内容。下列选项中,属于基层群众性自治组织的是
A. 业主委员会 B. 消费者协会 C. 居民委员会 D. 仲裁委员会

120. 2010年1月11日,国家科学技术奖励大会在北京人民大会堂举行,大会颁发了2009年度国家最高科学技术奖,获奖者是孙家栋和
A. 钟南山 B. 欧阳自远 C. 谷超豪 D. 袁隆平

三、双项选择题(每小题 1 分,共 40 分)

在下列每小题的四个备选答案中选出两个正确答案,并将答题卡上相应题号中正确答案的字母标号涂黑。涂错、少涂或多涂均不得分。

121. 下列诗句中,与我国传统节日有关的有
   A. "劝君更尽一杯酒,西出阳关无故人。"
   B. "天街夜色凉如水,卧看牵牛织女星。"
   C. "春潮带雨晚来急,野渡无人舟自横。"
   D. "遥知兄弟登高处,遍插茱萸少一人。"

122. 下列作品中,为"唐宋八大家"所写的有
   A.《岳阳楼记》　　　　　　　　B.《答司马谏议书》
   C.《张中丞传后序》　　　　　　D.《阿房宫赋》

123. 宋代诗人陆游为了纪念他中年到了南郑抗金前线,因此将自己的诗集和文集分别题为
   A.《剑南诗稿》　B.《吟啸集》　C.《渭南文集》　D.《教战守策》

124. 下列著作中,与唐代诗歌分为初唐、盛唐、中唐、晚唐四个时期密切相关的有
   A. 严羽《沧浪诗话》　　　　　　B. 袁枚《随园诗话》
   C. 赵翼《瓯北诗话》　　　　　　D. 高棅《唐诗品汇》

125. 下列称谓中,属于同一种方式的有
   A. 李青莲　　B. 孟襄阳　　C. 杜工部　　D. 杨诚斋

126. 两位现代作家写南京秦淮之游,不约而同都以《桨声灯影里的秦淮河》为题,他们是
   A. 周作人　　B. 俞平伯　　C. 叶圣陶　　D. 朱自清

127. 钱钟书是一个学贯中西的学者,下列作品中,他写的有
   A.《围城》　　B.《边城》　　C.《管锥编》　　D.《糖史》

128. 下列当代著名作家中,作品以陕西为背景的有
   A. 陈忠实　　B. 毕飞宇　　C. 王安忆　　D. 贾平凹

129. 拜伦是英国杰出的浪漫主义诗人,他的富有鲜明反抗性的代表作品有
   A.《还乡》　　　　　　　　　　B.《唐璜》
   C.《大卫·科波菲尔》　　　　　D.《恰尔德·哈罗德游记》

130. 狄更斯名作《双城记》中的"双城"是指
   A. 伦敦　　B. 纽约　　C. 华盛顿　　D. 巴黎

131. 下列人物形象出于雨果作品中的有
   A. 简·爱　　B. 卡西莫多　　C. 冉·阿让　　D. 于连

132. 下列词语中,"情不自禁"的反义词有
   A. 不露声色　　B. 不由自主　　C. 身不由己　　D. 无动于衷

133. 下列各句中,熟语使用恰当的两句是

A. 今天,江西、湖南一带烈日炎炎,紫外线辐射强烈,大家最好不要外出,在家休养生息。

B. 极端个人主义者总以为人都是为自己的,在他们心目中,那些舍己为人、公而忘私的行为是不堪设想的。

C. 我默念了一下射击要领,下定决心,"砰"地打响第一枪,眼睛不由自主地眨了两下,身体也随之一震。

D. 几十年来,我们兄弟姐妹的事总是按下葫芦又起瓢,让母亲直到晚年还有操不完的心。

134. 下列选项中,属于西周时期政治制度的主要内容和特征的是
    A. 王位世袭制   B. 禅让制   C. 分封制   D. 郡县制

135. 下列关于佛教说法正确的有
    A. 佛教产生于公元前6世纪的印度
    B. 佛教于西汉初年经丝绸之路传入我国
    C. 魏晋南北朝时统治者请西域高僧来洛阳传教,并建造白马寺
    D. 佛教对中国古代思想、文化、艺术都产生了深刻影响

136. 状元张謇被甲午战争的败局所震惊,毅然挂冠从商。此举表明他
    A. 把救亡图存作为时代的使命   B. 将创办实业作为救国之要途
    C. 用实际行动来批判科举制度   D. 认为经济是政治改革的基础

137. "车轮飞转东西南北追风去,钢水奔腾春夏秋冬入眼来。"这副春联描述了我国"一五"计划期间的两项建设成就。这两项成就是
    A. 大庆油田建成   B. 鞍山钢铁公司三大工厂建成投产
    C. 第一颗原子弹爆炸成功   D. 长春第一汽车制造厂建成投产

138. 最早开辟新航路,从海外获得大量财富,一跃成为欧洲最富有的两个国家是
    A. 英国   B. 西班牙   C. 葡萄牙   D. 荷兰

139. 20世纪初的印度民族解放运动不同于19世纪中期的印度民族大起义,表现在
    A. 民族资产阶级掌握了领导权   B. 反对英国的殖民统治
    C. 工人阶级登上了政治舞台   D. 斗争遭到了殖民当局的镇压

140. 二战以后日本与韩国经济发展的共同点主要有
    A. 充分利用国际市场   B. 受到局部战争刺激
    C. 引进先进科学技术   D. 实行国民经济非军事化

141. 二战期间纳粹德国在奥斯威辛建立了集监禁、劳役和屠杀为一体的集中营群。现在该遗址已被辟为纪念馆,目的是向人们警示
    A. 麦卡锡主义造成的后果   B. 极端民族主义泛滥的后果
    C. 犹太人和波兰人被无辜屠杀的灾难   D. 恐怖主义造成的惨剧

142. 我国五代时期,因画家所处的地域不同而分为南方与北方两大流派,南北两派的代表画家是

A. 董源、巨然　　B. 董其昌、巨然　　C. 荆浩、关仝　　D. 荆浩、关山月

143. 元代四大画家指的是黄公望、王蒙和
    A. 倪瓒　　B. 赵孟頫　　C. 吴镇　　D. 王冕

144. 俄罗斯伟大历史画家苏里柯夫创作了三幅表现彼得大帝改革的历史画,史称"历史画三部曲",除《女贵族莫洛佐娃》外,还有
    A.《伏尔加河纤夫》　　　　B.《近卫兵临刑的早晨》
    C.《少校求婚》　　　　　　D.《缅希柯夫在贝列佐夫镇》

145. 法国后印象主义三位大画家是凡·高和
    A. 马奈　　B. 塞尚　　C. 西湟克　　D. 高更

146. 聂耳的代表歌曲除了《义勇军进行曲》外,还有
    A.《救国军歌》　　　　　　B.《毕业歌》
    C.《游击队之歌》　　　　　D.《铁蹄下的歌女》

147. 20世纪后,芭蕾舞剧基本上分为两大派别,它们是
    A. 法国学派　　B. 意大利学派　　C. 俄罗斯学派　　D. 德国学派

148. 海洋能源资源中,目前具有商业开发价值的有
    A. 潮汐发电　　B. 洋流发电　　C. 波浪发电　　D. 海啸发电

149. 下列景观宜乘船沿水路观赏的有
    A. 钱塘江大潮　　　　　　B. 壶口瀑布
    C. 漓江山水　　　　　　　D. 威尼斯水城

150. 下列国家中,与我国陆地相邻,并且为内陆国的有
    A. 缅甸　　B. 哈萨克斯坦　　C. 老挝　　D. 越南

151. 少数民族在长期历史发展过程中形成了各自不同的风俗,下列各项匹配正确的有
    A. 傣族——火把节　　　　　B. 大理白族——三月街
    C. 蒙古族——那达慕大会　　D. 土家族——古尔邦节

152. 一切唯物主义都主张
    A. 世界是物质的　　　　　　B. 世界是联系的
    C. 世界是发展的　　　　　　D. 世界是可知的

153. 下列选项中,体现质量互变规律的有
    A. 不积细流,无以成江海　　B. 解放思想,实事求是
    C. 不积跬步,无以至千里　　D. 推陈出新,古为今用

154. 下列选项中,正确的有
    A. 赫拉克利特被列宁称为"辩证法的奠基人之一"
    B. 德谟克利特是古希腊第一个百科全书式的学者
    C. 亚里士多德是现代辩证逻辑的奠基者
    D. 西塞罗是古希腊时期最著名的唯物主义者

155. 我国刑法中规定的排除犯罪的事由包括
    A. 正当防卫   B. 意外事件   C. 过火行为   D. 紧急避险
156. 我国的财产继承包括的种类有
    A. 法定继承   B. 任意继承   C. 代位继承   D. 遗嘱继承
157. 根据法的分类标准,我国的民法属于
    A. 根本法   B. 特别法   C. 实体法   D. 成文法
158. 我国公司法规定,公司有两种形式,即
    A. 有限责任公司   B. 无限责任公司   C. 股份有限公司   D. 股份无限公司
159. 我国有53个少数民族使用本民族的语言,还有两个民族通用汉语,它们是
    A. 回族   B. 满族   C. 壮族   D. 苗族
160. 有人说:"公民必须依照《中华人民共和国集会游行示威法》行使自己的集会、游行、示威权利,这是对公民政治自由权利的限制。"这句话表达的观点是
    A. 主张公民应无拘无束地行使政治自由权利
    B. 承认法律与自由是对立统一的
    C. 主张在法律范围内行使政治自由
    D. 否认公民有序政治参与的必要

四、不定项选择题。(每小题1分,共40分)

从下列每小题的备选答案中选出所有正确答案,并将答题卡上相应题号中正确答案的字母标号涂黑。涂错、多涂或少涂均不得分。

161. 我国古人有"三不朽"之说,"三不朽"指的是
    A. 立德   B. 立身   C. 立功   D. 立行
    E. 立言
162. 下列名句中,属于王勃《滕王阁序》的有
    A. 落霞与孤鹜齐飞,秋水共长天一色
    B. 夫天地者,万物之逆旅;光阴者,百代之过客
    C. 阳春召我以烟景,大块假我以文章
    D. 老当益壮,宁移白首之心;穷且益坚,不坠青云之志
    E. 渔舟唱晚,响穷彭蠡之滨;雁阵惊寒,声断衡阳之浦
163. 宋代苏轼是一位文学全才,下列关于苏轼的说法正确的是
    A. 宋代散文"欧苏"并称,指欧阳修和苏轼
    B. 宋代诗歌"苏黄"并称,指苏轼和黄庭坚
    C. 宋词"苏辛"并称,指苏轼和辛弃疾
    D. 宋代书法四大家称"苏黄米蔡",指苏轼、黄庭坚、米芾、蔡襄
    E. 苏轼开创了豪放词派,其第一首豪放词是《江城子·乙卯正月二十日记梦》
164. 茅盾描写1932年"一·二八"上海抗战前后农村生活情景的"农村三部曲"是

A.《春蚕》 B.《饥荒》 C.《秋收》 D.《残冬》
E.《偷生》

165. 下列作品中,属于张爱玲创作的有
A.《金粉世家》 B.《倾城之恋》 C.《小团圆》 D.《金锁记》
E.《红玫瑰与白玫瑰》

166. 朦胧诗开拓了现代意象诗的新天地、新空间,下列属于朦胧诗派风格的诗句有
A. 北岛:"卑鄙是卑鄙者的通行证,高尚是高尚者的墓志铭。"
B. 顾城:"黑夜给了我黑色的眼睛,我却用它寻找光明。"
C. 杨炼:"高原如猛虎,焚烧于激流暴跳的万物的海滨。"
D. 舒婷:"与其在悬崖上展览千年,不如在爱人肩头痛哭一晚。"
E. 食指:"当蜘蛛网无情的查封了我的炉台,当灰烬的余烟叹息着贫困的悲哀,我依然固执地铺平失望的灰烬,用美丽的雪花写下:相信未来。"

167. 下列作家中,属于19世纪英国浪漫主义文学流派的有
A. 华兹华斯 B. 雨果 C. 济慈 D. 乔治·桑
E. 雪莱

168. 被称为"孤独三部曲"的卡夫卡的作品有
A.《城堡》 B.《变形记》 C.《美国》 D.《诉讼》
E.《娜娜》

169. 世界文学中著名的吝啬鬼形象有
A.《威尼斯商人》中的夏洛克 B.《悭吝人》中的阿巴贡
C.《欧也妮·葛朗台》中的老葛朗台 D.《父与子》中的基尔沙诺夫
E.《死魂灵》中的泼留希金

170. 下列成语中,与南京相关的有
A. 新亭对泣 B. 东山再起 C. 破釜沉舟 D. 青梅竹马
E. 画龙点睛

171. 我国国家图书馆的"镇馆之宝"有
A.《敦煌遗书》 B.《四库全书》 C.《永乐大典》 D.《赵城金藏》
E.《甲骨卜辞》

172. "层层的叶子中间,零星地点缀着些白花,有袅娜开着的,有羞涩地打着朵儿的;正如一粒粒的明珠,又如碧天里的星星,又如刚出浴的美人。微风过处,送来缕缕清香,仿佛远处高楼上渺茫的歌声似的。"(《荷塘月色》)其中所用修辞手法有
A. 排比 B. 比喻 C. 拟人 D. 夸张
E. 通感

173. 下列关于我国古代计时的特定名称的解释正确的有
A. 每月的第一天叫朔 B. 每月的最后一天叫晦
C. 十二月初八叫腊八 D. 大月十六、小月十五叫望

E. 望之前的日子叫既望

174. 下列关于甲骨文的叙述正确的有
   A. 19世纪末人们在殷墟发现了甲骨文
   B. 商代甲骨文已是成熟的文字
   C. 商代统治者将占卜事项刻于龟甲或兽骨
   D. 甲骨文为后世汉字发展奠定了基础
   E. 甲骨文内容是研究商朝历史的重要资料

175. 关于明朝科举制的表述正确的有
   A. 明朝沿袭了前代的科举制   B. 采用八股取士方式选拔官员
   C. 以四书、五经的文句命题   D. 开始推行糊名法,严防作弊
   E. 把士子的思想束缚在程朱理学的范围之内

176. 袁世凯复辟帝制的野心日渐暴露后,极力反对其复辟帝制的有
   A. 孙中山   B. 梁启超   C. 蔡锷   D. 张勋
   E. 李烈钧

177. 1978年《光明日报》发表《实践是检验真理的唯一标准》,引发了关于真理标准问题的大讨论。这次讨论
   A. 否定了"两个凡是"的错误方针
   B. 打破了长期以来个人崇拜和教条主义的束缚
   C. 为中共十一届三中全会的召开作了思想上的准备
   D. 完成了党的思想路线、政治路线的拨乱反正
   E. 恢复和发扬了实事求是的思想和作风

178. 欧洲人开辟新航路的原因有
   A. 地理知识的增加   B. 寻求财富
   C. 土耳其人对东西方贸易往来的阻碍   D. 航海技术的发展
   E. 传播天主教的热情

179. 下列场景能够正确反映日本明治维新时期社会现象的有
   A. 近代工厂逐渐增多   D. 土地买卖日趋频繁
   C. 新式学校发展迅速   D. 天皇权力逐渐增大
   E. 西方人的生活方式得到提倡

180. 第一次世界大战中,参加同盟国作战的国家有
   A. 德国   B. 奥匈帝国   C. 土耳其   D. 意大利
   E. 俄国

181. 战后以美国为主导的资本主义世界经济体系的主要构成包括
   A. 国际货币基金组织   B. 国际复兴开发银行
   C. "关贸总协定"   D. 欧盟
   E. 亚太经济合作组织

182. 唐代楷书大家有
    A. 颜真卿   B. 张旭   C. 柳公权   D. 阎立本
    E. 吴道子

183. 中国绘画是一门综合艺术,它包括
    A. 诗词   B. 书法   C. 图画   D. 禅意
    E. 印章

184. 意大利文艺复兴时代巨匠米开朗琪罗的雕刻名作有
    A.《思想者》   B.《大卫》   C.《巴尔扎克像》   D.《摩西》
    E.《奴隶》

185. 19世纪法国浪漫主义大画家有
    A. 吉里柯   B. 德拉克洛瓦   C. 雷诺阿   D. 德加
    E. 夏尔丹

186. 中国民乐的美学特征体现在
    A. "实"的委婉   B. "和"的精神   C. "形"的清晰
    D. "线"的形态   E. "虚"的意境

187. 西洋乐器可分为
    A. 弓弦乐器   B. 木管乐器   C. 铜管乐器
    D. 打击乐器   E. 键盘乐器

188. 音乐语言要素包括
    A. 曲式   B. 音区   C. 动机   D. 调性
    E. 和声

189. 下列我国的名茶中,属于绿茶的有
    A. 碧螺春   B. 安吉白茶   C. 龙井   D. 铁观音
    E. 黄山毛峰

190. 2009年6月,"金砖四国"首次峰会在俄罗斯叶卡捷琳堡举办。除中国外,"金砖四国"还有
    A. 印度   B. 加拿大   C. 澳大利亚   D. 巴西
    E. 俄罗斯

191. 下列山岳风景名胜区中,属于世界文化和自然双重遗产的有
    A. 武当山   B. 泰山   C. 黄山   D. 庐山
    E. 武夷山

192. 下列地球自转的叙述,正确的有
    A. 位置偏东的地点先看到日出
    B. 因纬度不同各地的时间不同,称为地方时
    C. 地球自转的线速度在赤道上最大
    D. 地球上任何地点地球自转的角速度都一样

E. 我国东西跨经度约62°,分属5个时区,但统一采用东八区的区时

193. 哲学基本问题的内容包括
    A. 自然与社会的关系　　　　　B. 思维与存在有无同一性
    C. 人类与世界的关系　　　　　D. 思维与存在谁是第一性
    E. 人类与环境的关系

194. 实践是认识的基础,表明了
    A. 要在实践中理解和把握认识
    B. 只要参加实践就能获得正确认识
    C. 实践在认识的产生与发展中起决定作用
    D. 直接经验比间接经验更加接近事物的本质
    E. 实践的观点是辩证唯物主义认识论首要的观点

195. "历史不过是追求着自己目的的人的活动而已",这表明了
    A. 历史不是神创造的
    B. 人们自己创造自己的历史
    C. 社会历史规律存在于人的实践活动中
    D. 人的自觉活动支配着社会历史发展的趋势
    E. 社会历史的发展是通过人的自觉活动而实现的

196. 根据我国宪法的规定,我国国家制度主要包括
    A. 人民民主专政制度
    B. 人民代表大会制度
    C. 基本经济制度
    D. 中国共产党领导的多党合作与政治协商制度
    E. 民族区域自治制度和特别行政区制度

197. 法律运行是一个过程,具体环节有
    A. 法律制定　　B. 法律遵守　　C. 法律执行　　D. 法律适用
    E. 法律宣传

198. 经济资源从用途上可以分为生活资源和生产资源。生产资源又称为生产要素。生产要素包括
    A. 劳动　　　B. 土地　　　C. 资本品　　　D. 企业家才能
    E. 市场

199. 在我国银行体系中,中国人民银行处于核心地位。一般来说,它的主要职能是
    A. 发行的银行　　B. 盈利的银行　　C. 银行的银行　　D. 国家的银行
    E. 投资的银行

200. 中国人民政治协商会议的主要职能是
    A. 政治协商　　B. 海外联谊　　C. 参政议政　　D. 民主监督
    E. 团结协作

[参考答案]

一、判断题
1. B 2. A 3. A 4. A 5. A 6. B 7. A 8. B 9. A 10. A
11. A 12. B 13. A 14. A 15. A 16. A 17. A 18. B 19. B 20. A

二、单项选择题
21. C 22. B 23. D 24. A 25. D 26. D 27. D 28. C 29. B 30. B
31. D 32. C 33. A 34. A 35. C 36. A 37. B 38. C 39. A 40. B
41. D 42. C 43. B 44. D 45. D 46. A 47. C 48. B 49. C 50. C
51. C 52. A 53. B 54. D 55. B 56. A 57. D 58. B 59. D 60. C
61. A 62. A 63. B 64. B 65. B 66. C 67. C 68. B 69. C 70. C
71. D 72. B 73. A 74. B 75. D 76. C 77. B 78. D 79. C 80. C
81. C 82. D 83. C 84. A 85. D 86. C 87. B 88. B 89. A 90. C
91. B 92. A 93. B 94. B 95. A 96. A 97. C 98. B 99. C 100. D
101. A 102. D 103. C 104. B 105. A 106. A 107. A 108. C 109. C 110. D
111. D 112. B 113. C 114. C 115. B 116. D 117. D 118. D 119. C 120. C

三、双项选择题
121. BD   122. BC   123. AC   124. AD   125. AB
126. BD   127. AC   128. AD   129. BD   130. AD
131. BC   132. AD   133. CD   134. AC   135. AD
136. AB   137. BD   138. BC   139. AC   140. AC
141. BC   142. AC   143. AC   144. BD   145. BD
146. BD   147. AC   148. AC   149. CD   150. BC
151. BC   152. AD   153. AC   154. AB   155. AD
156. AD   157. CD   158. AC   159. AB   160. AD

四、不定项选择题
161. ACE   162. ADE   163. ABCD   164. ACD   165. BCDE
166. ABCD 167. ACE   168. ACD   169. ABCE 170. ABDE
171. ABCD 172. ABCE 173. ABCD   174. ABCDE 175. ABCE
176. ABCE 177. ABCE 178. ABCDE 179. ABCDE 180. ABD
181. ABC   182. AC   183. ABCE   184. BDE   185. AB
186. BDE   187. ABCDE 188. ABCDE 189. ABCE 190. ADE
191. BCE   192. ACE   193. BD   194. ACE   195. ABCE
196. ABCDE 197. ABCD 198. ABCD   199. ACD   200. ACD

江苏省第四届理工科大学生人文社会科学知识竞赛试卷

说明：本试卷试题为客观题（共200题，400分），考试限时120分钟。请在答题卡上按要求填涂，不按规定要求答题一律无效。

一、判断题（每小题1分，共50分）

在下列每小题的两个备选答案中选出一个正确答案，并将答题卡上相应题号的字母标号涂黑。选对得分，选错不扣分。

1. 《诗经》原名《诗》或《诗三百》，是我国第一部诗歌总集，共收录诗歌300篇。
   A. 正确　　　　　　　B. 错误

2. 《孟子》一书的中心思想是兼爱、非攻，主张人人相爱，反对不义战争。
   A. 正确　　　　　　　B. 错误

3. 《种树郭橐驼传》一文的作者是唐代柳宗元。
   A. 正确　　　　　　　B. 错误

4. "细雨梦回鸡塞远，小楼吹彻玉笙寒。"这两句词出自南唐后主李煜的《摊破浣溪沙》。
   A. 正确　　　　　　　B. 错误

5. 《大宋宣和遗事》一书是讲述水浒故事的最早话本。
   A. 正确　　　　　　　B. 错误

6. 董解元《西厢记诸宫调》以张生抛弃崔莺莺的悲剧结局代替了崔、张大团圆的结局。
   A. 正确　　　　　　　B. 错误

7. 明初诗文代表作家刘基被朱元璋称为"开国文臣之首。"
   A. 正确　　　　　　　B. 错误

8. 《醒世姻缘传》是继《金瓶梅》之后又一部以婚姻家庭生活为题材的长篇白话小说。
   A. 正确　　　　　　　B. 错误

9. 茅盾的《子夜》发表于"一·二八"上海抗战后一年，瞿秋白称其为"子夜年"。
   A. 正确　　　　　　　B. 错误

10. 曹禺的《雷雨》在一天时间（从上午到下午）两个场景（周家和鲁家）里，集中展开了周、鲁两家前后30年错综复杂的矛盾冲突。
    A. 正确　　　　　　　B. 错误

11. 作家杨朔的主要作品有《香山红叶》《荔枝蜜》《樱花漫记》《茶花赋》。
    A. 正确　　　　　　　B. 错误

12. "伤痕文学"的发端之作是卢新华的短篇小说《伤痕》。
    A. 正确　　　　　　　B. 错误

13. 古希腊悲剧起源于祭祀酒神狄奥尼索斯的庆典活动,公元前 5 世纪是其繁荣时期。
    A. 正确　　　　　　B. 错误

14. 现代汉语即现代汉民族共同语,指以北京语音为标准音、以北方话为基础方言、以典范的现代白话文著作为语法规范的普通话。
    A. 正确　　　　　　B. 错误

15. "白话文运动"由胡适、陈独秀等人发起,它加速了现代汉民族共同语的发展过程。
    A. 正确　　　　　　B. 错误

16. "河"字从专指"黄河"到指所有河流,体现了汉语词义的扩大。
    A. 正确　　　　　　B. 错误

17. 民国时期,考古人员在北京周口店发现了距今约 50 万年的山顶洞人遗址。
    A. 正确　　　　　　B. 错误

18. 女真首领完颜阿骨打于 1115 年建立金朝。
    A. 正确　　　　　　B. 错误

19. 1553 年西班牙殖民者开始了对澳门的长期占据。
    A. 正确　　　　　　B. 错误

20. 设立于 1861 年的京师同文馆是中国第一所培养外语和外交人才的近代学堂。
    A. 正确　　　　　　B. 错误

21. 1972 年 2 月,美国总统尼克松访问中国,中美两国正式建立外交关系。
    A. 正确　　　　　　B. 错误

22. 中国研制成功的"两弹一星"是指原子弹、氢弹和人造卫星。
    A. 正确　　　　　　B. 错误

23. 2012 年王岐山同志向领导干部推荐《旧制度与大革命》一书,该书作者是法国学者托克维尔。
    A. 正确　　　　　　B. 错误

24. 文艺复兴时期,被誉为"人文主义之父"的薄伽丘提倡用"人的学问"对抗"神的学问"。
    A. 正确　　　　　　B. 错误

25. 近代英国通过殖民侵略与扩张,成为世界上最大的殖民帝国,号称"日不落帝国"。
    A. 正确　　　　　　B. 错误

26. 1917 年俄国爆发十月革命,推翻了本国的沙皇统治。
    A. 正确　　　　　　B. 错误

27. 1961 年不结盟运动正式形成,中国作为发起国,是其中一支重要的力量。
    A. 正确　　　　　　B. 错误

28. 哲学是理论化、系统化的世界观,是关于世界观的理论体系。
    A. 正确   B. 错误
29. 苏格拉底提出了"美德即知识"的著名论断。
    A. 正确   B. 错误
30. 莱布尼茨认为,整个世界是由无数独立的精神性的"单子"组成的,说明他是多元论者。
    A. 正确   B. 错误
31. 魏晋玄学奉《论语》《老子》《庄子》为经典,合称"三玄"。
    A. 正确   B. 错误
32. 中国佛教的四大道场分别是五台山、普陀山、武当山和九华山。
    A. 正确   B. 错误
33. 新中国成立以来,我国在各个不同历史发展阶段先后颁布了三部宪法。
    A. 正确   B. 错误
34. 遗嘱继承优先于法定继承。
    A. 正确   B. 错误
35. 厂商理论和通货膨胀理论属于微观经济学理论。
    A. 正确   B. 错误
36. 税收具有强制性、有偿性和固定性的特点。
    A. 正确   B. 错误
37. 我国民族自治地方分为自治区、自治州、自治县(旗)三级。
    A. 正确   B. 错误
38. "一石水,六斗泥"的形象说法指的是我国长江。
    A. 正确   B. 错误
39. 我国地域辽阔,海陆领土总面积约960万平方千米。
    A. 正确   B. 错误
40. 在西太平洋的马里亚纳海沟,我国"蛟龙"号载人潜水器下潜的最大深度超过7000米。
    A. 正确   B. 错误
41. 1910年魏格纳发现太平洋两岸大陆轮廓的凹凸很吻合,进而提出著名的大陆漂移学说。
    A. 正确   B. 错误
42. 巴西将于2016年举办夏季奥运会,该国种族构成复杂,通用语言为葡萄牙语。
    A. 正确   B. 错误
43. 杜牧有诗"远上寒山石径斜,白云生处有人家;停车坐爱枫林晚,霜叶红于二月花",该诗描绘的是高纬度山地的秋景。
    A. 正确   B. 错误

44. 中国古代文人画在创作上强调诗书画印等多种艺术的结合。
    A. 正确   B. 错误
45. "昭陵六骏"是为纪念宋代开国战争中的六匹骏马而作的浮雕。
    A. 正确   B. 错误
46. 右图是毕加索的油画《格尔尼卡》,此画结合立体主义、超现实主义风格,表现了和平、安逸和宁静的主题。
    A. 正确   B. 错误
47. 萨克斯管属于木管乐器组。
    A. 正确   B. 错误
48. 三个音按三度关系叠置成三和弦,四个音按三度关系叠置成七和弦。
    A. 正确   B. 错误
49. [乐谱图]中的两个音音高相同。
    A. 正确   B. 错误
50. 巴赫、海顿、莫扎特是维也纳古典乐派的三位大师。
    A. 正确   B. 错误

二、单项选择题(每小题2分,共200分)

在下列每小题的四个备选答案中选出一个正确答案,并将答题卡上相应题号的字母标号涂黑。涂错或多涂均不得分。

51. 《战国策》记载了战国时代谋臣策士纵横捭阖的斗争及相关议论,它的整理编订者是
    A. 桓宽   B. 刘向   C. 刘歆   D. 扬雄
52. 吕不韦门客集体编写的《吕氏春秋》属于
    A. 儒家著作   B. 道家著作   C. 法家著作   D. 杂家著作
53. 罗敷这一人物形象见于汉乐府民歌的
    A. 《东门行》   B. 《陌上桑》   C. 《孔雀东南飞》   D. 《上山采蘼芜》
54. 下列建安时期诗作中,出自蔡文姬之手的是
    A. 《七哀诗》   B. 《悲愤诗》   C. 《燕歌行》   D. 《美女篇》
55. 唐代是诗歌的黄金时代,《全唐诗》编成的朝代是
    A. 宋代   B. 元代   C. 明代   D. 清代
56. 下列诗歌,属于七言绝句的是
    A. 《蜀相》   B. 《春晓》   C. 《静夜思》   D. 《泊秦淮》
57. "同是天涯沦落人,相逢何必曾相识"这两句诗见于白居易的诗作

A.《上阳白发人》　　B.《琵琶行》　　C.《钱塘湖春行》　　D.《长恨歌》
58. "红拂夜奔"的故事最早见于唐传奇中的
　　　A.《游仙窟》　　　B.《枕中记》　　　C.《霍小玉传》　　D.《虬髯客传》
59. "东南形胜,三吴都会,钱塘自古繁华。"这三句词出自柳永的
　　　A.《望海潮》　　　B.《雨霖铃》　　　C.《蝶恋花》　　　D.《八声甘州》
60. 下列宋词名句中,出自苏轼词作的是
　　　A."从别后,忆相逢"　　　　　　　B."故乡遥,何日去"
　　　C."尘满面,鬓如霜"　　　　　　　D."春如旧,人空瘦"
61. "春已堪怜,更能消几番风雨;树犹如此,最可惜一片江山。"这副对联是由梁启超集宋词词句而成,其中"更能消几番风雨"的作者是
　　　A. 辛弃疾　　　　　B. 刘过　　　　　　C. 姜夔　　　　　　D. 张炎
62. 自称是"蒸不烂、煮不熟、捶不扁、炒不爆,响当当一粒铜豌豆"的元代作家是
　　　A. 王实甫　　　　　B. 关汉卿　　　　　C. 白朴　　　　　　D. 纪君祥
63. "原来姹紫嫣红开遍,似这般都付与断井颓垣。良辰美景奈何天,赏心乐事谁家院。"这段唱词的作者是
　　　A. 周朝俊　　　　　B. 汤显祖　　　　　C. 洪昇　　　　　　D. 孔尚任
64. 《闲情偶寄》的作者是
　　　A. 俞樾　　　　　　B. 纪昀　　　　　　C. 沈复　　　　　　D. 李渔
65. "八股文章若做的好,随你做甚么东西,要诗就诗,要赋就赋,都是一鞭一条痕,一掴一掌血。"这段话见于
　　　A.《金瓶梅》　　　B.《聊斋志异》　　　C.《儒林外史》　　D.《红楼梦》
66. 柳如是是活动于明清之际的著名才女,《柳如是别传》的作者是
　　　A. 蒋天枢　　　　　B. 王国维　　　　　C. 陈寅恪　　　　　D. 郭沫若
67. 语丝社得名于在北京创刊的《语丝》,这一刊物的作家群体的主要创作体裁是
　　　A. 诗歌　　　　　　B. 散文　　　　　　C. 杂文　　　　　　D. 小说
68. 郭沫若将祖国比作"年青的女郎",表达对祖国深情眷恋的诗篇是
　　　A.《晨安》　　　　B.《炉中煤》　　　C.《女神之再生》　D.《日出》
69. 20 世纪 30 年代左翼戏剧运动中创作《农村三部曲》的剧作家是
　　　A. 欧阳予倩　　　　B. 洪深　　　　　　C. 田汉　　　　　　D. 夏衍
70. 《围城》是钱钟书唯一的长篇小说,作者花费两年时间写成,该书的创作时间是
　　　A. 抗战爆发前　　　B. 抗战前期　　　　C. 抗战后期　　　　D. 抗战胜利后
71. 下列作品被誉为"解放区文艺的代表作"的是
　　　A.《王贵与李香香》　　　　　　　　B.《小二黑结婚》
　　　C.《李有才板话》　　　　　　　　　D.《太阳照在桑干河上》
72. 下列作品以江苏风情为背景的是
　　　A.《钟鼓楼》　　　B.《烟壶》　　　　C.《美食家》　　　D.《芙蓉镇》

73. 下列作品,不属于2012年诺贝尔文学奖获得者莫言作品的是
    A.《透明的红萝卜》 B.《生死疲劳》   C.《丰乳肥臀》   D.《北方的河》
74. 下列对莎士比亚戏剧表述正确的是
    A.《威尼斯商人》是批判拜金主义的悲剧   B. 莎士比亚被誉为"欧洲戏剧之父"
    C.《李尔王》是一部历史剧   D. 哈姆雷特是中毒而死的
75. 标志着俄国现实主义戏剧创作成熟的作品是
    A.《樱桃园》   B.《海鸥》   C.《钦差大臣》   D.《玩偶之家》
76. 俄国19世纪前半叶最优秀的讽刺作家、批判现实主义文学的奠基人之一是
    A. 屠格涅夫   B. 果戈理
    C. 契诃夫   D. 陀思妥耶夫斯基
77. 玛格丽特是法国作家小仲马名作《茶花女》中的主人公,她之所以被称为"茶花女",是因为她
    A. 是种茶花的女工   B. 是卖茶花的女子
    C. 经常佩戴茶花   D. 家里种植茶花
78. 下列不属于语言基本要素的是
    A. 语音   B. 语法   C. 文字   D. 词汇
79. 在"文过饰非"这个成语中,"文"的意思是
    A. 掩饰   B. 文采   C. 纹理   D. 温和
80. 在"多行不义必自毙"这句话中,"毙"的意思是
    A. 倒下   B. 死去   C. 枪毙   D. 毁灭
81. 下列句子没有使用比喻修辞手法的是
    A. 叶子出水很高,像亭亭的舞女的裙。
    B. 远远的街灯明了,好像是闪着无数的明星。
    C. 他的面孔黄里带白,瘦得叫人担心,好像大病新愈的人。
    D. 母亲啊!你是荷叶,我是红莲。
82. 在中国古代,将生铁溶液注入熟铁料中,加以锻打锤炼,成为质地优良的钢。这种冶炼技术是
    A. 炒钢法   B. 百炼钢   C. 灌钢法   D. 铸铁柔化术
83. 中国古代四大发明先后传入西方,推动了世界文明的进程,其中最早西传的是
    A. 造纸术   B. 印刷术   C. 指南针   D. 火药
84. 唐代推行"两税法",改变以人丁为主要征税标准的宰相是
    A. 刘晏   B. 杨炎   C. 杜佑   D. 魏徵
85. 清代收复台湾的皇帝是
    A. 顺治帝   B. 康熙帝   C. 雍正帝   D. 乾隆帝
86. 辛亥革命期间积极主张君主立宪的人物是
    A. 宋教仁   B. 章士钊   C. 吴稚晖   D. 杨度

87. 提出"思想自由"、"兼容并包"这一大学办学理念的北大校长是
    A. 蔡元培　　　　B. 胡适　　　　C. 严复　　　　D. 蒋梦麟
88. "八女投江"是抗击日本帝国主义侵略的英勇壮举。这一事件的发生地是
    A. 江南新四军活动地区　　　　B. 华南东江游击队活动地区
    C. 东北抗联活动地区　　　　　D. 华北八路军活动地区
89. 平津战役期间率部接受和平改编的国民党将领是
    A. 郑洞国　　　　B. 杜聿明　　　　C. 傅作义　　　　D. 陈明仁
90. 1980 年我国设立了四个经济特区，其中之一是
    A. 上海　　　　B. 天津　　　　C. 青岛　　　　D. 汕头
91. 对如何构建"和谐世界"，中国学者提出"各美其美，美人之美，美美与共，天下大同"的主张。这位学者是
    A. 冯友兰　　　　B. 梁漱溟　　　　C. 季羡林　　　　D. 费孝通
92. 楔形文字也叫"钉头文字"，发明这种文字的是
    A. 苏美尔人　　　　B. 亚述人　　　　C. 巴比伦人　　　　D. 埃及人
93. 被恩格斯称为"古代最博学的人物"，他创立的逻辑学至今仍受到学术界的尊奉。他是
    A. 普罗泰格拉　　　　B. 毕达哥拉斯　　　　C. 亚里士多德　　　　D. 柏拉图
94. 下列法典中，标志罗马成文法诞生的是
    A.《乌尔纳姆法典》　　　　B.《十二铜表法》
    C.《摩奴法典》　　　　　　D.《民法大全》
95. 法国的国庆节定为 7 月 14 日，主要是因为这一天
    A. 巴黎人民攻占巴士底狱　　　　B. 法兰西第一帝国成立
    C. 制宪会议颁布《人权宣言》　　D. 法兰西第一共和国成立
96. 在 18 世纪拉丁美洲的独立运动中，首先获得独立的是
    A. 墨西哥　　　　B. 阿根廷　　　　C. 海地　　　　D. 巴西
97. 资本主义社会第一次经济危机发生在
    A. 1825 年的英国　　　　B. 1830 年的法国
    C. 1848 年的英国　　　　D. 1857 年的美国
98. 俄国历史上推行废除农奴制改革，使俄国走上资本主义发展道路的沙皇是
    A. 彼得大帝　　　　　　B. 叶卡捷琳娜二世
    C. 尼古拉一世　　　　　D. 亚历山大二世
99. 19 世纪末，引发交通领域一场革命的重大发明是
    A. 蒸汽机车的发明　　　　B. 内燃机的发明和运用
    C. 发电机制造成功　　　　D. 电动机车的投入使用
100. 第二次世界大战中，明确规定日本侵占的包括台湾和澎湖列岛在内的中国领土必须归还中国的国际会议是

A. 德黑兰会议　　B. 雅尔塔会议　　C. 开罗会议　　D. 华盛顿会议

101. 第三次科技革命促进了社会结构和社会生活的变化，主要表现是

A. 生产技术进步，劳动生产率不断提高

B. 国民经济中第三产业比重上升

C. 发达国家"夕阳工业"发展迅速

D. 国民经济中第二产业比重上升

102. 苏联解体后，两极格局结束。从长远看，世界政治格局发展的趋势是

A. "一超多强"成定势　　　　B. 多极化

C. 美、欧、俄三足鼎立　　　　D. 美国独霸世界

103. 20世纪90年代，英国人伯纳斯·李发明了万维网。该网的英文缩写是"www"，其英文应为

A. world wide web　　　　B. wide web world

C. wide world web　　　　D. web wide world

104. 提出"哲学家们只是用不同的方式解释世界，问题在于改变世界"的思想家是

A. 马克思　　B. 费尔巴哈　　C. 黑格尔　　D. 恩格斯

105. "不积跬步，无以至千里；不积小流，无以成江海"，这一名言体现的哲理是

A. 量变是质变的结果　　　　B. 要重视质的飞跃

C. 质变是量变的前提　　　　D. 要重视量的积累

106. 从鸦片战争到五四运动，比较完整地提出进化唯物论思想的是

A. 魏源　　B. 康有为　　C. 孙中山　　D. 李大钊

107. 下列经典中，作为伊斯兰教立法、道德规范、思想学说基础的是

A.《古兰经》　　B.《创世纪》　　C.《大藏经》　　D.《太平经》

108. 17世纪英国哲学家约翰·洛克认为，人的心灵像一块白板或一张白纸，提出了著名的"白板说"。这一观念属于

A. 唯心主义认识论　　　　B. 唯物主义反映论

C. 灵魂回忆说　　　　　　D. 不学而知论

109. 被马克思称为近代"英国唯物主义和整个现代实验科学的真正始祖"的是

A. 弗兰西斯·培根　　　　B. 罗吉尔·培根

C. 大卫·休谟　　　　　　D. 托马斯·霍布斯

110. 属于大陆法系的国家是

A. 印度　　B. 新西兰　　C. 西班牙　　D. 澳大利亚

111. 我国民法通则规定的一般诉讼时效期间为

A. 1年　　B. 2年　　C. 3年　　D. 4年

112. 王某在实施盗窃时，因未撬开保险柜而最终放弃。王某的行为属于

A. 犯罪预备　　B. 犯罪中止　　C. 犯罪未遂　　D. 犯罪既遂

113. 交警大队以张某在驾车时有拨打、接听手持电话的行为，根据有关规定，决定一

次记张某 2 分。这属于

　　A. 行政处罚　　　B. 行政监督　　　C. 行政强制　　　D. 行政违法

114. 下列刑罚方法中,属于附加刑的是

　　A. 罚金　　　　　B. 拘役　　　　　C. 管制　　　　　D. 有期徒刑

115. 为避免专利权人长期垄断专利,专利法规定的发明专利期限是

　　A. 8 年　　　　　B. 10 年　　　　　C. 15 年　　　　　D. 20 年

116. 货币的本质是

　　A. 信用工具　　　B. 普通的商品　　C. 劳动产品　　　D. 一般等价物

117. 西方经济学中有一个理性经济人假设,按照这一假设,经济活动参加者追求的是

　　A. 公共利益的最大化　　　　　　　　B. 自身利益的最大化
　　C. 个体心理上的享受　　　　　　　　D. 社会对个人的赞誉

118. 假定银行储蓄存款利率是 10%,某人将 100 万美元存入银行一年后可得 10 万美元利息收入;然而他用 100 万美元购买股票,一年后赚了 6 万美元。他投资股票的机会成本是

　　A. 16 万美元　　　　　　　　　　　　B. 10 万美元
　　C. 6 万美元　　　　　　　　　　　　 D. 4 万美元

119. 构建社会主义和谐社会需要完善的"托底"机制是

　　A. 理顺分配关系　　　　　　　　　　B. 解决就业问题
　　C. 经济社会并重　　　　　　　　　　D. 健全社会保障

120. 党的十八大提出"五位一体"建设中国特色社会主义,其中新增加的是

　　A. 经济建设　　　B. 文化建设　　　C. 社会建设　　　D. 生态文明建设

121. 在我国行政监督体系中,属于行政系统内部监督的是

　　A. 审计部门　　　B. 人民政协　　　C. 新闻媒体　　　D. 司法机关

122. 由于总统和总理都有行政权,其行政领导体制被称为"行政双头制"的国家是

　　A. 法国　　　　　B. 德国　　　　　C. 意大利　　　　D. 美国

123. 2012 年 12 月,日本国会众议院选举结果揭晓,以压倒性优势取得胜利的党派是

　　A. 民主党　　　　B. 社民党　　　　C. 自民党　　　　D. 公明党

124. 下列构成国家的基本要素中,最重要的是

　　A. 人口　　　　　B. 领土　　　　　C. 政权　　　　　D. 主权

125. "一九二九不出手;三九四九冰上走;五九六九沿河看柳;七九河开八九燕来;九九加一九,耕牛遍地走。"这首"九九歌"计时的起点节气是

　　A. 小寒　　　　　B. 大寒　　　　　C. 大雪　　　　　D. 冬至

126. 受副热带高压影响的地区多以沙漠为主,雨量稀少,而我国同纬度地区却雨量充沛,其主要影响因素是

　　A. 西伯利亚高压　　　　　　　　　　B. 太平洋低压

C. 季风　　　　　　　　　　　　D. 准静止锋

127. 右图所示地貌处于我国的
   A. 青藏高原
   B. 内蒙古高原
   C. 云贵高原
   D. 黄土高原

128. 地球自转一周360°，所需时间为23小时56分4秒，称之为一个
   A. 恒星日　　B. 行星日　　C. 地球日　　D. 太阳日

129. 2005年4月2日11时50分，"大洋一号"科学考察船从青岛启航，此时纽约（西五区）的时间是
   A. 4月1日23时50分　　　　　B. 4月1日22时50分
   C. 4月2日22时50分　　　　　D. 4月1日21时50分

130. 暴雨是我国夏季常见的气象灾害。暴雨预警信号的四个等级分别用不同颜色表示，这四个等级由弱到强的顺序是
   A. 橙色＜蓝色＜黄色＜红色　　B. 黄色＜蓝色＜红色＜橙色
   C. 红色＜橙色＜黄色＜蓝色　　D. 蓝色＜黄色＜橙色＜红色

131. 南水北调是缓解中国北方水资源严重短缺的重大战略性工程，其中该线工程的起点是
   A. 嘉陵江　　B. 雅砻江　　C. 汉江　　D. 大渡河

132. 青藏铁路修建过程中克服的主要地貌障碍是
   A. 纵横的冰川　B. 众多的峡谷　C. 频发的泥石流　D. 广布的冻土

133. 我国最大的内河港口是
   A. 重庆　　B. 武汉　　C. 九江　　D. 南京

134. 世界玉米种植较为普遍，其中产量最多的大陆是
   A. 亚洲　　B. 北美洲　　C. 欧洲　　D. 大洋洲

135. 我国春秋战国时期青铜器的代表器物是
   A. 大盂鼎　　B. 毛公鼎　　C. 四羊方尊　　D. 莲鹤方壶

136. 古代阴阳五行学说以"四灵"为四方神，其中象征东方的是
   A. 青龙　　B. 白虎　　C. 朱雀　　D. 玄武

137. 魏晋南北朝时期出现了我国历史上第一批有记载的画家，其中最著名的是
   A. 王献之　　B. 阎立本　　C. 顾恺之　　D. 张择端

138. 我国历史上被尊为"画圣"和"书圣"的分别是
   A. 顾闳中和颜真卿　　　　　B. 唐寅和欧阳询
   C. 黄公望和米芾　　　　　　D. 吴道子和王羲之

139. 书法家怀素生活的朝代是

A. 唐朝　　　　　B. 宋朝　　　　　C. 元朝　　　　　D. 明朝

140. 浮世绘是日本17世纪兴起的一种艺术,它的表现形式是
　　A. 版画　　　　　B. 油画　　　　　C. 水墨画　　　　D. 壁画
141. 我国古代六代乐舞中,孔子最为推崇的是
　　A.《大韶》　　　B.《大夏》　　　C.《大濩》　　　D.《大武》
142. 世界上最早的平均律是
　　A. 五度相生律　　B. 纯律　　　　　C. 新律　　　　　D. 新法密率
143.《白石道人歌曲》的作者是
　　A. 张炎　　　　　B. 姜夔　　　　　C. 张可久　　　　D. 张养浩
144. "江南丝竹"所属的类别是
　　A. 舞种　　　　　B. 歌种　　　　　C. 乐种　　　　　D. 剧种
145. 下面的简谱片段取自于

　　| i i 3 | 5̇ - | i i 3 | 5̇ - | 3 3 5 | i i | 6 6 4 | 2 2 |

　　A.《义勇军进行曲》　　　　　B.《黄河大合唱》
　　C.《游击队歌》　　　　　　　D.《歌唱祖国》
146. 我国第一部新歌剧作品是
　　A.《白毛女》　　B.《刘胡兰》　　C.《小二黑结婚》　D.《江姐》
147. 普契尼歌剧中运用中国民歌《茉莉花》音调的是
　　A.《艺术家的生涯》B.《托斯卡》　C.《蝴蝶夫人》　D.《图兰朵》
148. 法国作曲家德彪西的音乐风格流派属于
　　A. 浪漫主义　　　B. 民族主义　　　C. 印象主义　　　D. 新古典主义
149. 奥地利作曲家中被誉为"歌曲之王"的是
　　A. 海顿　　　　　　　　　　　B. 舒伯特
　　C. 马勒　　　　　　　　　　　D. 约翰·施特劳斯
150. 既完善了古典主义风格也打开了浪漫主义大门,被后人称为"乐圣"的德国伟大交响乐作曲家是
　　A. 莫扎特　　　　B. 贝多芬　　　　C. 李斯特　　　　D. 勃拉姆斯

三、多项选择题(每小题3分,共150分)
　　在下列每小题的四个备选答案中选出所有正确答案,并将答题卡上相应题号的字母标号涂黑。涂错、多涂或少涂均不得分。

151. 学术界讨论的"班马异同"中的"班马"指的是
　　A. 班固　　　　　B. 班超　　　　　C. 司马光　　　　D. 司马迁
152. 下列"名注"产生于南北朝时期的有
　　A. 李善《文选注》　　　　　　B. 郦道元《水经注》

C. 段玉裁《说文解字注》　　　　D. 刘孝标《世说新语注》

153. 下列诗句中,出自李白笔下的有
　　A. 痛饮狂歌空度日,飞扬跋扈为谁雄?　B. 长风破浪会有时,直挂云帆济沧海。
　　C. 抽刀断水水更流,举杯销愁愁更愁。　D. 我欲因之梦吴越,一夜飞度镜湖月。

154. 下列属于词牌名的有
　　A. 天净沙　　B. 沁园春　　C. 江城子　　D. 山坡羊

155. 散曲的主要形式有
　　A. 小令　　B. 带过曲　　C. 套数　　D. 长调

156. 下列著作的思想内容,以曹魏为正统的有
　　A. 西晋陈寿《三国志》　　　　B. 东晋习凿齿《汉晋春秋》
　　C. 北宋司马光《资治通鉴》　　D. 南宋朱熹《通鉴纲目》

157. 与《三国演义》、《水浒传》并称"明代四大奇书"的另两部作品是
　　A.《西游记》　B.《金瓶梅》　C.《封神演义》　D.《红楼梦》

158. 《红楼梦》第五回提到"都道是金玉良姻,俺只念木石前盟",其中的"木石"指的是
　　A. 贾宝玉　　B. 史湘云　　C. 薛宝钗　　D. 林黛玉

159. 《呐喊》是鲁迅的一部小说集,收录的作品有
　　A.《故乡》　B.《祝福》　C.《狂人日记》　D.《肥皂》

160. 20世纪30年代曾任现代派诗歌主要刊物《新诗》主编的有
　　A. 施蛰存　　B. 戴望舒　　C. 李金发　　D. 冯至

161. 老舍描写北平平民生活的作品有
　　A.《骆驼祥子》　B.《二马》　C.《赵子曰》　D.《四世同堂》

162. 法国著名作家巴尔扎克的作品有
　　A.《贝姨》　B.《小酒店》　C.《悭吝人》　D.《高老头》

163. 下列作品中,以法国大革命为题材的有
　　A.《羊脂球》　B.《双城记》　C.《九三年》　D.《萌芽》

164. 下列语言,属于联合国法定工作语言的有
　　A. 英语　　B. 汉语　　C. 德语　　D. 法语

165. 下列成语出自《韩非子》一书的有
　　A. 狡兔三窟　　B. 自相矛盾　　C. 狐假虎威　　D. 买椟还珠

166. 通常所说文字学上的"六书"包括
　　A. 指事　　B. 象形　　C. 拟形　　D. 会意

167. 明代出现的科技著作有
　　A.《本草纲目》　B.《农桑辑要》　C.《天工开物》　D.《授时历》

168. 明末传入中国的重要农作物有
　　A. 甘薯　　B. 棉花　　C. 玉米　　D. 高粱

169. 19世纪后期中国出现的民族资本主义企业有
    A. 继昌隆机器缫丝厂　　　　　B. 汉阳铁厂
    C. 大生纱厂　　　　　　　　　D. 发昌机器厂

170. 抗日战争防御阶段,国民党军队在正面战场组织的大规模会战有
    A. 淞沪会战　　　　　　　　　B. 徐州会战
    C. 长沙会战　　　　　　　　　D. 武汉会战

171. 1949年上半年,毛泽东形象地提到未来新中国将要采取的外交方针。这些方针是
    A. "另起炉灶"　　　　　　　　B. "打扫干净屋子再请客"
    C. "一边倒"　　　　　　　　　D. "一条线"

172. 天安门广场上的人民英雄纪念碑底层有八块浮雕,描绘了近代以来中国人民争取独立解放的历史。浮雕画面涉及的历史事件有
    A. 虎门销烟　　　　　　　　　B. 五四运动
    C. 南昌起义　　　　　　　　　D. 秋收暴动

173. 新中国成立后涌现的英雄模范人物有
    A. 张思德　　　B. 雷锋　　　C. 焦裕禄　　　D. 孔繁森

174. 右图所示,分别开辟各自航线的两位航海家是
    A. 哥伦布　　　B. 达·伽马
    C. 麦哲伦　　　D. 迪亚士

175. 马克思主义的主要理论来源有
    A. 德国古典哲学
    B. 英国古典政治经济学
    C. 英法空想社会主义
    D. 法国启蒙思想

176. 第一次世界大战中发明并用于实战的武器有
    A. 飞机　　　B. 坦克　　　C. 毒气弹　　　D. 巨炮

177. 右图是反映1962年古巴导弹危机的漫画,其中的两名主角是
    A. 赫鲁晓夫
    B. 尼克松
    C. 勃列日涅夫
    D. 肯尼迪

178. 儒家学说的两大支柱是
    A. 仁政　　　B. 法治　　　C. 德治　　　D. 无为

179. "白马非马"这一命题割裂了
　　A. 矛盾的内因和外因的关系　　B. 现象和本质的关系
　　C. 矛盾的普遍性和特殊性的关系　　D. 共性和个性的关系

180. 下列说法中正确的有
　　A. 伏尔泰是18世纪法国启蒙运动的开拓者
　　B. 孟德斯鸠被誉为法国资产阶级革命的理论先驱
　　C. 爱尔维修提出"人是环境的产物"的著名论断
　　D. 狄德罗是18世纪法国唯物主义最卓越的代表

181. 关于道德和法律两者的关系,下列说法中正确的有
　　A. 道德和法律同属于人的行为规范
　　B. 道德对人的行为干预的范围比法律广泛
　　C. 道德和法律都贯穿于人类社会始终
　　D. 道德和法律实施的规范方式不同

182. 实体法主要是规定和确认人们的权利和义务或国家机关及其工作人员的职权和职责的法,下列属于实体法的有
　　A. 民法　　B. 刑法　　C. 行政法　　D. 民事诉讼法

183. 2013年1月1日公安部颁布的《机动车驾驶证申领和使用规定》开始实施,被媒体称为"史上最严交规"。对该交规的性质,下列说法错误的有
　　A. 属于部门规章　　B. 属于法律
　　C. 属于行政法规　　D. 属于地方政府规章

184. 凯恩斯提出了国家干预经济的主张,他主张在有效需求不足的情况下应当
　　A. 扩大财政支付　　B. 实行赤字财政政策
　　C. 刺激消费　　D. 实行收支平衡的财政政策

185. 国内生产总值(GDP)是一定时期内一国境内所有常住居民生产的最终产品和劳务的市场价格的总和。其中"常住居民"包括
　　A. 居住在本国的本国公民
　　B. 暂居国外一年以内的本国公民
　　C. 居住在本国一年及一年以上的外国公民
　　D. 居住在国外一年以上的本国公民

186. 香港特别行政区包括
　　A. 尖沙咀　　B. 香港岛　　C. 九龙　　D. 新界

187. 下列属于欧盟成员国的有
　　A. 英国　　B. 希腊　　C. 波兰　　D. 瑞士

188. 经济区域集团化是当今世界经济发展的一个趋势,下列反映这种趋势的国际组织的标识有

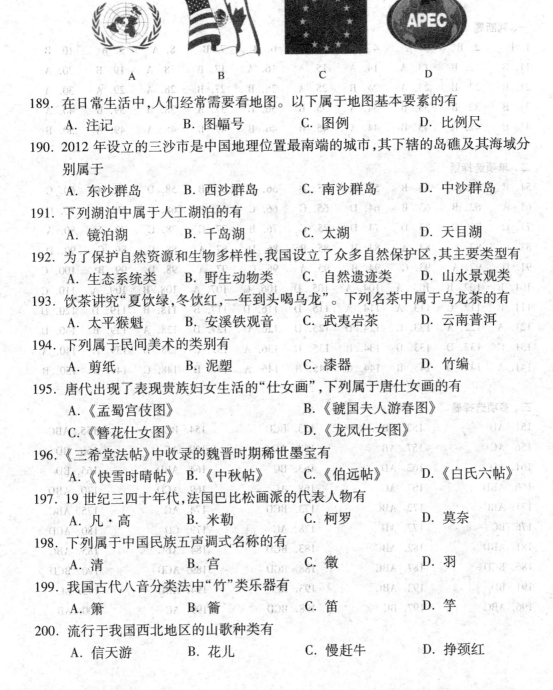

A B C D

189. 在日常生活中,人们经常需要看地图。以下属于地图基本要素的有
　　A. 注记　　　　B. 图幅号　　　　C. 图例　　　　D. 比例尺

190. 2012年设立的三沙市是中国地理位置最南端的城市,其下辖的岛礁及其海域分别属于
　　A. 东沙群岛　　B. 西沙群岛　　　C. 南沙群岛　　D. 中沙群岛

191. 下列湖泊中属于人工湖泊的有
　　A. 镜泊湖　　　B. 千岛湖　　　　C. 太湖　　　　D. 天目湖

192. 为了保护自然资源和生物多样性,我国设立了众多自然保护区,其主要类型有
　　A. 生态系统类　B. 野生动物类　　C. 自然遗迹类　D. 山水景观类

193. 饮茶讲究"夏饮绿,冬饮红,一年到头喝乌龙"。下列名茶中属于乌龙茶的有
　　A. 太平猴魁　　B. 安溪铁观音　　C. 武夷岩茶　　D. 云南普洱

194. 下列属于民间美术的类别有
　　A. 剪纸　　　　B. 泥塑　　　　　C. 漆器　　　　D. 竹编

195. 唐代出现了表现贵族妇女生活的"仕女画",下列属于唐仕女画的有
　　A.《孟蜀宫伎图》　　　　　　　　B.《虢国夫人游春图》
　　C.《簪花仕女图》　　　　　　　　D.《龙凤仕女图》

196.《三希堂法帖》中收录的魏晋时期稀世墨宝有
　　A.《快雪时晴帖》B.《中秋帖》　　C.《伯远帖》　　D.《白氏六帖》

197. 19世纪三四十年代,法国巴比松画派的代表人物有
　　A. 凡·高　　　B. 米勒　　　　　C. 柯罗　　　　D. 莫奈

198. 下列属于中国民族五声调式名称的有
　　A. 清　　　　　B. 宫　　　　　　C. 徵　　　　　D. 羽

199. 我国古代八音分类法中"竹"类乐器有
　　A. 箫　　　　　B. 籥　　　　　　C. 笛　　　　　D. 竽

200. 流行于我国西北地区的山歌种类有
　　A. 信天游　　　B. 花儿　　　　　C. 慢赶牛　　　D. 挣颈红

[参考答案]

一、判断题

1. B 2. B 3. A 4. B 5. A 6. B 7. B 8. A 9. A 10. B
11. B 12. B 13. A 14. A 15. A 16. A 17. B 18. A 19. B 20. A
21. B 22. B 23. A 24. B 25. A 26. B 27. A 28. A 29. A 30. A
31. B 32. B 33. B 34. A 35. B 36. B 37. A 38. B 39. B 40. A
41. B 42. A 43. B 44. A 45. B 46. B 47. B 48. A 49. A 50. B

二、单项选择题

51. B 52. D 53. B 54. B 55. D 56. D 57. B 58. D 59. A 60. C
61. A 62. B 63. B 64. D 65. C 66. C 67. B 68. C 69. B 70. C
71. C 72. C 73. D 74. D 75. C 76. B 77. C 78. C 79. A 80. A
81. C 82. C 83. A 84. B 85. B 86. D 87. A 88. C 89. C 90. D
91. D 92. A 93. C 94. B 95. A 96. D 97. A 98. D 99. D 100. C
101. B 102. B 103. A 104. A 105. D 106. C 107. A 108. B 109. A 110. C
111. B 112. C 113. A 114. A 115. D 116. D 117. B 118. B 119. D 120. C
121. A 122. C 123. C 124. D 125. D 126. C 127. D 128. A 129. B 130. D
131. C 132. D 133. D 134. B 135. D 136. A 137. C 138. D 139. A 140. A
141. A 142. D 143. B 144. C 145. D 146. A 147. D 148. C 149. B 150. B

三、多项选择题

151. AD   152. BD   153. BCD   154. BC   155. ABC
156. AC   157. AB   158. AD   159. AC   160. BD
161. AD   162. AD   163. BC   164. ABD   165. BD
166. ABD   167. AC   168. AC   169. ACD   170. ABD
171. ABC   172. ABC   173. BCD   174. AC   175. ABC
176. BC   177. AD   178. AC   179. CD   180. ACD
181. ABD   182. ABC   183. BCD   184. ABC   185. ABC
186. BCD   187. ABC   188. BCD   189. ACD   190. BCD
191. BD   192. ABC   193. BC   194. ABD   195. BC
196. ABC   197. BC   198. BCD   199. AC   200. AB

江苏省第五届理工科大学生人文社会科学知识竞赛试卷

说明：本试卷均为客观题（共200题，400分），考试限时120分钟。请在"答题卡"上按规定要求填涂，不按规定要求答题一律无效。

一、判断题（每小题1分，共50分）

在下列每小题的两个备选答案中选出一个正确答案，并将答题卡上相应题号的字母标号涂黑。

1. 《诗经》的第一篇是《周南·关雎》。
    A. 正确　　　　　　　B. 错误
2. "生存还是毁灭？这是一个值得考虑的问题"出自莎士比亚的《哈姆雷特》。
    A. 正确　　　　　　　B. 错误
3. 长篇小说《白鹿原》的作者是贾平凹。
    A. 正确　　　　　　　B. 错误
4. 《聂隐娘》是一篇表现豪侠人物超凡武艺与侠义精神的唐传奇小说。
    A. 正确　　　　　　　B. 错误
5. 《阿Q正传》被认为是中国新文学史上的第一篇白话小说。
    A. 正确　　　　　　　B. 错误
6. 宋初王禹偁有两句诗："本与乐天为后进，敢期子美是前身。"诗中提到的两位唐代诗人分别是白居易和杜甫。
    A. 正确　　　　　　　B. 错误
7. 陆游《冬夜读书示子聿》："古人学问无遗力，少壮工夫老始成。纸上得来终觉浅，绝知此事要躬行。"这首七绝的韵脚是"成""行"。
    A. 正确　　　　　　　B. 错误
8. "突然，一个影子如白驹过隙般地一闪而过，快捷如飞。"这句话中，成语"白驹过隙"的使用正确。
    A. 正确　　　　　　　B. 错误
9. "丝绸之路"沟通了东西方之间的交往，对古代亚欧大陆的经济和文化发展有重大的贡献。
    A. 正确　　　　　　　B. 错误
10. 哥伦布沿非洲海岸航行抵达印度，开创了东西方之间最短的海上航路。
    A. 正确　　　　　　　B. 错误
11. 1894年，孙中山在檀香山建立了中国第一个资产阶级民主革命团体同盟会。
    A. 正确　　　　　　　B. 错误
12. 《汉谟拉比法典》是古代世界第一部比较完整的法典。
    A. 正确　　　　　　　B. 错误

13. 古代典籍"三通"是指《通典》《通志》《续通志》。
    A. 正确   B. 错误

14. 中共十一届三中全会是中华人民共和国成立以来党的历史上具有深远意义的伟大转折。
    A. 正确   B. 错误

15. 打上了大国强权政治烙印的凡尔赛-华盛顿体系是二战后建立的。
    A. 正确   B. 错误

16. 中国战场在世界反法西斯战争中有着"东方主战场"的重要地位。
    A. 正确   B. 错误

17. 苏格拉底关于道德问题的基本主张是"美德即知识"。
    A. 正确   B. 错误

18. 佛教的传入和道教的产生都在隋唐时期。
    A. 正确   B. 错误

19. "四书"是指《孟子》《论语》《礼记》《中庸》。
    A. 正确   B. 错误

20. 爱岗敬业是社会主义职业道德最基本的要求。
    A. 正确   B. 错误

21. 马克思的两大发现是唯物史观和剩余价值理论。
    A. 正确   B. 错误

22. 中华民族由56个少数民族组成。
    A. 正确   B. 错误

23. 毛泽东思想在中共七大上被确定为党的指导思想。
    A. 正确   B. 错误

24. 卢梭用"主权在民"的观点否定了契约论。
    A. 正确   B. 错误

25. 民族就是由共同语言、共同地域、共同经济生活以及表现在共同的民族文化特点上的共同心理素质联结起来的人们的稳定的社会共同体。
    A. 正确   B. 错误

26. 西周时期宣称"礼乐征伐自天子出",是为了说明周王是执行天意而为。
    A. 正确   B. 错误

27. 汇率又称汇价,是两种货币之间的兑换比率。
    A. 正确   B. 错误

28. 纳税人是税法上规定的直接负有纳税义务的个人。
    A. 正确   B. 错误

29. 均衡分析是经济学最基本的分析方法。
    A. 正确   B. 错误

30. 广义的国民收入包括五个总量概念：国内生产总值、国内生产净值、国民（要素）收入、个人收入、个人可支配收入。
    A. 正确　　　　　　B. 错误
31. 供给侧改革主要强调通过提高社会供给来促进经济增长。
    A. 正确　　　　　　B. 错误
32. 中国-东盟自由贸易区是由发展中国家组成的最大自由贸易区。
    A. 正确　　　　　　B. 错误
33. 发展社会主义市场经济，初次分配注重效率，再次分配注重公平。
    A. 正确　　　　　　B. 错误
34. 在我国，家电行业比较符合垄断竞争市场的特征。
    A. 正确　　　　　　B. 错误
35. 法是由国家制定或认可并以国家强制力保证其实施的，反映统治阶级意志的规范体系。
    A. 正确　　　　　　B. 错误
36. 根据刑法规定，凡在中华人民共和国领域内犯罪的，都适用《中华人民共和国刑法》。
    A. 正确　　　　　　B. 错误
37. 在采用成文宪法的国家，根本法是指宪法。
    A. 正确　　　　　　B. 错误
38. 在我国，目前尚没有统一、完整的行政法典，行政法律规范散见于各种法律、法规中。
    A. 正确　　　　　　B. 错误
39. 法通常是从公布之日起生效，但有的法本身就规定了生效日期。
    A. 正确　　　　　　B. 错误
40. 法作为一种特殊的社会规范，具有规范性、概括性和不可预测性等特点。
    A. 正确　　　　　　B. 错误
41. 法律关系是一种思想关系，因为法律事实的产生以法律关系参加者的意志为转移。
    A. 正确　　　　　　B. 错误
42. 2022年第24届冬季奥运会将在北京和张家口举办。
    A. 正确　　　　　　B. 错误
43. 永暑礁位于我国南海的南沙群岛。
    A. 正确　　　　　　B. 错误
44. 地图比例尺越大表达的空间范围越大。
    A. 正确　　　　　　B. 错误
45. 巴西是我国"一带一路"倡议中重要的交通枢纽国家。

A. 正确　　　　　　B. 错误
46. 1977年美国发射的太空船上,载着录有中国乐曲《高山流水》的唱片。
A. 正确　　　　　　B. 错误
47. 王羲之的书法名作《兰亭序》有"天下第一行书"之誉。
A. 正确　　　　　　B. 错误
48. 被誉为"乐器王后"的小提琴,最早制作于维也纳。
A. 正确　　　　　　B. 错误
49. 秦始皇统一六国后推行"书同文"的改革,统一了文字,此文字即为大篆。
A. 正确　　　　　　B. 错误
50. 古典主义绘画是一种以感情为基础,而不是以理智或客观的观察为基础的艺术形式。
A. 正确　　　　　　B. 错误

二、单项选择题(每小题2分,共200分)

在下列每小题的四个备选答案中选出一个正确答案,并将答题卡上相应题号的字母标号涂黑。

51. "三人行,必有我师焉。"这句话出自
A.《老子》　　B.《论语》　　C.《墨子》　　D.《孟子》

52. 描写杜丽娘与柳梦梅生死离合故事的戏剧作品是
A.《长生殿》　　B.《西厢记》　　C.《桃花扇》　　D.《牡丹亭》

53. 《红楼梦》中,宝玉《芙蓉女儿诔》所写的对象是
A. 晴雯　　B. 袭人　　C. 黛玉　　D. 湘云

54. 鲁迅以涓生为主人公的小说是
A.《在酒楼上》　　B.《伤逝》　　C.《药》　　D.《风波》

55. 小说《推拿》的作者是
A. 毕飞宇　　B. 叶兆言　　C. 余华　　D. 莫言

56. 剧本《雷雨》中的梅侍萍即
A. 鲁妈　　B. 繁漪　　C. 四凤　　D. 周萍

57. 《史记》中主要记载贵族王侯历史的是
A. 表　　B. 书　　C. 世家　　D. 列传

58. 下列不属于古代"小学"的是
A. 文字学　　B. 目录学　　C. 训诂学　　D. 音韵学

59. 鲁迅《魏晋风度及文章与药及酒之关系》中被称为"改造文章的祖师"的是
A. 曹操　　B. 阮籍　　C. 曹植　　D. 嵇康

60. 下列著作不属于类书的是
A.《艺文类聚》　　B.《太平御览》　　C.《永乐大典》　　D.《四库全书》

61. 列夫·托尔斯泰的三大代表作是《战争与和平》《安娜·卡列尼娜》与
    A.《复活》   B.《哥萨克》
    C.《一个地主的早晨》 D.《童年》

62. 长篇小说《生死场》主要讲述了东北农民贫苦无告的生活。这部小说的作者是
    A. 张爱玲   B. 萧红   C. 丁玲   D. 凌叔华

63. 《围城》里的董斜川说："唐以后的大诗人可以把地理名词来包括,叫'陵谷山原'。"例如李贺又称李昌谷,故属于谷。李商隐属于
    A. 陵   B. 谷   C. 山   D. 原

64. 与诗句"白日放歌须纵酒"对仗工整的一项是
    A. 初闻涕泪满衣裳   B. 漫卷诗书喜欲狂
    C. 青春作伴好还乡   D. 便下襄阳向洛阳

65. 下列文学批评著作产生时代最早的一部是
    A.《人间词话》 B.《诗品》 C.《六一诗话》 D.《艺概》

66. 奠定曹操统一北方基础的战役是
    A. 巨鹿之战 B. 官渡之战 C. 赤壁之战 D. 淝水之战

67. 楚国人黄歇名列"战国四公子"之一。他又被称为
    A. 平原君   B. 信陵君   C. 春申君   D. 孟尝君

68. 近代外交家曾纪泽1880年出使彼得堡,经过艰苦谈判,终于迫使俄国让步,争回一部分被侵占的边疆领土。这些领土位于
    A. 帕米尔地区 B. 伊犁地区 C. 黑龙江流域 D. 乌苏里江流域

69. 元朝时被誉为世界第一对外贸易大港的是
    A. 泉州   B. 广州   C. 杭州   D. 扬州

70. 第二次世界大战全面爆发的标志是
    A. 卢沟桥事变   B. 苏德战争爆发
    C. 英法对德宣战   D. 日军偷袭珍珠港

71. 在抗战初期国民政府组织的会战中,有八路军参加的是
    A. 淞沪会战 B. 太原会战 C. 徐州会战 D. 武汉会战

72. 2015年我国科学家屠呦呦获得诺贝尔奖,她在研制青蒿素的过程中得到了古代医书《肘后备急方》的启示。这部医书的作者是
    A. 孙思邈   B. 张仲景   C. 扁鹊   D. 葛洪

73. 在人类起源的问题上,向"上帝造人说"发起挑战的科学家是
    A. 牛顿   B. 爱因斯坦   C. 笛卡尔   D. 达尔文

74. 19世纪70年代初,人类历史上第一个无产阶级政权诞生。与这个政权有关的历史事件是
    A. 里昂工人运动 B. 巴黎公社建立 C. 巴黎六月起义 D. 俄国二月革命

75. 公元前5世纪,古希腊雅典民主政治得到进一步发展,能够反映这一发展的政治

举措是

    A. 实行"陶片放逐法"   B. 颁布"解负令"
    C. 设立公职津贴制度   D. 建立十将军委员会

76. 党的好干部焦裕禄在困难时期带领干部、群众与严重的自然灾害作斗争,被誉为"县委书记的榜样"。当时他工作在

    A. 中牟县   B. 巩义县   C. 登封县   D. 兰考县

77. 某国际组织成立初期致力于战后欧洲经济复兴,后来转向全球性的发展援助,为成员国提供长期贷款和技术援助。这一国际组织是

    A. 世界银行   B. 国际货币基金组织
    C. 亚太经合组织   D. 世界贸易组织

78. 清政府在台湾正式建省是在

    A. 第一次鸦片战争时期   B. 中法战争爆发前
    C. 第二次鸦片战争时期   D. 中法战争结束后

79. 内蒙古呼和浩特有座墓碧草如茵,被称为"青冢"。"青冢"的主人是为民族团结出塞和亲的王昭君。她所处的朝代是

    A. 秦朝   B. 汉朝   C. 唐朝   D. 宋朝

80. 五四运动爆发的导火线是

    A. 中国在巴黎和会外交失败   B. 俄国十月革命的推动
    C. 张勋复辟清废帝重新复出   D. 北洋军阀的反动统治

81. "上善若水"这个成语出自

    A.《庄子》   B.《韩非子》   C.《荀子》   D.《道德经》

82. 古希腊第一个哲学家泰利斯的主要哲学观念是

    A. 水是万物的本原   B. 一切皆流,无物常住
    C. 人是万物的尺度   D. 认识你自己

83. 被马克思称为"英国唯物主义和整个现代实验科学的真正始祖"的是

    A. 霍布斯   B. 培根   C. 贝克莱   D. 洛克

84. 对"人应该诗意地栖息在这个地球上"作出哲学阐释的是

    A. 海德格尔   B. 梭罗   C. 德里达   D. 萨特

85. 伊斯兰教的立法、道德规范、思想学说来源于经典

    A.《金刚经》   B.《太平经》   C.《古兰经》   D.《圣经》

86. "慎独"是中国古代崇尚的修养方法,意谓个人独处时也能按照道德要求行事。最早记载这一修养方法的典籍是

    A.《国语》   B.《礼记》   C.《春秋》   D.《尚书》

87. "万变不离其宗"这句话的哲学寓意是

    A. 要以不变应万变,以不动制万动
    B. 运动离不开静止,静止是物质的本质属性

C. 现象存在于本质之中,静止是物质的根本属性
D. 现象表现本质,不表现本质的现象是不存在的

88. 提出"哲学家们只是用不同的方式解释世界,而问题在于改造世界"的是
   A. 马克思　　　B. 列宁　　　C. 柏拉图　　　D. 苏格拉底

89. 唯物辩证法的实质和核心是
   A. 客观实在　　B. 联系发展　　C. 新陈代谢　　D. 矛盾规律

90. 16世纪末伽利略通过实验,推翻了亚里士多德关于物体降落速度与其重量成正比的说法。这说明
   A. 真理是一种客观事实　　　　B. 实践是认识的最终目的
   C. 真理是一个发展过程　　　　D. 实践是真理的检验标准

91. 中国共产党制定革命统一战线政策是在
   A. 中共二大　　B. 中共三大　　C. 古田会议　　D. 瓦窑堡会议

92. 毛泽东"枪杆子里面出政权"的著名论断是在哪次会议上提出的?
   A. 遵义会议　　B. 中共六大　　C. 中共七大　　D. "八七"会议

93. 2015年是"一带一路"构想全面实施的开局之年,"一带一路"建设秉承的原则是
   A. 共商、共建、共享　　　　B. 共商、共赢、共享
   C. 共享、共建、共赢　　　　D. 共商、共建、共贸

94. 中华人民共和国第一部宪法通过的时间是
   A. 1949年　　B. 1953年　　C. 1954年　　D. 1956年

95. 周恩来首次提出和平共处五项原则是在
   A. 1949年与苏联建交时　　　B. 1953年接见印度代表团时
   C. 1954年日内瓦会议上　　　D. 1955年万隆会议上

96. 1964年,我国试验成功第一颗
   A. 导弹　　　B. 原子弹　　　C. 氢弹　　　D. 人造卫星

97. 为牢记历史,勿忘国耻,全国人大常委会通过决定,将南京大屠杀死难者国家公祭日定为每年的
   A. 11月13日　　B. 11月23日　　C. 12月13日　　D. 12月23日

98. 最早提出行政、立法、司法"三权分立"说的是
   A. 休谟　　　B. 伏尔泰　　　C. 狄德罗　　　D. 孟德斯鸠

99. 基层群众自治制度是我国的基本政治制度。下列属于基层群众性自治组织的是
   A. 业主委员会　　B. 消费者协会　　C. 居民委员会　　D. 乡人民政府

100. 根据我国宪法规定,法律议案的通过必须经由全国人民代表大会全体代表中
    A. 三分之一以上多数的同意　　B. 过半数的同意
    C. 三分之二以上多数的同意　　D. 四分之三以上多数的同意

101. 世贸组织的基本原则中最重要的是
    A. 非歧视原则　　B. 透明度原则　　C. 自由贸易原则　　D. 公平竞争原则

102. 货币的本质是
    A. 信用工具　　B. 普通的商品　　C. 劳动产品　　D. 一般等价物
103. 古典经济学巨匠亚当·斯密主张的经济学目标是
    A. 富国裕民　　B. 民穷国富　　C. 扩大出口　　D. 经济自由
104. 甲、乙两企业签订购销合同,为保证合同的履行,甲按约给付对方4万元定金。后来乙企业违约,甲企业依法有权要求乙企业给付
    A. 2万元　　B. 4万元　　C. 6万元　　D. 8万元
105. 产业资本在其循环过程中采取的三种形式分别是
    A. 不变资本、可变资本、生产资本　　B. 固定资本、流动资本、生产资本
    C. 商品资本、商业资本、借贷资本　　D. 货币资本、生产资本、商品资本
106. 增值税属于
    A. 流转税　　B. 所得税　　C. 财产税　　D. 行为税
107. 二战后德国市场经济模式的主要理论基础是
    A. 新自由主义理论　　B. "社会市场经济"理论
    C. 凯恩斯主义理论　　D. 社会主义市场经济理论
108. 李嘉图从工业资产阶级的利益出发,论述了自由贸易的优越性,其理论基础是对外贸易中的
    A. 绝对成本学说　　B. 比较成本学说　　C. 竞争优势学说　　D. 剩余价值学说
109. 下列著作中,与马克思主义政治经济学的诞生有关的是
    A.《共产党宣言》　　B.《资本论》
    C.《德意志意识形态》　　D.《反杜林论》
110. 现代公司制企业的核心是
    A. 法人治理结构　　B. 股份多元结构　　C. 监事会制度　　D. 有限责任制度
111. 美国经济学家阿尔伯特·赫希曼根据劳伦茨曲线提出了判断分配平等程度的指标。该指标被称为
    A. 基尼系数　　B. 恩格尔系数　　C. 消费价格指数　　D. 生产价格指数
112. 现代社会保障制度的核心是
    A. 社会救助　　B. 社会优抚　　C. 社会福利　　D. 社会保险
113. 市场价格低于均衡价格将会引起的经济现象是
    A. 商品短缺　　B. 商品过剩　　C. 厂商成本增加　　D. 厂商赢利增加
114. 在市场上如果一种商品的价格下跌,另外一种商品的价格也随之下跌,那这两种商品之间的关系是
    A. 相似替代品　　B. 完全替代品　　C. 互补品　　D. 独立品
115. 下列措施能够起到抑制居民消费价格指数(CPI)过快上涨的是
    A. 实施积极的财政政策,增发适量的国债
    B. 努力降低生产成本,提高企业的经济效益

C. 实施紧缩货币政策,提高银行存款贷款利率
D. 改革汇率形成机制,让市场充分参与汇率形成

116. 根据《物权法》,下列只能为国家所有的资源是
   A. 土地　　　　B. 草原　　　　C. 水流　　　　D. 滩涂

117. 下列属于英美法系的国家是
   A. 荷兰　　　　B. 澳大利亚　　C. 葡萄牙　　　D. 西班牙

118. 按照《民法通则》的规定,具有完全民事行为能力的人是指
   A. 14周岁以上的公民　　　　　B. 16周岁以上的公民
   C. 18周岁以上的公民　　　　　D. 20周岁以上的公民

119. 公民享有的宪法基本权利体系中,最基础的权利是
   A. 经济社会权利　　　　　　　B. 选举权和被选举权
   C. 言论自由　　　　　　　　　D. 人身自由

120. 交警大队以张某严重违章为由,依有关法律规定,决定暂扣张某驾驶执照。这一行为属于
   A. 行政强制执行　B. 行政监督检查　C. 行政处罚　　D. 行政强制措施

121. 任免最高人民法院审判员的机关为
   A. 全国人大　　　　　　　　　B. 全国人大常委会
   C. 最高人民法院　　　　　　　D. 最高人民法院审判委员会

122. 下列主体中,依照我国选举法不列入选民名单的是
   A. 精神病患者甲　　　　　　　B. 吸毒者乙
   C. 老年人丙　　　　　　　　　D. 被刑事拘留的丁

123. 殴打他人致其重伤甚至死亡的行为属于犯罪行为。犯罪行为的本质特征是
   A. 民事违法性　　B. 社会危害性　C. 刑事违法性　D. 刑罚当罚性

124. 我国宪法规定:"中华人民共和国实行依法治国,建设社会主义法治国家。"依法治国的中心环节是
   A. 有法可依　　　B. 有法必依　　C. 执法必严　　D. 违法必究

125. 国籍是指一个人属于某个国家的一种
   A. 特殊的标志　　　　　　　　B. 社会地位
   C. 法律上的身份　　　　　　　D. 政治待遇

126. 行政裁决的机关是
   A. 人民法院　　　　　　　　　B. 人民检察院
   C. 国家立法机关　　　　　　　D. 法律授权的特定的行政机关

127. 我国的国家结构形式属于
   A. 混合制　　　　B. 邦联制　　　C. 联邦制　　　D. 单一制

128. 依照我国宪法规定,下列由全国人民代表大会选举产生的领导人是
   A. 国家副主席　　　　　　　　B. 中央军委副主席

C. 国务院副总理 D. 最高人民检察院副检察长

129. 根据我国法律规定,属于行政复议范围的是
    A. 认为行政机关所发布的行政法规不合理的
    B. 认为行政机关的任命决定不符合法定程序的
    C. 申请行政机关保护人身权利,行政机关没有依法履行的
    D. 行政机关在执法时使用警械过度,导致行政相对人受伤的

130. 某甲出生在美国,父亲是中国人,母亲是美国人,父母定居在美国。根据中国国籍法的规定,关于某甲国籍的正确表述是
    A. 无国籍 B. 具有中国国籍
    C. 具有双重国籍 D. 不具有中国国籍

131. 为减少二氧化碳排放量,防止全球变暖,世界各国倡导减排的原则是
    A. 世界各国减排一致的责任 B. 人口数量一致的责任
    C. 经济发展水平一致的责任 D. 共同但有区别的责任

132. 我国有"天府之国"美誉的地形区是
    A. 四川盆地 B. 柴达木盆地 C. 塔里木盆地 D. 准噶尔盆地

133. 波兰科学家哥白尼提出的天体运动学说是
    A. 地心说 B. 星系说 C. 日心说 D. 星云说

134. 我国古代有牛郎织女的爱情故事,传说中他们生活的牛郎星、织女星属于
    A. 恒星 B. 卫星 C. 行星 D. 彗星

135. 农谚"白露早,寒露迟,秋分种麦正当时",反映了农业生产的
    A. 地域性 B. 季节性 C. 复杂性 D. 特殊性

136. 下列人类活动符合可持续发展原则的是
    A. 建立自然保护区,保护生物多样性
    B. 把垦殖作为解决粮食问题的重要途径
    C. 大量开采非再生资源以追求经济发展
    D. 发达国家转移污染工业至发展中国家

137. 我国地热资源最丰富的地区是
    A. 青海、四川 B. 福建、广东 C. 西藏、云南 D. 甘肃、新疆

138. "随风潜入夜,润物细无声"中描写的春雨是
    A. 气旋雨 B. 对流雨 C. 地形雨 D. 锋面雨

139. 可作为预警泥石流灾害的气象要素是
    A. 气压 B. 风速 C. 降水 D. 气温

140. 最适合苹果生长的自然带是
    A. 热带 B. 亚热带 C. 暖温带 D. 寒带

141. 抗美援朝时期,著名戏曲家常香玉向志愿军捐献了一架飞机。她所代表的戏曲剧种是

A. 京剧 　　　B. 豫剧 　　　C. 越剧 　　　D. 评剧

142. 柯布西耶是20世纪最有创造力的建筑大师之一,其代表作是
    A. 流水别墅 　　B. 包豪斯学校 　　C. 朗香教堂 　　D. 悉尼歌剧院

143. 宋代文人中既是书法"宋四家"之一,又被列入文学"唐宋八大家"的是
    A. 蔡襄 　　　B. 苏轼 　　　C. 米芾 　　　D. 黄庭坚

144. 初唐时期吐蕃使臣禄东赞来长安迎接文成公主进藏,画家阎立本描绘唐太宗接见吐蕃使臣的画作是
    A.《御龙图》　B.《昭君出塞图》　C.《女史箴图》　D.《步辇图》

145. 京剧中饰演性格活泼开朗的青年女性的角色被称为
    A. 青衣 　　　B. 花旦 　　　C. 彩旦 　　　D. 刀马旦

146. 芭蕾舞起源于文艺复兴时期的意大利,形成并兴盛于法国,19世纪下半叶起鼎盛于
    A. 俄罗斯 　　B. 奥地利 　　C. 英国 　　　D. 德国

147. 中国古人说的琴棋书画中的"琴"是指
    A. 古琴 　　　B. 扬琴 　　　C. 月琴 　　　D. 琵琶

148. 青花瓷是中国古代陶瓷精品,当代有人以此入歌。歌曲《青花瓷》的词作者是
    A. 李健 　　　B. 方文山 　　C. 周杰伦 　　D. 庄奴

149. 宋代金石学相当兴盛,其中有代表性的是赵明诚的《金石录》和欧阳修的
    A.《松风阁》　B.《书谱》　　C.《集古录》　D.《法书要录》

150. 毕加索冲破传统束缚,在艺术风格上另辟蹊径所创立的画派是
    A. 荒诞派 　　B. 野兽派 　　C. 抽象派 　　D. 立体派

三、多项选择题(每小题3分,共150分)

在下列每小题的四个备选答案中有两个或三个答案是正确的,全部选对得3分,选对但不全得1分,不选或选错得0分。请选出正确答案,并将答题卡上相应题号的字母标号涂黑。

151. 下列译著中,出自林纾笔下的有
    A.《原富》　　　　　　　　B.《巴黎茶花女遗事》
    C.《天演论》　　　　　　　D.《黑奴吁天录》

152. 朦胧诗兴起于上世纪70年代末80年代初,其代表诗人有
    A. 顾城 　　　B. 席慕蓉 　　C. 舒婷 　　　D. 北岛

153. 当代作家路遥的作品展现了积极向上的昂扬精神,其代表作有
    A.《平凡的世界》　B.《绿化树》　C.《秦腔》　D.《人生》

154. 下列诗句与南京有关的有
    A. 朱雀桥边野草花,乌衣巷口夕阳斜。　B. 烟笼寒水月笼沙,夜泊秦淮近酒家。
    C. 孤山寺北贾亭西,水面初平云脚低。　D. 无情最是台城柳,依旧烟笼十里堤。

155. 西晋文坛的"二陆"指的是
    A. 陆羽 B. 陆逊 C. 陆云 D. 陆机
156. 被称为"西方三大短篇小说家"的是
    A. 莫泊桑 B. 欧·亨利 C. 易卜生 D. 契诃夫
157. 下列属于非物质文化遗产的有
    A. 口头文学 B. 传统节庆 C. 传统曲艺 D. 古代建筑
158. 地理大发现后,从美洲传到中国种植的农产品有
    A. 玉米 B. 棉花 C. 番薯 D. 马铃薯
159. 隋王朝国祚短促,但在制度建设上却多有建树,其中由隋开创并为唐继承的制度有
    A. 察举制 B. 科举制 C. 三省六部制 D. 均田制
160. 1874年,日本人将"science"翻译成"科学",该词于1915年传入中国。与这一概念的翻译和传播相关的事件是
    A. 大化改新 B. 明治维新 C. 戊戌变法 D. 新文化运动
161. 明代抗倭英雄戚继光率领"戚家军"转战东南,基本平定了倭患。他取得成功的主要原因有
    A. 使用战车阵 B. 创造"鸳鸯阵"
    C. 善于练兵 D. 军纪严明
162. 袁隆平被称为"杂交水稻之父",为解决人类的吃饭问题作出了巨大贡献。他获得的奖项有
    A. 克拉斯奖 B. 诺贝尔奖
    C. 国家最高科学技术奖 D. 何梁何利奖
163. 在美国历史上被誉为"开国元勋"和"黑奴解放者"的两位总统分别是
    A. 华盛顿 B. 林肯 C. 罗斯福 D. 肯尼迪
164. 在德国、日本法西斯化的过程中,两国的共同之处是
    A. 重点发展军事工业 B. 崇尚军国主义传统
    C. 军部控制内阁大权 D. 信奉专制政治制度
165. 《中庸》所说的"三达德"分别是
    A. 智 B. 仁 C. 勇 D. 信
166. 康德的代表作有
    A.《纯粹理性批判》 B.《论法的精神》
    C.《实践理性批判》 D.《判断力批判》
167. 马克思主义哲学的直接理论来源有
    A. 黑格尔的辩证法 B. 英法唯物主义哲学
    C. 英法空想社会主义 D. 费尔巴哈的唯物主义
168. 禅宗发展史上形成了"南顿北渐"的众生觉悟成佛方法,其主要代表人物有

A. 玄奘　　　　B. 法显　　　　C. 慧能　　　　D. 神秀

169. 荀子说:"天行有常,不为尧存,不为桀亡。"该观念
    A. 是宿命论　　　　　　　　B. 强调了规律的客观性
    C. 是朴素唯物论　　　　　　D. 否认了主观能动性

170. 在我国,下列场所或机构所在地,应当每日升挂国旗的有
    A. 天安门广场　B. 高等学校　　C. 外交部　　　D. 省政府

171. 中国共产党全国代表大会的职权有
    A. 选举中央委员会　　　　　B. 选举中央纪律检查委员会
    C. 选举中央政治局　　　　　D. 选举中共中央书记处

172. 毛泽东思想活的灵魂是指
    A. 实事求是　　B. 群众路线　　C. 独立自主　　D. 谦虚谨慎

173. 我国《公民道德建设实施纲要》规定,公民的基本道德规范有
    A. 明礼诚信　　B. 爱国守法　　C. 宽以待人　　D. 勤俭自强

174. 西方政治学最早发端于古希腊社会,其主要代表人物有
    A. 苏格拉底　　B. 柏拉图　　　C. 亚里士多德　D. 德谟克利特

175. 我国法定的公司形式主要有
    A. 有限责任公司　B. 股份有限公司　C. 个人独资企业　D. 合伙企业

176. 目前在我国,根据发行者不同,债券主要分为
    A. 国债　　　　B. 股票　　　　C. 企业债券　　D. 金融债券

177. 商业银行的主要业务有
    A. 存款业务　　B. 贷款业务　　C. 结算业务　　D. 发行业务

178. 火箭队和曾经的超音速队的队名分别与它们所在城市的支柱产业有关。这两个城市是
    A. 芝加哥　　　B. 休斯敦　　　C. 西雅图　　　D. 旧金山

179. 下列属于宏观经济学理论的有
    A. 供求理论　　　　　　　　B. 国际收支平衡理论
    C. 消费行为理论　　　　　　D. 国民收入决定理论

180. 财政政策分扩张性财政政策和紧缩性财政政策。如果政府为刺激经济增长,应采取的政策性措施有
    A. 扩大政府购买　B. 增加转移支付　C. 增加税收　　D. 减少税收

181. 在其他条件不变的情况下,人民币持续升值对我国经济和人民生活的影响表现在
    A. 促进外贸出口增长方式的转变　　B. 增加进口技术设备的成本
    C. 提升出口商品的市场竞争力　　　D. 减少学生出国留学的费用

182. 行政处罚的形式包括
    A. 责令停产停业　B. 吊销许可证　C. 责令具结悔过　D. 行政拘留

183. 知识产权主要包括
    A. 物权　　　　B. 著作权　　　　C. 专利权　　　　D. 商标权
184. 下列属于《行政许可法》规范的行政行为是
    A. 结婚登记　　　　　　　　　　B. 社团登记
    C. 教师资格认定　　　　　　　　D. 生猪屠宰检疫
185. 根据《宪法》和《村民委员会组织法》的规定，下列说法正确的有
    A. 村民会议由本村20周岁以上的村民组成
    B. 村民委员会成员实行任期和离任经济责任审计
    C. 罢免村民委员会成员，须经参加投票村民的三分之二通过
    D. 乡、民族乡、镇的人民政府不得干预依法属于村民自治范围内的事项
186. 民法所调整平等主体之间的关系包括
    A. 人身关系　　B. 人格关系　　C. 财产关系　　D. 利益关系
187. 根据法律规定，下列属于第一顺序继承人的有
    A. 配偶　　　　B. 兄弟　　　　C. 子女　　　　D. 父母
188. 根据《宪法》和法律的规定，关于国家机关组织和职权，下列选项正确的有
    A. 全国人民代表大会修改宪法、解释宪法、监督宪法的实施
    B. 地方各级检察院对产生它的国家权力机关和上级检察院负责
    C. 省、自治区、直辖市政府在必要的时候，经国务院批准，可以设立若干派出机构
    D. 国务院依照法律规定决定省、自治区、直辖市的范围内部分地区进入紧急状态
189. 经营者以低于成本价格销售商品的行为中，哪些不构成不正当竞争行为？
    A. 销售鲜活商品　　　　　　　　B. 经常以搬迁为名甩卖商品
    C. 因清偿债务降价销售商品　　　D. 销售有效期限即将过期的商品
190. "新马泰"已成为国际旅游热线之一，在新加坡、马来西亚、泰国能看到的旅游景观有
    A. 吴哥窟　　　B. 狮头鱼尾塑像　　C. 大王宫　　　D. 荷兰红屋
191. 长江沿岸城市与支流对应正确的有
    A. 武汉—乌江　B. 宜宾—岷江　C. 九江—赣江　D. 重庆—嘉陵江
192. 飓风带来的灾害主要有
    A. 海啸　　　　B. 风暴潮　　　C. 暴雨　　　　D. 地震
193. 发达国家出现逆城市化现象说明
    A. 人们对居住环境要求提高　　　B. 城市就业机会小于乡村
    C. 乡村基础设施日臻完善　　　　D. 小城镇成为经济发展中心
194. 西昌成为我国卫星发射中心的有利地理条件有
    A. 纬度低　　　B. 海拔低　　　C. 云雾少　　　D. 人烟稀少

195. 地球自转产生的现象有
    A. 四季现象   B. 昼夜更替   C. 时间差异   D. 日期差异
196. 著名词作家阎肃创作了大量弘扬主旋律的歌曲,其作品有
    A.《长城长》   B.《红梅赞》
    C.《团结就是力量》   D.《咱当兵的人》
197. 下列是父子关系的书法家有
    A. 米芾、米友仁   B. 柳公权、柳宗元
    C. 欧阳修、欧阳询   D. 王羲之、王献之
198. 法国现实主义画派的主要艺术特征有
    A. 强调主观情感   B. 赞美自然
    C. 以生活为基础   D. 歌颂劳动
199. 东晋大画家顾恺之年少即好学而有才气,时人称其"三绝",分别是
    A. 情绝   B. 痴绝   C. 才绝   D. 画绝
200. 当代舞蹈家杨丽萍的作品《孔雀舞》营造出如诗如画的意境,给观众的视觉效果是
    A. 超然   B. 抒情   C. 空灵   D. 厚重

[参考答案]

一、判断题

1. A	2. A	3. B	4. A	5. B	6. A	7. A	8. B	9. A	10. B
11. B	12. A	13. B	14. A	15. B	16. A	17. A	18. B	19. B	20. A
21. A	22. B	23. A	24. B	25. A	26. A	27. A	28. B	29. A	30. A
31. A	32. A	33. B	34. A	35. A	36. B	37. A	38. A	39. A	40. B
41. B	42. A	43. A	44. B	45. A	46. A	47. A	48. B	49. B	50. B

二、单选题

51. B	52. D	53. A	54. B	55. A	56. A	57. C	58. B	59. A	60. D
61. A	62. B	63. C	64. C	65. B	66. A	67. C	68. B	69. B	70. C
71. B	72. D	73. D	74. B	75. C	76. B	77. A	78. B	79. B	80. A
81. D	82. A	83. B	84. A	85. C	86. B	87. D	88. A	89. B	90. D
91. B	92. A	93. C	94. B	95. B	96. B	97. D	98. D	99. D	100. C
101. A	102. D	103. A	104. D	105. D	106. A	107. B	108. B	109. B	110. A
111. A	112. B	113. A	114. C	115. C	116. C	117. B	118. C	119. D	120. C
121. A	122. A	123. B	124. B	125. C	126. B	127. D	128. A	129. C	130. D
131. D	132. B	133. C	134. A	135. B	136. A	137. D	138. D	139. C	140. C
141. B	142. C	143. B	144. D	145. B	146. B	147. A	148. B	149. C	150. D

三、多选题

151. BD	152. ACD	153. AD	154. ABD	155. CD
156. ABD	157. ABC	158. ACD	159. BC	160. BD
161. BCD	162. CD	163. AB	164. ABD	165. ABC
166. ACD	167. AD	168. CD	169. BC	170. AC
171. AB	172. ABC	173. ABD	174. BC	175. AB
176. ACD	177. ABC	178. BC	179. BD	180. ABD
181. AD	182. ABD	183. BCD	184. BCD	185. BD
186. AC	187. ACD	188. BD	189. ACD	190. BCD
191. BCD	192. BC	193. AC	194. ACD	195. BCD
196. AB	197. AD	198. BCD	199. BCD	200. ABC

江苏省第六届理工科大学生人文社会科学知识竞赛试卷

说明：本试卷均为客观题(共200题,400分),考试限时120分钟。请在"答题卡"上按规定要求填涂,不按规定要求答题一律无效。

一、判断题(每小题1分,共50分)

在下列每小题的两个备选答案中选出一个正确答案,并将答题卡上相应题号的字母标号涂黑。

1. 《春秋》是经孔子修订的鲁国编年史。
    A. 正确　　　　　　B. 错误
2. "采莲南塘秋,莲花过人头"出自《西洲曲》。这是汉乐府民歌的代表作。
    A. 正确　　　　　　B. 错误
3. "你站在桥上看风景,看风景的人在楼上看你。明月装饰了你的窗子,你装饰了别人的梦。"这首诗的作者是冯至。
    A. 正确　　　　　　B. 错误
4. 巴金的"爱情三部曲"分别是《雾》《雨》《电》。
    A. 正确　　　　　　B. 错误
5. 小说《死魂灵》最显著的艺术特点是"含泪的讽刺",其作者是屠格涅夫。
    A. 正确　　　　　　B. 错误
6. "先天下之忧而忧,后天下之乐而乐"的千古名句出自欧阳修的《醉翁亭记》。
    A. 正确　　　　　　B. 错误
7. 古代蒙学读物"三百千"指的是《唐诗三百首》《百家姓》《千字文》。
    A. 正确　　　　　　B. 错误
8. "我失骄杨君失柳,杨柳轻飏直上重霄九",运用了谐音双关的修辞方式。
    A. 正确　　　　　　B. 错误
9. 汉代,我国的丝织品从长安往西,经过河西走廊运到西亚,再转运到欧洲。这条商路就是著名的"丝绸之路"。
    A. 正确　　　　　　B. 错误
10. 北宋年间出现的"交子"是世界上最早的货币。
    A. 正确　　　　　　B. 错误
11. 明清时代科举考试进士的前三名分别是状元、榜眼和探花。
    A. 正确　　　　　　B. 错误
12. 明代后期从国外引进的粮食新品种有玉米、红薯、水稻等。
    A. 正确　　　　　　B. 错误
13. 1921年7月,中国共产党第一次代表大会在上海召开,后转移到浙江嘉兴南湖的游船上举行。

A. 正确　　　　　B. 错误
14. 在"地理大发现"中最早开辟新航路的国家是西班牙。
　　　A. 正确　　　　　B. 错误
15. 俄国十月革命成功后建立了第一个社会主义国家。
　　　A. 正确　　　　　B. 错误
16. 在全球化趋势下,世界各国已成为一个人类命运共同体。
　　　A. 正确　　　　　B. 错误
17. 意识的内容,无论正确还是错误,都来源于外部客观世界。
　　　A. 正确　　　　　B. 错误
18. 我国的《公民道德建设实施纲要》明确将"勤俭自强"规定为公民的基本道德规范之一。
　　　A. 正确　　　　　B. 错误
19. 玄奘是唯识宗的创始人之一,史称"三藏法师",俗称"唐僧"。
　　　A. 正确　　　　　B. 错误
20. "小国寡民"是儒家倡导的社会理想。
　　　A. 正确　　　　　B. 错误
21. 巴门尼德认为数是万物的本原,并首次提出了几何学的勾股定理。
　　　A. 正确　　　　　B. 错误
22. 新民主主义革命开端的标志是新文化运动。
　　　A. 正确　　　　　B. 错误
23. 在中共七大上,毛泽东思想被确定为党的指导思想。
　　　A. 正确　　　　　B. 错误
24. 十九大报告指出,实施乡村振兴必须始终把解决好"三农"问题作为全党工作的重中之重。
　　　A. 正确　　　　　B. 错误
25. 我国政治生活中的"两会"是指全国人民代表大会和中国人民政治协商会议。
　　　A. 正确　　　　　B. 错误
26. 民族差异的存在是产生民族问题的基本前提。
　　　A. 正确　　　　　B. 错误
27. 技术进步提高了劳动生产率,使单位商品的价值量下降。
　　　A. 正确　　　　　B. 错误
28. 凯恩斯的消费理论重点研究了消费和价格之间的关系。
　　　A. 正确　　　　　B. 错误
29. 所有货币都是有价值的。
　　　A. 正确　　　　　B. 错误
30. 通货紧缩使物价水平下跌,有利于经济增长。

  A．正确   B．错误

31．政府对经济的调控就是利用财政与货币政策进行宏观调控。
  A．正确   B．错误

32．如果100单位外币可以兑换更多的人民币，说明人民币升值。
  A．正确   B．错误

33．GDP衡量了整个社会生产的全部产品与服务的价值。
  A．正确   B．错误

34．工商企业利用银行贷款进行融资，属于间接融资。
  A．正确   B．错误

35．规定人们权利和义务的社会规范就是法。
  A．正确   B．错误

36．民国时期的法律大多是参照日本和德国法律制定的，属于大陆法系。
  A．正确   B．错误

37．根据《国家赔偿法》的规定，当事人的人身权和财产权受到行政机关工作人员侵害，受害人有权请求国家赔偿。
  A．正确   B．错误

38．公民的民事权利能力是平等的，不存在年龄及精神健康状况方面的差别。
  A．正确   B．错误

39．我国公民和外国公民在我国领域内犯罪的，一律适用我国刑法。
  A．正确   B．错误

40．我国的国家结构形式是单一制。
  A．正确   B．错误

41．刑事诉讼中，侦查权、检察权、审判权由专门机关依法行使，只有公安机关才能行使侦查权。
  A．正确   B．错误

42．我国领土从最东端黑瞎子岛到最西端帕米尔高原，跨越了5个时区。
  A．正确   B．错误

43．叙利亚地跨欧亚两大洲，首都位于西半球。
  A．正确   B．错误

44．澳大利亚长期孤存于南半球的海洋上，因而缺少古老的生物种类。
  A．正确   B．错误

45．我国南北温差夏季大于冬季。
  A．正确   B．错误

46．十九世纪奥地利作曲家小约翰·施特劳斯被称为"圆舞曲之王"，其代表作为《蓝色多瑙河》。
  A．正确   B．错误

47. 湖北曾侯乙墓出土了迄今规模最大、保存最完好的一套陶制编钟。

  A. 正确　　　　　　B. 错误

48. 欧阳询、虞世南、褚遂良、柳公权是唐代前期的著名书法家,后世称他们为"初唐四家"。

  A. 正确　　　　　　B. 错误

49. 现代艺术史上,徐悲鸿以画马闻名,齐白石以画虾闻名。

  A. 正确　　　　　　B. 错误

50. 隋代名匠李春修建的赵州桥是我国现存最早、最完整的石拱桥。

  A. 正确　　　　　　B. 错误

二、单项选择题(每小题 2 分,共 200 分)

在下列每小题的四个备选答案中选出一个正确答案,并将答题卡上相应题号的字母标号涂黑。

51. "昔我往矣,杨柳依依;今我来思,雨雪霏霏"出自《诗经》

  A.《豳风·七月》　　　　　　B.《小雅·采薇》
  D.《卫风·氓》　　　　　　　D.《魏风·伐檀》

52. 甲骨文是我国最古老的成熟文字。刻有这种文字的牛骨、龟甲主要出土于

  A. 洛阳　　　B. 信阳　　　D. 安阳　　　D. 咸阳

53.《颜氏家训》是一部训诫子弟的经典之作,其作者是

  A. 颜延之　　B. 颜之推　　D. 颜师古　　D. 颜真卿

54. 孟郊名句"谁言寸草心,报得三春晖"歌颂的是

  A. 爱情　　　B. 友情　　　D. 父爱　　　D. 母爱

55. 电影《画皮》根据古代同名小说改编而成。小说《画皮》出自蒲松龄的

  A.《搜神记》　　　　　　　　B.《子不语》
  C.《聊斋志异》　　　　　　　D.《阅微草堂笔记》

56. 鲁迅写过杂文《娜拉走后怎样》。原本塑造娜拉这个人物形象的外国作家是

  A. 莫里哀　　B. 易卜生　　D. 果戈里　　D. 普希金

57. "悄悄的我走了,正如我悄悄的来;我挥一挥衣袖,不带走一片云彩"出自《再别康桥》,其作者是

  A. 郭沫若　　B. 闻一多　　D. 徐志摩　　D. 林徽因

58. 吴伟业的诗句"恸哭六军俱缟素,冲冠一怒为红颜"中"红颜"指的是

  A. 柳如是　　B. 陈圆圆　　D. 李香君　　D. 董小宛

59. 宋词名句"三十功名尘与土,八千里路云和月"的作者是

  A. 柳永　　　B. 苏轼　　　C. 岳飞　　　D. 秦观

60.《平凡的世界》中的孙少平是一个积极进取的青年,塑造这一人物形象的作家是

  A. 张贤亮　　B. 贾平凹　　D. 余华　　　D. 路遥

61. 乔伊斯运用象征结构和"意识流"手法,创立了一种全新的小说文体,其代表作是
    A.《尤利西斯》   B.《等待戈多》   D.《百年孤独》   D.《人民公敌》
62. "一代有一代之文学,楚之骚,汉之赋,六代之骈语,唐之诗,宋之词,元之曲,皆所谓一代之文学,而后世莫能继焉者也。"这段话出自著名学者
    A. 梁启超   B. 王国维   D. 顾颉刚   D. 章太炎
63. "他的铁扇面似的胸,与直硬的背……无疑的可以成为最出色的车夫,傻子似的他自己笑了。"这段文字描写的人物是
    A. 祥子   B. 天保   D. 鲁贵   D. 闰土
64. 作为欧洲文学中最早的优秀作品,被马克思称为"一种规范和高不可及的范本"的是
    A.《神曲》   B.《十日谈》   D.《荷马史诗》   D.《哈姆雷特》
65. 名句"会当凌绝顶,一览众山小"出自杜甫的《望岳》,这里的"岳"指的是
    A. 华山   B. 衡山   D. 泰山   D. 嵩山
66. 明末与徐光启合译《几何原本》并介绍了世界分五大洲之说的传教士是
    A. 利玛窦   B. 汤若望   D. 南怀仁   D. 郎世宁
67. 我国古代对官吏的管理有"致仕"的说法,它是指
    A. 退休   B. 调任   D. 升职   D. 入职
68. 佛教传入我国分化为诸多派别,至今影响最大的宗派是
    A. 律宗   B. 禅宗   D. 法相宗   D. 华严宗
69. 我国古代对测报地震作出过重要贡献的科学家是
    A. 张衡   B. 沈括   D. 祖冲之   D. 郭守敬
70. 按照戚继光的《练兵实纪》训练军队,取得了很好效果的清朝官员是
    A. 左宗棠   B. 胡林翼   D. 曾国藩   D. 李鸿章
71. 根据"十四年抗战"的新提法,抗日战争的起点是
    A. 淞沪会战   B. 七七事变   D. 九一八事变   D. 一·二八事变
72. 抗日歌曲《中国不会亡》中唱道"你看那八百壮士孤军奋守东战场",率领"八百壮士"坚守四行仓库的指挥官是
    A. 张自忠   B. 谢晋元   D. 戴安澜   D. 佟麟阁
73. 2017年7月,南京大屠杀史实展在日本广岛举办,发现许多日本民众不了解南京大屠杀只知道广岛原子弹爆炸。这两个事件分别发生于
    A. 1937年,1945年   B. 1936年,1945年
    C. 1936年,1944年   D. 1937年,1944年
74. 解放战争中,华东野战军一举歼灭了有着"御林军"之称的国民党王牌部队整编74师。这场战役是
    A. 莱芜战役   B. 济南战役   D. 孟良崮战役   D. 石家庄战役
75. 1947年,中国共产党领导下的第一个少数民族自治区成立,开创了我国民族区域自治的先河。这个自治区是

A. 内蒙古自治区　　　　　　　　B. 新疆维吾尔族自治区
C. 西藏自治区　　　　　　　　　D. 广西壮族自治区

76. 外国古代有部史诗,讲述了希腊联军出征小亚细亚城市特洛伊的故事。该史诗是
　　A.《奥德赛》　　B.《伊利亚特》　　C.《罗摩衍那》　　D.《罗兰之歌》

77. 十四世纪,"黑死病"袭击欧洲,造成了极大的灾难。所谓"黑死病"实际是指
　　A. 伤寒　　　　B. 鼠疫　　　　C. 霍乱　　　　D. 流感

78. 有着"建国之父"称誉并有重要科技发明成就的美国政治家是
　　A. 华盛顿　　　B. 富兰克林　　C. 杰弗逊　　　D. 林肯

79. 电影《敦刻尔克》改编自真实的历史事件,再现了二战时期盟军的大撤退。这次大撤退的路线是
　　A. 从东线撤往西线　　　　　　B. 从波兰撤往苏联
　　C. 从大陆撤往岛屿　　　　　　D. 从西欧撤往南欧

80. 人类早有遨游太空的愿望,故有"嫦娥奔月"的神话故事。最早进入太空的航天器是
　　A. 飞船　　　　B. 空间站　　　C. 人造卫星　　D. 航天飞机

81. 马克思一生的两个伟大理论发现是创立历史唯物主义和
　　A. 辩证唯物主义　B. 阶级斗争学说　C. 科学社会主义　D. 剩余价值学说

82. 设想没有物质的运动,必然导致
　　A. 不可知论　　B. 唯心主义　　C. 形而上学　　D. 宿命论

83. 从历史唯物主义必然与偶然的关系看,"时势造英雄"是
　　A. 唯心史观　　B. 唯物史观　　C. 英雄史观　　D. 神话史观

84. 在中国哲学史上,提出"三表法"来判断一个人的言论是非的思想家是
　　A. 孔子　　　　B. 老子　　　　C. 墨子　　　　D. 庄子

85. 东汉时期唯物主义哲学家王充一生致力于反对宗教神秘主义和目的论,他的著作是
　　A.《淮南子》　　B.《论衡》　　C.《新论》　　D.《新语》

86. 基督教的前身是古希伯来人的
　　A. 犹太教　　　B. 天主教　　　C. 东正教　　　D. 新教

87. 被恩格斯誉为古希腊哲学家中"最博学的人"是
　　A. 苏格拉底　　B. 柏拉图　　　C. 亚里士多德　　D. 伊壁鸠鲁

88. 爱菲斯学派的代表人物赫拉克利特提出的著名观点是
　　A. 知识就是力量　　　　　　　B. 人是万物的尺度
　　C. 美德乃是一种和谐　　　　　D. 一切皆流,无物常住

89. 十八世纪法国启蒙运动时期,提出"社会契约说",代表作是《论人类不平等的起源和基础》的哲学家是
　　A. 卢梭　　　　B. 爱尔维修　　C. 狄德罗　　　D. 孟德斯鸠

90. 企图将自己的存在主义哲学与马克思主义的革命理论相结合,被称为"存在主义的马克思主义"哲学家是

A. 克尔凯郭尔　　　B. 海德格尔　　　C. 萨特　　　D. 胡塞尔

91.《共产党宣言》是国际共产主义运动的第一个纲领性文献,它所阐述的科学社会主义理论的基本原理是
A. 唯物辩证法　　　B. 辩证唯物主义　　　C. 历史唯物主义　　　D. 剩余价值学说

92. 中国共产党的三大优良作风是
A. 谦虚谨慎,戒骄戒躁,艰苦奋斗
B. 实事求是,武装斗争,根据地建设
C. 执政为民,为人民服务,密切联系群众
D. 理论联系实际,密切联系群众,批评和自我批评

93. 确立以毛泽东为代表的新的中央正确领导的会议是
A. 八七会议　　　B. 遵义会议　　　D. 洛川会议　　　D. 瓦窑堡会议

94. 社会主义民主政治的本质要求是
A. 民主决策　　　B. 依法治国　　　D. 人民民主专政　　　D. 人民当家作主

95. 中华人民共和国成立后的社会主义改造时期,从个体经济向社会主义集体经济过渡的形式是
A. 国营经济　　　B. 私人资本主义经济
C. 合作社经济　　　D. 国家资本主义经济

96. 党的十一届三中全会讨论的全党工作重点是
A. 社会主义现代化建设　　　B. 社会主义政党建设
C. 社会主义政治建设　　　D. 社会主义文化建设

97. 改革开放初期,全国第一份土地包干到户协议签订是在
A. 小岗村　　　B. 华西村　　　D. 南街村　　　D. 大寨村

98. 科学发展观,第一要义是发展,核心是
A. 以人为本　　　B. 统筹兼顾　　　D. 协调发展　　　D. 可持续发展

99. 十八大以来,党中央协调推进"四个全面"战略布局,在"四个全面"中首先提出的是
A. 全面从严治党　　　B. 全面深化改革
C. 全面依法治国　　　D. 全面建成小康社会

100. 当前我国社会的主要矛盾是
A. 先进的社会主义生产关系与落后的社会生产力之间的矛盾
B. 人民日益增长的物质文化需要同落后的社会生产之间的矛盾
C. 人民日益增长的美好生活需要和不平衡不充分发展之间的矛盾
D. 人民对于经济文化迅速发展的需要同当前不能满足需要之间的矛盾

101. 金融市场最基本的功能是
A. 积累资金　　　B. 转移风险　　　D. 转换资金　　　D. 融通资金

102. 货币的本质是
A. 资本　　　B. 交易媒介　　　D. 交换价值　　　D. 一般等价物

103. 我国社会主义市场经济的基本经济制度是
    A. 按劳分配为主体,公平与效率兼顾
    B. 按劳分配为主体,多种分配方式并存
    C. 公有制为主体,国有经济占主导地位
    D. 公有制为主体,多种所有制经济共同发展
104. 最早对市场经济中"看不见的手"进行完整阐述的是
    A. 亚当·斯密   B. 马歇尔   D. 凯恩斯   D. 李嘉图
105. 在经济学中把食品支出占家庭总支出的比重称为
    A. 投资系数   B. 恩格尔系数   D. 平均消费倾向   D. 边际消费倾向
106. 按照西方经济学的理性人假设,经济活动参加者追求的是
    A. 公共利益的最大化   B. 自身利益的最大化
    C. 企业利润的最大化   D. 幸福指数的最大化
107. 根据货币流通规律,与现实中需要的货币量成正比的是
    A. 货币价值   B. 储蓄意愿   D. 货币流通速度   D. 商品价格总额
108. 根据乘数原理,政府减税的结果是
    A. GDP 多倍增加   B. GDP 多倍下降
    C. 政府支出多倍增加   D. 政府支出多倍下降
109. 计算基尼系数的理论基础是
    A. 洛仑兹曲线   B. 库兹涅茨曲线
    D. 埃奇沃斯曲线   D. 生产可能性曲线
110. 消费者剩余是指消费者
    A. 愿意支付和实际支付的价格差额   B. 购买产品与消费产品的价格差额
    C. 实际收入和实际支出的差额   D. 扣除税收以后的收入余额
111. "刘易斯拐点"指的是二元经济发展到一定程度后
    A. 人口数量开始下降   B. 工资水平从上升转为下降
    C. 剩余劳动力供给开始下降   D. 收入不平等程度从上升转为下降
112. 下列资产中,流动性最强的是
    A. 股票   B. 债券   D. 活期存款   D. 定期存款
113. 张某有 100 万元,全部用于理财,全年收益为 5 万元。如果用于银行储蓄、房地产投资或实体经济,收益分别为 3.5 万元、10 万元和 6 万元。张某理财的机会成本为
    A. 3.5 万元   B. 5 万元   D. 6 万元   D. 10 万元
114. 市场经济的微观基础是
    A. 企业   B. 政府   D. 银行   D. 市场
115. 在各种市场结构下,价格等于平均可变成本时,企业
    A. 亏损最小   B. 获得正常利润   C. 获得超额利润   D. 应该停止营业
116. 我国最高国家权力机关的执行机关是

A. 国务院 B. 最高人民法院
C. 最高人民检察院 D. 全国人民代表大会

117. 著名作家陈忠实于2016年4月29日去世，其代表作《白鹿原》的发表权和财产权的保护期截止日为
　　A. 2016年4月29日　　　　B. 2016年12月31日
　　C. 2066年4月29日　　　　D. 2066年12月31日

118. 因身体受到伤害向人民法院请求赔偿时，诉讼时效期间为
　　A. 1年　　B. 2年　　D. 3年　　D. 20年

119. 对于犯罪分子，剥夺政治权利的执行机关是
　　A. 公安机关　　B. 检察机关　　D. 监察机关　　D. 人民法院

120. 当事人及其法定代理人、近亲属认为人民法院已经发生法律效力的判决、裁定有错误，可以
　　A. 上诉　　　　　　　　B. 申诉
　　C. 抗诉　　　　　　　　D. 提起审判监督程序

121. 最典型、最完全的物权是
　　A. 所有权　　B. 担保物权　　D. 用益物权　　D. 占有

122. 股份有限公司的最高权力机关是
　　A. 董事会　　B. 监事会　　D. 股东大会　　D. 职工代表大会

123. 经过协商，劳资双方订立了无固定期限的劳动合同。该合同
　　A. 可以随时解除
　　B. 给劳动者提供了"铁饭碗"
　　C. 劳动者职业稳定权受到破坏
　　D. 只约定合同生效的起始日期，无终止日期

124. 已满14周岁不满16周岁的人，以下犯罪中，不负刑事责任的是
　　A. 抢劫罪　　　　　　　B. 贩毒罪
　　C. 抢夺罪　　　　　　　D. 投放危险物质罪

125. 为保护劳动者合法权益，下列属于《劳动合同法》规定的禁止解除劳动合同的情形是
　　A. 部分丧失劳动能力的
　　B. 女职工需要休假带孩子的
　　C. 患病，但在规定的医疗期内的
　　D. 工作满15年，且距法定退休年龄不足5年的

126. 某市出让一块土地用于商业、旅游、娱乐，其出让的最高年限为
　　A. 70年　　B. 60年　　D. 50年　　D. 40年

127. 根据我国道路交通安全法的规定，机动车与非机动车驾驶人、行人之间发生交通事故，机动车一方没有过错的，承担的赔偿责任不超过

A. 10%　　　　B. 20%　　　　D. 50%　　　　D. 80%

128. 甲、乙、丙三人共同创业,约定公司注册资本100万元,甲、乙、丙分别按30%、30%、40%的比例出资。甲、乙缴足出资,丙实缴20万元。公司章程对于红利分配没有特别约定。当年年底对公司10万元盈利进行分红,丙应得的红利为
　　A. 2万元　　　B. 2.5万元　　　D. 3.75万元　　　D. 4万元

129. 对正在进行严重危及人身安全的暴力犯罪,采取防卫行为,造成不法侵害人伤亡的
　　A. 构成防卫过当　　　　　　B. 不负刑事责任
　　C. 可以从轻处罚　　　　　　D. 可以减轻处罚

130. 刑事诉讼中,判决书送达时,收件人本人拒绝接收,可以采取的送达方式是
　　A. 邮寄送达　　　B. 委托送达　　　D. 转交送达　　　D. 留置送达

131. 2001年,美国学者吉姆·奥尼尔首次提出了"金砖四国"的概念。他认为这四国都属于
　　A. 低端产业国家　　　　　　B. 新兴市场国家
　　C. 资本密集型国家　　　　　D. 劳动密集型国家

132. 青藏高原气候区的耕作制度是
　　A. 一年一熟　　　B. 一年两熟　　　D. 一年三熟　　　D. 两年三熟

133. 北回归线和北极圈都穿过的国家是
　　A. 英国　　　B. 美国　　　D. 俄罗斯　　　D. 加拿大

134. 秦岭—淮河一线一月份平均气温大约是
　　A. -8℃　　　B. 0℃　　　D. 4℃　　　D. 8℃

135. 我国人口数量最多的少数民族是
　　A. 回族　　　B. 藏族　　　D. 壮族　　　D. 苗族

136. 台风是一种严重的灾害性天气系统。形成台风最多的区域是
　　A. 西南太平洋　　　B. 西北太平洋　　　D. 东北太平洋　　　D. 南印度洋

137. 水能资源蕴藏量最大的国家是
　　A. 印度　　　B. 巴西　　　D. 中国　　　D. 埃及

138. 英国在近代成为世界强国的有利地理条件是
　　A. 地处地中海文明中心　　　B. 位于西欧边缘可攻守自如
　　C. 蕴藏丰富的石油资源　　　D. 居世界农产品的贸易中心

139. 长江三角洲地区的气候类型属于
　　A. 热带雨林气候　　　　　　B. 亚热带季风气候
　　D. 温带季风气候　　　　　　D. 温带海洋性气候

140. 修建青藏铁路面临并必须克服的主要自然障碍是
　　A. 冰川纵横　　　B. 溶洞众多　　　D. 冻土广布　　　D. 泥石流频发

141. 十九世纪初期有"钢琴诗人"之称的波兰作曲家是
　　A. 门德尔松　　　B. 舒曼　　　D. 肖邦　　　D. 李斯特

142. 冼星海被毛泽东称为"人民音乐家",其代表作是
    A.《抗战歌》　　B.《毕业歌》　　C.《游击队歌》　　D.《黄河大合唱》
143. 我国的石窟艺术堪称瑰宝,著名的莫高窟位于
    A. 甘肃敦煌　　B. 河南洛阳　　C. 山西大同　　D. 新疆吐鲁番
144. 文艺复兴鼎盛时期的意大利艺术"三杰"是指
    A. 达芬奇、米开朗琪罗、拉斐尔　　B. 乔托、达芬奇、米开朗琪罗
    C. 马萨乔、拉斐尔、提香　　D. 乔托、提香、丁托列托
145. 唐代在真、行、草、隶各体书中出现了一批影响深远的书家。欧阳询的"欧体"笔力险峻瘦硬,他的代表作是
    A.《多宝塔》　　　　　　　B.《神策军碑》
    D.《玄秘塔碑》　　　　　　D.《九成宫醴泉铭》
146. 意大利艺术家普契尼创作的歌剧《图兰朵》巧妙运用了中国的音乐元素,如中国民歌
    A.《走西口》　　　　　　　B.《茉莉花》
    C.《乌苏里船歌》　　　　　D.《山丹丹花开红艳艳》
147. 因电影《魂断蓝桥》而享誉世界的女演员是
    A. 费雯丽　　　　　　　　B. 褒曼
    D. 赫本　　　　　　　　　D. 伊丽莎白·泰勒
148. 在欧洲美术史上,作品以法国农民生活为主要题材,因而被称为"农民画家"的是
    A. 马奈　　B. 米勒　　D. 贝尼尼　　D. 卡拉瓦乔
149. 在苏东坡的书法作品中被誉为"天下第三行书"的是
    A.《赤壁赋》　　　　　　　B.《丰乐亭记》
    D.《醉翁亭记》　　　　　　D.《黄州寒食诗帖》
150. "现成品"美术即直接拿生活中的物品进行展览,以说明生活本身就是艺术。这种艺术形式开始于
    A. 杜桑的《泉》　　　　　　B. 波洛克的《第31号》
    C. 沃霍尔的《梦露》　　　　D. 达利的《内战的预感》

三、多项选择题(每小题3分,共150分)

在下列每小题的四个备选答案中有两个或三个答案是正确的,全部选对得3分,选对但不全得1分,不选或选错得0分。请选出正确答案,并将答题卡上相应题号的字母标号涂黑。

151. 汉武帝"罢黜百家,独尊儒术",定"五经",设五经博士。属于"五经"的有
    A.《孟子》　　B.《易经》　　D.《尚书》　　D.《荀子》
152. 下列汉字,属于形声字的有
    A. 草　　B. 鼎　　D. 闷　　D. 行
153. 下列作品,属于科幻文学并获得雨果奖的有

A. 莫言的《蛙》　　　　　　　　B. 刘慈欣的《三体》
C. 郝景芳的《北京折叠》　　　　D. 曹文轩的《草房子》

154. 唐传奇中描写刺客的有
A. 《柳毅传》　　B. 《红线传》　　D. 《枕中记》　　D. 《聂隐娘》

155. 中国的称谓中有谦辞和敬辞之分,属于敬辞的有
A. 舍弟　　　　B. 令堂　　　　D. 高足　　　　D. 鄙人

156. 陀思妥耶夫斯基是俄国文学史上最复杂、最矛盾的作家之一,"代表了俄罗斯文学的深度"。他的小说代表作有
A. 《白痴》　　　　　　　　　　B. 《罪与罚》
C. 《复活》　　　　　　　　　　D. 《卡拉马佐夫兄弟》

157. 下列诗句与唐明皇、杨贵妃故事有关的是
A. 商女不知亡国恨,隔江犹唱后庭花
B. 同是天涯沦落人,相逢何必曾相识
C. 七月七日长生殿,夜半无人私语时
D. 一骑红尘妃子笑,无人知是荔枝来

158. 端午节是我国传统节日。节庆期间通常会举行的活动有
A. 吃粽子　　　B. 看花灯　　　D. 龙舟竞渡　　D. 喝雄黄酒

159. 古代聚徒讲学的书院是重要的教育机构,被列入"四大书院"的有
A. 鹅湖书院　　B. 岳麓书院　　D. 东林书院　　D. 白鹿洞书院

160. 1927年8月1日,南昌起义打响了中国共产党武装斗争的第一枪。这次起义的领导人有
A. 周恩来　　　B. 贺龙　　　　D. 叶挺　　　　D. 彭德怀

161. 上个世纪50年代后期和60年代前期,全国涌现出一大批英雄模范人物,他们中有
A. 雷锋　　　　B. 张思德　　　D. 王进喜　　　D. 焦裕禄

162. 1215年,英王约翰与贵族、骑士和市民代表签署《大宪章》。该文件的主要内容包括
A. 限制王权　　B. 禁止奴隶贸易　D. 反对圈地　　D. 承认市民权利

163. 第二次工业革命实现了技术发明与自然科学的紧密结合。下列属于这次工业革命技术成果的有
A. 飞梭　　　　B. 蒸汽机　　　D. 电灯　　　　D. 汽车

164. 第二次世界大战中,一些军事技术的发明对战后的高科技发展产生重要影响。这些发明有
A. 飞机　　　　B. 坦克　　　　D. 导弹　　　　D. 原子弹

165. 唯物辩证法揭示自然界、人类社会和思维发展的一般规律。唯物辩证法的总特征是

A. 联系的观点　　B. 发展的观点　　D. 认识的观点　　D. 实践的观点

166. 西汉时期，著名儒家学者董仲舒的主要思想包括
    A. 天人感应　　　　　　　　B. 性三品说
    D. 存天理，灭人欲　　　　　D. 天不变，道亦不变

167. 宋明哲学流派中"心学"一脉的主要代表人物有
    A. 张载　　　B. 陈亮　　　D. 陆九渊　　　D. 王阳明

168. 下列属于近代英国唯物主义经验论的哲学家有
    A. 培根　　　B. 霍布斯　　D. 洛克　　　D. 贝克莱

169. 当代"西方马克思主义"流派中流行最广、影响最大的法兰克福学派的代表人物有
    A. 罗素　　　B. 弗洛姆　　D. 哈贝马斯　　D. 马尔库塞

170. 毛泽东系统分析和论证中国红色政权发生、发展的原因和条件的著作有
    A.《中国的红色政权为什么能够存在？》
    B.《井冈山的斗争》
    C.《星星之火，可以燎原》
    D.《反对本本主义》

171. 抗日战争时期全党整风运动的主要任务是
    A. 反对党八股以整顿文风　　　B. 反对官僚主义以整顿作风
    C. 反对宗派主义以整顿党风　　D. 反对主观主义以整顿学风

172. 中国人民解放军的"三大纪律，八大注意"中"三大纪律"是
    A. 一切行动听指挥　　　　　　B. 不拿群众一针一线
    C. 不贪污受贿一分钱　　　　　D. 一切缴获要归公

173. 当前我国为解决突出的环境问题，打赢蓝天保卫战，需要构建的环境治理体系是
    A. 政府为主导　　　　　　　　B. 企业为主体
    C. 社会组织和公众共同参与　　D. 国际社会与中国协调共管

174. 我国在和平共处五项原则基础上发展同各国友好合作，推动建立新型国际关系，恪守的外交政策宗旨是
    A. 维护世界和平　　　　　　　B. 促进共同发展
    C. 尊重公平正义　　　　　　　D. 实现互利共赢

175. 政府为了稳定市场的运行，对于某一商品的价格进行最高限价，其可能的后果是
    A. 引发抢购　　B. 黑市交易　　C. 票证供应　　D. 生产增长

176. 我国现阶段的银行体系主要分为
    A. 中央银行　　B. 商业银行　　C. 政策性银行　　D. 投资性银行

177. 实行价格歧视需要具备的条件是
    A. 市场不完善　　　　　　　　B. 完全竞争
    C. 市场能有效分离　　　　　　D. 各市场的需求弹性相同

178. 社会主义公有制的实现形式是否合理，其判断标准为是否有利于

A. 生产力的发展 B. 保障人民群众的利益
C. 促进非公有制经济的发展 D. 股份制公司治理结构的完善

179. 以下因素中,会导致市场失灵的原因有
    A. 外部性 B. 自然垄断 D. 政府调控 D. 公共产品

180. 需求管理政策包括
    A. 财政政策 B. 货币政策 D. 人口政策 D. 技术创新

181. 经济变量可分为存量和流量,其中属于流量的有
    A. 收入 B. 财富 D. 资本 D. 投资

182. 下列法定继承人中,属于第一顺序继承人的是被继承人的
    A. 配偶 B. 父母 D. 兄弟姐妹 D. 女婿,儿媳

183. 以下行为中,属于滥用市场支配地位的有
    A. 出售假冒伪劣产品 B. 以不公平低价购买商品
    C. 降低成本价格获取竞争优势 D. 以低于成本的价格销售商品

184. 购房者签订了房屋买卖合同,房屋交付时实际面积超出合同约定面积的5%。购房者的合法选择有
    A. 解除合同
    B. 要求房地产公司对建筑物进行整改
    C. 继续履行合同,但须按实际面积补足房款
    D. 继续履行合同,仅对3%以内的面积误差补足房款

185. 刑事案件中,被害人及其法定代理人对一审判决不服,被害人及其法定代理人
    A. 没有上诉权
    B. 可以请求人民检察院抗诉
    C. 上诉的内容仅限于刑事附带民事部分
    D. 上诉必须以书状形式提出

186. 根据《个人所得税法》,下列各项个人所得中,可以免纳个人所得税的有
    A. 按照国家统一规定发给的津贴、补贴
    B. 保险赔款
    C. 稿酬所得
    D. 偶然所得

187. 甲网购了一套沙发坐垫。货到拆封后,甲不喜欢其花色款式,多次与网店交涉要求退货。网店以下回答中,不符合法律规定的有
    A. 同意退货,货款只能在一个月后退还
    B. 同意退货,客户应当承担退货的运费
    C. 该商品为客户自选,退货理由不成立
    D. 下单时网店提示"一经拆封,概不退货"

188. 行政复议法明确排除的事项有

A. 行政法规和规定
B. 行政机关的行政处分
C. 行政机关对民事纠纷的调解处理决定
D. 不依法给予许可的行为

189. 甲在某商场行窃,乙发现后急追。甲逃跑过程中,撞倒丙,因商场地板湿滑,丙摔成重伤。下列说法中正确的有
A. 甲应当赔偿丙的损失
B. 乙应适当赔偿丙的损失
C. 商场和甲对丙的损失承担连带责任
D. 商场须对丙的损失承担补充赔偿责任

190. 地图上的图例"▲"和"■"分别代表
A. 石油　　　B. 天然气　　　D. 铁矿　　　D. 煤炭

191. 南极大陆的别称有
A. 风库　　　B. 世界屋脊　　　D. 白色荒漠　　　D. 冰雪高原

192. 香港和澳门均为我国特别行政区,其共同的地理特征有
A. 自由贸易港口　　B. 世界金融中心　　D. 人口密度高　　D. 制造业发达

193. 经常被联合国定为国际会议地的城市有
A. 伦敦　　　B. 纽约　　　D. 日内瓦　　　D. 布鲁塞尔

194. 党中央决定设立雄安新区的伟大战略意义有
A. 疏解北京非首都功能　　　B. 加快推进京津冀协同发展
C. 增加北方大城市数量　　　D. 培育创新驱动发展新引擎

195. 中国是多自然灾害的国家,西南地区地质灾害频发的原因主要是
A. 地质基础不稳定　　　B. 森林覆盖率高
C. 地形坡度大　　　　　D. 降水量多且集中

196. 北京人民大会堂正厅的巨幅国画《江山如此多娇》的创作者有
A. 潘天寿　　　B. 关山月　　　D. 李可染　　　D. 傅抱石

197. 列宾是俄罗斯"巡回画派"的代表人物。他的主要作品有
A.《月夜》　　　　　　　B.《拒绝忏悔》
C.《意外归来》　　　　　D.《伏尔加河上的纤夫》

198. 哥特式建筑的风格庄严而神秘,其代表作有
A. 巴黎圣母院　　B. 巴特农神庙　　D. 米兰大教堂　　D. 索菲亚大教堂

199. 下列属于我国古代名曲的有
A.《春江花月夜》　B.《梅花三弄》　C.《梁祝》　D.《广陵散》

200. 刺绣是我国传统的民间手工艺品。下列被列入"四大名绣"的有
A. 苏绣　　　B. 京绣　　　D. 粤绣　　　D. 湘绣

[参考答案]

一、判断题

1. A 2. B 3. B 4. A 5. B 6. B 7. B 8. A 9. A 10. B
11. A 12. B 13. A 14. B 15. A 16. A 17. A 18. A 19. A 20. B
21. B 22. B 23. A 24. A 25. A 26. A 27. A 28. B 29. B 30. B
31. B 32. B 33. B 34. A 35. B 36. A 37. B 38. B 39. B 40. A
41. B 42. A 43. B 44. B 45. B 46. A 47. B 48. B 49. A 50. A

二、单选题

51. B 52. C 53. B 54. D 55. C 56. B 57. C 58. B 59. C 60. D
61. A 62. B 63. A 64. C 65. C 66. A 67. A 68. B 69. A 70. C
71. C 72. B 73. A 74. C 75. A 76. B 77. B 78. B 79. C 80. C
81. D 82. B 83. B 84. C 85. B 86. A 87. C 88. B 89. B 90. C
91. C 92. D 93. B 94. D 95. C 96. A 97. A 98. A 99. D 100. C
101. D 102. D 103. D 104. A 105. B 106. B 107. D 108. A 109. A 110. D
111. C 112. C 113. D 114. B 115. D 116. A 117. D 118. A 119. A 120. B
121. A 122. C 123. D 124. C 125. C 126. D 127. A 128. B 129. B 130. D
131. B 132. A 133. B 134. B 135. C 136. D 137. C 138. B 139. B 140. C
141. C 142. D 143. A 144. A 145. D 146. B 147. A 148. B 149. D 150. A

三、多选题

151. BC   152. AC   153. BC   154. BD   155. BC
156. ABD   157. CD   158. ACD   159. BD   160. ABC
161. ACD   162. AD   163. CD   164. CD   165. AB
166. ABD   167. CD   168. ABC   169. BCD   170. AB
171. ACD   172. ABD   173. ABC   174. AB   175. ABC
176. ABC   177. AC   178. AB   179. ABD   180. AB
181. AD   182. AB   183. BD   184. AD   185. ABC
186. AB   187. ACD   188. ABC   189. AD   190. CD
191. ACD   192. AC   193. BCD   194. ABD   195. ACD
196. BD   197. BCD   198. AC   199. ABD   200. ACD

课外阅读参考书目

[1] 游国恩,等.中国文学史[M].北京:人民文学出版社,2004.
[2] 章培恒,骆玉明.中国文学史[M].上海:复旦大学出版社,2007.
[3] 袁行霈.中国文学史[M].北京:高等教育出版社,1999.
[4] 唐弢.中国现代文学史简编[M].上海:复旦大学出版社,2008.
[5] 洪子诚.中国当代文学史[M].北京:北京大学出版社,2007.
[6] 郑克鲁.外国文学史[M].北京:高等教育出版社,2006.
[7] 黄伯荣,廖序东.现代汉语[M].北京:高等教育出版社,2002.
[8] 王力.古代汉语[M].北京:中华书局,1999.
[9] 周本淳.古代汉语[M].上海:华东师范大学出版社,1997.
[10] 荆贵生.古代汉语[M].武汉:武汉大学出版社,2006.
[11] 吴小如,吴同宾.中国文史工具资料书举要[M].北京:中华书局,1982.
[12] 姜聿华.中国传统语言学要籍述论[M].北京:书目文献出版社,1992.

后　记

本书是江苏省高等教育学会策划出版的"大学生人文社科知识读本"系列中的"文学·语言文字"分册。其中文学部分由启煜、宏玲撰写,语言文字部分由赵航撰写。

尽管编者长期从事理工院校的"文学及语言、文字"领域的教学和研究工作,并在此书的编写过程中投入了大量的精力,但由于时间仓促,作者水平有限,书中仍难免存在不足和疏漏之处,欢迎广大读者批评指正。

本书的出版得到了江苏省高等教育学会及苏州大学出版社的大力支持,在此一并表示感谢。

编　者
2017年8月